重新发现欧洲

西班牙何以成为西班牙

A BRIEF HISTORY OF SPAIN

JEREMY BLACK

［英］
杰里米·布莱克
著

高银
译

天津出版传媒集团

天津人民出版社

图书在版编目（ＣＩＰ）数据

重新发现欧洲：西班牙何以成为西班牙 / (英) 杰里米·布莱克著；高银译. -- 天津：天津人民出版社，2020.3

书名原文: A BRIEF HISTORY OF SPAIN

ISBN 978-7-201-13356-0

Ⅰ.①重… Ⅱ.①杰… ②高… Ⅲ.①西班牙—历史 Ⅳ.①K551

中国版本图书馆CIP数据核字(2020)第022021号

图字：02-2019-317

重新发现欧洲：西班牙何以成为西班牙

CHONGXIN FAXIAN OUZHOU: XIBANYA HEYI CHENGWEI XIBANYA

出　　　版	天津人民出版社
出 版 人	刘　庆
地　　　址	天津市和平区西康路 35 号康岳大厦
邮政编码	300051
邮购电话	022-23332469
网　　　址	http://www.tjrmcbs.com
电子信箱	reader@tjrmcbs.com

选题策划	联合天际·王微
责任编辑	霍小青
特约编辑	吴昱璇
美术编辑	梁全新
封面设计	左左工作室

关注未读好书

制版印刷	三河市冀华印务有限公司
经　　　销	未读（天津）文化传媒有限公司
开　　　本	880×1230 毫米　1/32
印　　　张	9
字　　　数	232 千字
版次印次	2020 年 3 月第 1 版　2020 年 3 月第 1 次印刷
定　　　价	49.80 元

未读 CLUB
会员服务平台

目　录

前　言

1787 年，当亚瑟·杨格（Arther Young）游览加泰罗尼亚地区的比利牛斯山时，他发现自己下榻的客栈不尽如人意，床硬，跳蚤、鼠患肆虐。但是，早在 1742 年，乔治·卡尔顿（George Carleton）便就西班牙之趣味做出了更好的说明。他笔下的马德里是这样的：

> 美味的水果种类如此之多，我必须承认我从没见过哪儿的水果种类可以与之相比……他们的兔子没有我们英格兰的那么好；他们有许多山鹑，比我们的个儿更大、羽毛更美。因为西班牙没有草场，所以他们几乎不出产牛肉。但是，这里的羊肉很多，味道也极好，因为他们的羊只吃野菜；猪肉也很美味，因为他们的猪只吃栗子与橡子。

西班牙占据了伊比利亚半岛的大部分，把葡萄牙挤到了边上，这片半岛区域明明是个次大陆，却假装成一个大一统国家。西班牙一度表现为鲜明的西班牙性以及独特环境与特色文化互相作用而组成的复杂混合体。其历史反映了这些混杂元素之间的冲突，除西班牙本国、本地区的过往外，西班牙在世界大格局中的流变同样是其历史的重要主题。事实上，从哥伦布 1492 年的首次航行开始，西班牙与世界的历史联系就对它的全球影响力起到了至关重要的作用。而且，直到 1898 年失去古巴、菲律宾与波多黎各之前，西班牙的殖民地对其国内局势以及它在欧洲的分量，都有着持续性的重大影响。此外，正如本书即将指出的，西班牙的历史远非必然：政治与勇士的作用举足轻重。

这个国家的历史深受"历史战争"的影响——当下的争端与历史遗留问题之间的交锋无休无止。此主题将贯穿本书始终。这一点很重要，因为它有助于解释历史遗迹如今以何种方式呈现，解释为什么这些遗迹留存了下来并且可供人观瞻。人们应从这些"历史战争"出发，来阅读旅行指南与其他资料。这些战争历史悠久，可以追溯至 2000 年前。它们尤其影响了人们对罗马占领西班牙这件事的解读方式，包括对敌军中出色将领的看法。更近的战争有阿拉伯人征服西班牙，基督教的收复失地运动（Christian Reconquista），16 世纪到 17 世纪哈布斯堡王朝的统治，18 世纪波旁王朝的中央集权，西班牙对法国大革命与拿破仑的反应，1812—1931 年君主制短暂废除期间自由主义与保守主义政权反复交替的局面，1936—1939 年西班牙内战的背景及冲突本身，佛朗哥掌权时期（1939—1975 年）以及随后的历史时期。所有这些历史，均为当时的目光所审视、为后世的笔触所描绘，提供了一个个饱含争议的时代背景。

这个过程还将继续下去。写一部去政治化的西班牙史基本是件不可能的事，因为西班牙在很大程度上正是由它的过往历史塑造而成的。例如，收复失地运动推动了西班牙对美洲国家的征服，在那些地区开采金银的活动反倒导致了西班牙国内的经济停滞，而不像如今的中东地区那样，大发石油财并因此实现了经济繁荣。

获邀写一部西班牙简史也给了我一个故地重游的机会，这有赖于诸位东道主以及与我同游之人的帮助。四处讲学让我得以游历巴塞罗那、毕尔巴鄂、卡塔赫纳、罗德里戈城、科伦纳、埃斯科里亚尔、格拉纳达、马德里、马拉加、潘普洛纳、萨拉曼卡、圣塞瓦斯蒂安、圣地亚哥与维多利亚。我想在此感谢诸位学者及其他促成我旅行的人，感谢他们的热情好客。以下诸位对本书较早一稿的评价使我受益匪浅：西蒙·巴顿、西尔维亚·伊斯佩尔特·邦宾、塞尔吉奥·何塞·罗德里格斯·冈萨雷斯、恩里克·加西亚·赫南、理查德·希契科克、尼古拉斯·英曼、理查德·卡甘、马克斯·金、马克·劳伦斯、尼克·利普斯科姆与海科·维尔纳·亨宁。同时，我也与许多人一道缅怀西蒙的溘然早逝，他是我多年的同事与朋友。我还要感谢我的父母带我去阿利坎特，感谢莎拉与我一起在科尔多瓦、马德里、塞维利亚及西班牙北部度假。谨以此书献给我的好友泰勒·唐宁。

第一章

多元地理塑造了多元的生活

环境以其自身的运作规律与严酷条件

塑造了西班牙历史。

"西班牙的雨大多落在平原上。"呃，不，并不是这样。但是这句因《窈窕淑女》（1956年）而广为人知，后来又被歌唱喜剧二人组夫兰达斯与史旺（Flanders and Swann）拿来调侃了一番的台词，着实把握住了人们理解西班牙环境的必要性。萧伯纳最初的剧本《皮格马利翁》（1913年）里并没有这句话，但它却出现在1938年的电影版中，后来更是在艾伦·杰伊·勒纳（Alan Jay Lerner）填词的1956年音乐剧中走红。在西班牙语里，这句话直译为"塞维利亚的雨是个奇迹"。

　　事实上，这里所指的并不是一种环境，而是多种环境。因为，西班牙的环境多种多样，对旅人来说可谓复杂多变。然而，最近的几十年间，由于交通运输的发展，尤其是令人震惊的高速铁路干线的修建，环境上的复杂性就显得无关紧要了。其中，让人尤为称奇的是长达1900英里（约3100千米）的西班牙高速铁路（简称AVE）。它连接了马德里、巴塞罗那与塞维利亚，包括从巴塞罗那出发，途经巴伦西亚、格拉纳达，终至塞维利亚的计划扩建的高速线。1992年，西班牙首条高速铁路干线开通，以马德里为起点，以塞维利亚为终点。2015年，该线延伸至加的斯（Cádiz）[①]。2004年，从马德里到马拉加的高速铁路运行时间为2.5小时。2008年开通，由马德里途经萨拉戈萨，终至巴塞罗那的高速线，全长386英里（约621千米），运行时间大致相同。西班牙高速铁路也与法国铁路线连通了起来。此外，西班牙铁路产业享誉全球，铁路网也建到了国门之外，例如，沙特阿拉伯的麦加—麦地那高速铁路。

　　如今，四通八达的高速公路已成为基础设施的一大组成部分。国内

---

① 加的斯，西班牙南部一座历史悠久的滨海城市。早在公元前10世纪左右，腓尼基人便建造了该城，取名加迪尔（Gadir）；在古罗马攻占此地后，该城又改名加迪斯（Gades）。后文提到了这两个旧地名。——编者

民航服务同样起到了折叠空间、改变时间、加速地上传输的作用。而且，航空服务在经济领域同样具有重要作用。例如，它能确保深居内陆的马德里的居民可以在清晨吃到空运来的鲜鱼。事实上，马德里居民会告诉你，他们拥有西班牙最好的鱼。

不过，这一切其实是在不久前才出现的。19世纪末，在人们将烈性炸药用于隧道挖掘之前，地形就塑造了西班牙不同地区的鲜明特色，同时也把这个国家弄得四分五裂。山脉拉长了距离，隔断了不同区域，在恶劣天气加剧了种种地势问题时，这种隔断感显得尤为突出。彼时，无论是从国外前往西班牙，还是在西班牙国内旅行，旅人都面临着重重困难。

要到西班牙的话，就得翻过比利牛斯山。这项任务由于冬天的天气与春天的融雪而变得异常困难，因为融雪会使河水猛涨。比利牛斯山脉海拔11168英尺（约3404米），长期以来充当着国境分界线。山脉将过去的某些王国的领土一分为二，譬如阿拉贡王国、纳瓦拉王国。也就是在不久前，一些天然屏障才被清除。例如，东比利牛斯山一段开通了维耶拉隧道（Túnel de Vielha，1948）与卡尔迪隧道（Túnel del Cardí，1984）。在西比利牛斯山，连接法国与西班牙的松波特公路隧道（Somport road tunnel）于2003年开通。比利牛斯山中段尚无隧道。

海上航行的困难直到人们利用蒸汽机克服了常见的海风（或者无风）、洋流与暴风雨的问题之后才得到解决。当时，各种问题在船舶由比斯开湾驶向西班牙的大西洋沿岸地区时尤为明显。

关于西班牙国内的情况，1787年亚瑟·杨格提到了那里"糟糕的公路"。1729年，在从巴黎前往塞维利亚途中，威廉·斯坦霍普（William Stanhope）抱怨说，在西班牙旅行时，只有蹲在马背上才跑得快，但这个姿势可不舒服。而且，就算骑的是骡子，旅行者也得保持这个姿势行进

100 里格①。纳瓦拉自治区的特殊性，甚至说巴斯克地区的特殊性，在某种程度上正是源于其地理位置的与世隔绝，尽管在历史上，阿斯图里亚斯与坎塔布里亚更加难以到达。无论铁路如何缩短了马德里与巴塞罗那之间的距离，空间上的间隔都会在很大程度上造成二者政治上的对立。

人们无法认定西班牙具有单一的地理特征，这倒不是因为它面积太大，但国土面积确实是一个影响因素：西班牙的国土面积远超英格兰。其面积约为 194980 平方英里（约 505000 平方千米），是仅次于俄罗斯、乌克兰与法国的欧洲第四大国。西班牙没有一种单一的地理特征，主要是因为它没有可以充当全国中心地带的河谷，遑论能与尼罗河、密西西比河、多瑙河或者长江相提并论的河谷地区了。

相反，西班牙地势以高原为主，梅塞塔高原（the Meseta）将全国的平均海拔拉高至 640 米。梅塞塔高原占据了西班牙中部的广阔领土，周围大多为山脉所环绕，尤其是西北面的坎塔布里亚山脉、南缘的莫雷纳山脉，以及东北面的伊比利亚山脉。越过后面两座山，便有较大的河谷了，流经此区域的是瓜达尔基维尔河与埃布罗河，它们分别是安达卢西亚自治区与阿拉贡自治区的重要河流。在这两处河谷之外，巍然耸立着更高的山脉，分别是内华达山脉与比利牛斯山脉。在众多山脉与海岸之间有许多滨海平原。随着重要河流，尤其是埃布罗河与瓜达尔基维尔河，一路奔流入海，这些滨海平原的面积会越来越大，重要性也渐次上升。杜罗河与塔霍河流经葡萄牙，并分别从波尔图与里斯本注入大西洋。

滨海平原在北面的坎塔布里亚山脉与南面的内华达山脉处要狭窄得多。在那里，就算称不上目之所及都是山，至少视野会受到群山的限制。

---

① 里格（league），过去欧洲的一种陆路长度单位，1 里格约等于 5.56 千米。——编者

基本上，地中海、大西洋、葡萄牙国界线，以及作为法国与西班牙两国界山的比利牛斯山脉，共同构成了西班牙疆域的边界。

从环境与农业角度来看，西班牙的海岸线在地质上存在巨大差异。此外，就整体而言，地中海要比大西洋更利于船只通航，而且二者的交汇处有些难以航行的水域，尤其是在地中海入海口处有一股强劲的自西而来的洋流，会对即将划向或驶往西方的船只产生巨大阻力。若利用北岸海面的下层逆流，船舶可部分规避这股洋流。当初腓尼基人正是据此成功地从地中海驶向了加迪尔（加的斯）。

西班牙的领地延伸到了海上，其中以巴利阿里群岛与加那利群岛最为突出，还包括位于摩洛哥的沿海飞地休达与梅利利亚。这两块飞地相当于西班牙的直布罗陀。直布罗陀是位于西班牙南端的一块飞地，自1704年起被英国占领，不过西班牙历届政府一直声称自己拥有直布罗陀主权。西班牙帝国在其他地方的势力范围已不复存在，但是，它曾是世界上首屈一指的帝国，不论是从国土面积，还是全球势力范围来看，均是如此。

地质多样性会带来气候上的显著差异，这恰好印证了西班牙的情况。位于梅塞塔高原上的卡斯蒂利亚，冬季严寒，夏季酷热干燥，其严酷的环境不适宜人类生活，也不利于农业发展。与此相对，沿海以及位于西班牙西北部、面向大西洋的加利西亚有几处地中海气候区。法国的布列塔尼地区、英格兰的西南诸郡与加利西亚之间不乏相似之处，这不仅体现在它们以鱼为主的日常饮食上，还包括充沛降雨造就的茂盛林木，以及鲜见于西班牙大多数地区的乳制品生产。而且，在加利西亚，人们喝的是苹果酒而不是葡萄酒，这点也十分引人关注。

西班牙中部的梅塞塔高原，尤其是老卡斯蒂利亚（或曰卡斯蒂利亚北部），大部分位于杜罗河流域。这里以种植业为主，尤以小麦种植居多，人口相对稀少。在与地中海沿岸比较之后，梅塞塔高原形成这样的局面也就不足为奇了。地中海沿岸地区水量充沛，因此可以形成人口稠密的灌溉区。那里采用密集型农业，种植了从柑橘类水果到水稻的各种作物。西班牙生活的多姿多彩即刻体现在环境的多样性上：从梅塞塔高原上艰苦的农耕田园生活，到巴伦西亚附近的农民于硕果累累的灌溉农田上的劳作，再到坎塔布里亚海岸星罗棋布的以捕鳕鱼为生的村寨。

然而，技术带来了翻天覆地的变化。塞万提斯在《堂吉诃德》（1605年、1615年分两部出版）中提到的往马德里运送鲜鱼的赶骡人，如今变成了卡车司机。在安达卢西亚大庄园（latifundia）里辛勤劳作的无产劳工（braceros）与在加利西亚的小庄园（minifundia）中劳作的农民之间的差距，如今渐渐被农业机械化消除。但是，农村生活的本质未变，远远未到被大型机械所取代的时刻。环境方面的考量依然十分重要。

食 物

食物来源与烹饪法均与环境息息相关。同时，它们也受到历史，尤其是某些传统习俗的影响。其实，猪肉制品位于西班牙特色美食之列，尤其是"塞拉诺火腿"（Jamón Serrano），以及阿斯图里亚斯以猪肉与豆子为主料的法巴达豆煲（fabada）。

在国外，西班牙食物通常被不加区分地看成一个整体。虽然各地也有西班牙餐厅，但在数量上远少于意大利、法国、印度、中国与泰国餐厅。此外，近年来谈到西班牙时，有种新的饮食方式开始崭露头角，那就是西班牙开胃小吃（tapas）。在西班牙，它指的是下酒或者就着饮料享用的少量食物：一种典型的开胃小吃是西班牙蛋饼（Tortilla Española），也叫土豆煎蛋饼。在英国，它通常指在餐馆里吃一道道小菜，如此一来，便能尝到许多种不同口味的食物。

将西班牙食物不加区分地看作一个整体，会弱化食物的区域差异。鉴于篇幅有限，在此只能列出少许美味珍馐。但是，重点是在西班牙全国，在不同地区之内、之间寻求不同美食给人带来的愉悦欢欣。例如，西红柿、辣椒、平锅菜饭（paella）在地中海沿岸地区尤为著名。冷汤（gazpacho）是大多数外国人所知的唯一一道西班牙汤，最宜酷暑时饮用。还有许多其他汤品，大多更适于冬天喝，如扁豆汤（lentejas）与热汤（sopa de cocido）。其他菜与食物也是如此。

葡萄酒之间的区别很大。起泡的加泰罗尼亚卡瓦酒、搭配甜品饮用的安达卢西亚葡萄酒与里奥哈（Rioja）红葡萄酒相差十万八千里。这些葡萄酒最好在原产地或产地周边地区享用——这正好为旅行提供了一个绝佳的由头。

环境以其自身的运作规律与严酷条件塑造了西班牙历史。比如，私有财产经济——一种以土地分配明显不均为背景，建立在地租、极低的劳务报酬，以及诸如战争和军役之类的政治干预上的经济体系，在不同程度上影响着各地农民。此外，农民还完全依赖于他们所处的生存环境。

在21世纪的当下，读者大多来自城市，因而难以理解西班牙农民的遭遇。一方面，农民们要承受不幸的自然环境灾害；另一方面，他们还要时刻承受着在恶劣环境中土里刨食的生存压力（考虑到过去使用的农具——犁，"土里刨食"这个说法真是恰如其分）。曾经在一段时间内，电力、内燃机、农作物选种与牲畜培育都没有在农村普及。因此，农业与农村生活也就显得一成不变。这在很大程度上造成了生活中的种种艰辛。事实上，直到 20 世纪末，这些变化才在西班牙的大部分地区出现。

生活中人们所用的动力主要限于人力与畜力，碾磨机则由风力或水力驱动。家具、器皿与食品既粗糙又简朴，庄稼与牲畜品种的改良全靠一代又一代的苦心经营。不管在哪儿，糟糕的极端天气与病害总会使农作物歉收，甚至颗粒无收，而人、畜的生存都离不开农作物。

传统节日总能让人想起早期的农村生活。这些传统节日凸显了人们对四季和繁殖力的依赖，也反映了该年中饥荒期的存在。

第二章

罗马的统治奠定了物质的基础

这些罗马遗迹界定了后继者的
想象力边界。

最近几十年间，西班牙考古工作有了极大发展。这项持续发展的事业对于了解西班牙古代史与近代史均意义重大。其中多数的考古发现出自西班牙本国人，但是，也有非西班牙籍学者做出了许多重要贡献。因此，与1975年佛朗哥的长期统治终结时的情形相比，西班牙的往事如今看起来结构框架要清晰得多。

由出土的西班牙人祖先，即早期智人的遗迹可知，早期人类就已生活在西班牙了。许多地方都有这类考古发现，尤其是在西班牙的阿塔普埃尔卡山（Sierra de Atapuerca）、哈蒂瓦黑洞（Cova Negra）与莱泽克希基（Lezetxik）。人们通常认为，这些人类祖先大约是在85万年前，从非洲途经中东最后到达欧洲的。的确，从非洲到欧洲的路线方便畅通，这对早期定居来说至关重要。随后而来的是尼安德特人。再后来是克罗马农人，也就是现代智人的祖先。斗转星移，克罗马农人成了人类唯一的幸存族群，而西班牙的尼安德特人在公元前27000年就灭绝了。起先，穴居的克罗马农人学会了使用石头与复合型工具，将它们用作武器，并在此基础上熟能生巧。由此，他们得以在广阔的土地上四处移动。如果人们想一览后来的新石器时代的风貌，可以去参观蝙蝠洞（Cueva de los Murciélagos）的多处洞穴。

西班牙壁画中自然颜料的运用技法之纯熟，让人叹为观止。画作中的主角是动物。维嘉洞（Cueva de la Vieja）中的壁画描绘了男人用弓箭猎杀雄鹿的场景；阿尔塔米拉洞（Cueva de Altamira）内的壁画里，有野牛与一头野猪；在小城龙达附近的皮莱塔山洞（Cueva de la Pileta）的壁画中，则出现了许多豹子、山羊，还有一条大鱼。这段西班牙历史不应被人遗忘，这些景点也不该被排除在游客的旅行路线之外。

冰河时代让人感到难以适应。但后来气温升高，为植物生长提供了有利环境，最终这在某种程度上有利于动物繁衍。人类从中受益，人口增长。大型哺乳动物深受气候变化之害，并被人类捕杀殆尽。野生庄稼经人工培育、繁殖后，谷物种植推广开来。放牧绵羊与山羊的情况也日益普及。

于是，更加静态的生活方式取代了传统的狩猎—采集。终年有人居住的村庄被建造了起来，例如，公元前 6000 年位于奥尔洞穴（Coveta de l'Or）与内尔哈洞穴（Cueva de Nerja）附近的村落。这些定居地发展起了手工艺与贸易，也具备了建设与维护灌溉系统的人力资源。考古发现日益明确地记录了包括仪式在内的社会活动的存在。

在铜器时代（the Copper Age，公元前 4500—前 2500 年），西班牙南部是重要的铜加工区。设计精美的坟墓中有许多贵重的陪葬品，这意味着社会分层已出现。谷物种植也在扩大。重要的铜器时代考古遗址包括阿尔梅里亚附近的洛斯米利亚雷斯（Los Millares）。人们在参观这处遗址时可以看到断壁残垣、房舍遗迹与重建的穹顶坟墓。现代主义风格的阿尔梅里亚考古博物馆收藏着从该遗址（及其他地方）出土的陶器。马德里巨大的国家考古博物馆向人们展示了一个惊人的历史横断面。那里大多数的藏品来自西班牙国内，其中包括在马德里附近出土的有着 4000 年历史的陶碗。这座博物馆值得游客前往首都去一探究竟。

作为制造青铜的关键原料，锡在青铜器时代（the Bronze Age，公元前 2300—前 1500 年）开始崭露头角。像铜一样，锡在西班牙也有产出。因此，贸易有所增长；西班牙拥有的贵重商品可供出口，由此获得的收入又可用于购买进口商品。与此同时，随着人口的增长，定居地不断扩张。青铜器时代主要的聚居地包括塞罗里欧（Cerro de Real）和纳瓦拉的科尔特斯。安特克拉附近的三座石坟宏伟壮观。在如今科尔多瓦附近的一处青铜器时代定居地，人们当时开采并利用了附近莫雷纳山脉的铜矿与银矿。在巴利阿里群岛，人们还发现了青铜器时代的石碑。

青铜器时代的文明留下了斗争的痕迹，这点尤其以武器与防御工事的形式体现出来，就像阿尔加尔（El Argar）的遗迹那样。青铜器时代，西班牙东南部定居点的显著特征是：定居地由石头砌成，往往建在山顶之上。考古研究发现了修建防御工事的迹象。例如，2012—2013 年，人们在拉瓦斯蒂达（La Bastida）[①]地区发现了围在入口通道处的部分砌筑墙，以及五个凸出的方塔。这些坚固的方塔之下还筑有地基，该地基经过精心设计，为的是防止这一惊人的建筑成就滑下峭壁。人们可以从紧靠着的诸栋塔楼中向敌人投掷武器，而正门在特殊防御工事设计的保护下，能使来敌无处遁形。

这里还有一处蓄水池。不论是否筑有防御工事，蓄水池的建造对于定居地来说都是必要的。有了蓄水池，城内的人就更易从容应对围城之困，而入侵者则会选择积极进攻。

大约建于公元前 3000 年（处于铜器时代）的伊比利亚防御工事区域中，有用来保护墙内成片区域的同心墙；该墙体建筑重在防御，墙上有箭眼。相比之下，作为权力中心的拉瓦斯蒂达建在山区。此处定居地的选择也许具有更加明确的军事目的，重在进行近战。我们无法确定这种与众不同的防御工事风格，尤其是坚固的方塔，到底在多大程度上受到了东地中海地区的影响，因为那里的同类建筑诞生的时代更早。

群山之中仍有许多石砌的定居地，特别是所谓的"白色村庄"。这些地点的选址具有明显的军事防御性，可以密切监视从山谷进山的各条通道，而且有"一夫当关，万夫莫开"的地理优势。这种模式一直延续到中世纪时期的西班牙村庄，如佩德拉萨塞拉（Pedraza de la Sierra）。就防御工事而言，能见度、守备与视野都很重要。这对各个层面、任何

---

① 位于穆尔西亚省的托塔纳地区，是欧洲青铜器时代的重要遗址之一。——编者

类型的防御工事来说都是一样的。这些因素有助于解释某些防御工事的选址，以及基于某一位置的优劣而做出的反应。公元前45年，尤利乌斯·恺撒在西班牙与庞培的两个儿子作战，一位罗马作家如此描述这场战争：

> 多山的国家适于安营扎寨、筑造防御工事。事实上，几乎整个远西班牙都是土地肥沃、灌溉充足的地区。这使围攻战变成了一项徒劳无功、艰苦困难的任务。鉴于当地人频繁突围，在这里，和别处一样，所有远离城镇的地方都处在塔楼与防御工事的严密把守下。建筑顶上抹了粗灰泥，而不是盖着瓦片，就像在非洲一样。此外，这些地方内部都建有瞭望塔……大部分村镇依地势建于高地之上。因此，谁想进村就得向上爬，这可并非易事。

筑有防御工事的定居地常建在山坡上以警告来敌，此举尤用于警告来自海上的劫掠者不得靠近。这种模式在西班牙南部一直持续到19世纪北非入侵者的危机解除之后。沿海地区也建有山顶瞭望塔。例如，费罗堡的塔楼除了体现出阿拉伯特征外，或许还可溯源至西班牙地中海海岸地区的腓尼基文化。

相应地，海上的往来在铁器时代日益频繁起来。具体表现是：大约在公元前800年，腓尼基商人在加的斯建立了他们的第一个基地，接着在东部更远的地方开拓了定居地，包括马拉加，以及远在阿尔梅里亚附近的比利亚里科斯。无疑，腓尼基人一路向北，最远到了加利西亚。西班牙的贵金属，尤其是铜、锡、金与银是他们的目标，而长途跋涉的辛苦往往是值得的。作为交换，腓尼基人购进了葡萄酒与纺织物等地中海商品。仰仗着这些矿产资源，西班牙在当时才得以融入更广阔的地中海经济体中。

在位于如今法国马赛的希腊定居地，尤其是在西班牙东北部地区，希腊商人同样有所贡献。在埃姆普列斯（Empúries），人们可以看到希腊遗迹。希腊人还远远涉安达卢西亚。贸易成为技术推广以及包括写作在内的文化传播的手段。

考虑到地理与面积的因素，那时的西班牙国内没有一个能够号令天下的政权，这种情况也出现在法国与英伦诸岛。部落王国占据了主流。同时，西班牙内部也有不同的文化群体，不过这些群体之间很可能存在许多重叠部分。伊比利亚文明与西班牙北部独特的凯尔特及巴斯克群体相比，大异其趣，与西班牙东北部的凯尔特伊比利亚人（Celtiberian）相比也别有一番韵味。一方面，这些文化群体存在着诸多差异；另一方面，显然我们也必须注意到，要想对这些文化群体进行分类并加以利用，会面临许多困难。例如，文化群体之间兼具独特性与重合处，将它们拿来对比，会产生许多问题。此外，经年累月的变化使得不同文化间的因果关系成疑。

这些文化留下了些许遗迹，如吉桑多的公牛雕像，还有位于马德里以西的圣马丁－德巴尔代格莱西亚斯的花岗岩雕像。相似的雕像也见于阿维拉省全境。塞维利亚的考古博物馆收藏着塔尔提索斯（Tartessos）文明的金首饰。塔尔提索斯文明的核心区位于韦尔瓦附近，该文明活跃于公元前7世纪—前6世纪，而且与腓尼基文明有关联。

已知的考古记载乃至文字记录均将人们的注意力引向西班牙与外界的联系，以及外国势力对西班牙的干预，这会导致西班牙本土的发展变化被严重弱化。腓尼基人在今突尼斯附近建立了殖民地，名为迦太基，他们的影响通过此城而非更遥远的腓尼基古国（今黎巴嫩）向外传播。第一次布匿战争（公元前264—前241年）主要是迦太基与罗马为争夺西西里岛的控制权而展开的，最终以罗马控制了西西里岛与撒丁岛告终。战败之后，迦太基开始在西班牙南部与东部扩张自己的势力。这次扩张包括矿藏生产的产业化，同时也加剧了迦太基与罗马的矛盾。因此，公元前218年，战争再次爆发，罗马决定遏制迦太基的进一步扩张。同年，迦太基将军汉尼拔不顾罗马反对，占领了西班牙城市萨贡托。迦太基对萨贡托的控制权成为第二次布匿战争的导火索。在萨贡托城内，男人们突围至死，其他人集体自杀。但是，这座城市却留存了下来，那里的城堡遗迹反映了该地在不同历史阶段所受的统治。

第二次布匿战争的主战场在意大利与西班牙。公元前218年，汉尼拔挥师越过法国南部，进军意大利。作为回击，罗马人派兵攻打迦太基在西班牙的领地，意图将其收入囊中，让罗马人垂涎的还有那里丰富的矿藏。公元前209年，罗马统帅西庇阿占领了新迦太基城（卡塔赫纳）。古希腊历史学家波利比阿后来记录道，西庇阿"告诉工人，他们当下就是全罗马人的奴隶。但是，如果他们忠心耿耿、勤奋工作，贡献出自己的能工巧技，那么他保证战胜迦太基之后会还他们以自由"。基于相同的原因，犯人中最身强体壮的也成了苦力。

西庇阿乘胜追击，经拜库拉（公元前208年）与伊利帕（公元前206年）两次战役重创迦太基军队。这些胜利使罗马人控制了肥沃的瓜达尔基维尔河谷，这里正是西班牙的农业主产区。公元前206年，加迪尔（Gadir）被攻陷后更名为加迪斯（Gades）。

公元前202年，西庇阿在北非扎马给迦太基以致命一击。在随后签署的和约中，迦太基被迫将其位于西班牙的领地全部割让给了罗马，包括对巴利阿里群岛的主权。然而，罗马直到公元前123年才使巴利阿里群岛俯首称臣。公元前197年，罗马将从迦太基手里获得的领地组建成两个行省：近西班牙和远西班牙。

巴利阿里群岛：与众不同的历史

巴利阿里群岛是西班牙自治区之一，总面积占全国的1%。2016年总人口为1107220人，占全国总人口的2.3%。群岛早期历史不详，但据说以希腊为发端。巴利阿里出土了许多青铜器时代的石碑，尤其是在梅诺卡岛上，例如该岛的巨石墓碑。人们不知道这些石碑的用途，但相信它们大多与葬礼仪式有关。位于马翁的梅诺卡岛博物馆便对丧葬文化颇为关注。腓尼基人曾经统治群岛，伊比沙岛的考古博物馆珍藏着他们留下的艺术。博物馆的磨坊山陵园陈列物中包括了腓尼基人的棺椁与女神塔尼特（goddess Tanit）的半身像。位于迦太基的腓尼基殖民地陷落后，巴利阿里群岛被划归罗马所有，但直到公元前123年罗马才征服这里。罗马人在群岛招募男丁入伍，使用的作战武器是投石器。5世纪60年代，汪达尔人占领了巴利阿里群岛。6世纪30年代，这里又被拜占庭帝国攻陷。公元707年，群岛被一支摩尔人舰队征服。9世纪中叶，这里又遭维京人洗劫。902年，科尔多瓦酋长国直接控制了巴利阿里群岛，以遏制那里日益猖獗的海盗劫掠活动。1050年，巴利阿里群岛成为独立王国。12世纪，阿尔摩拉维德（穆拉比特）人与阿尔摩哈德人展开了群岛争夺战。1113—1115年的意大利－加泰罗尼亚圣战（Italian-Catalan crusade）对巴利阿里群岛影响甚微，但是，1229—1235年，阿拉贡人征服了群岛。在这之后，他们在巴利阿里群岛建起了教堂。例如，伊比沙岛与帕尔马市的大教堂，还有马略卡岛圣母礼拜堂的修道院。位于马略卡岛上的帕尔马市是巴利阿里群岛自治区的首府，那里建筑风格各式各样，但是相对来说摩尔人遗迹较少。

罗马征服

公元前 197 年，罗马发动的数次有组织的征战并未触及西班牙的大部分地区，比如梅塞塔高原以及西班牙的北部与西部。此外，这些地区远离地中海，因此不易遭到来自海上的罗马军队的攻击（如前 209 年西庇阿发动的攻击）。实际上，像推翻迦太基一样推翻又一个"异族帝国的统治"是一回事，让西班牙国内臣服则完全是另一回事。迦太基政权主要集中在城市，尤其是港口，这些地方可以围攻，因而更易夺取。与迦太基相比，西班牙其他地区的军事目标可要分散得多。

以上各方面有助于解释为何罗马人经过旷日持久的努力，才征服了西班牙，但还有些更重要的因素，特别是罗马即将开展的一系列其他行动。这也说明，我们有必要始终在更广阔的背景下讨论一国历史。打败迦太基后，罗马又卷入与马其顿帝国的一系列战争之中，最终马其顿失去了希腊，但由于罗马将主要精力投入了马其顿战争，它直到公元前 148 年才恢复元气。其他的重要战役包括公元前 192—前 189 年与塞琉古王国的安条克国王之间的战争，以及第三次布匿战争（公元前 149—前 146 年）。

然而，在此期间，罗马对西班牙的征服还是取得了一些进展。随后，公元前 139—前 133 年，尽管遭遇了顽强抵抗，罗马仍成功征服了西班牙大部分地区，包括被罗马人称为卢西塔尼（Lusitani）、加拉西（Gallaeci）与瓦凯伊（Vaccaei）的部落。其中，在公元前 147—前 139 年，罗马遭到卢西塔尼首领维里亚图斯（Viriathus）的反抗。（萨莫拉省有一座不太显眼的维里亚图斯雕像，该省省旗致敬了他的丰功伟绩。此外，2010—2012 年电视剧《西班牙传说》也以他的事迹为主线。）罗马人一边征服，一边在占领地设立了定居点，这一举动在前 152 年罗马对科尔多瓦的征服过程中也有出现。

努曼提亚（Numantia）之围：公元前134—前133年

努曼提亚是铁器时代凯尔特伊比利亚人的山丘堡垒。它控制着杜罗河的一处河流桥渡，其遗址位于今卡斯蒂利亚的索里亚市。公元前153年，努曼提亚的凯尔特伊比利亚人赶走了围攻他们的罗马人后，继续反抗，并于前137年击败了一支罗马军队。公元前134—前133年，西庇阿·埃米利安努斯（小西庇阿）围攻努曼提亚达13个月之久，不巧努曼提亚人又遭饥荒。即使如此，他们仍拒不投降，最终大多数人以自杀收场。后世的西班牙文化讴歌了这种英勇就义的行为。塞万提斯广受好评的诗剧《努曼西亚之围》（大约作于1582年，出版于1585年）便是一例。它将西班牙胜利的宿命看作是努曼提亚之魂浴火重生的结果。剧中，真爱交织着罗马的欲望，努曼提亚所有人的个体牺牲都被看作英勇之举。罗马人重建了努曼提亚城。1860年，人们发掘并鉴定了该城遗址。1882年，此处遗址被认定为国家历史遗迹。索里亚市努曼提亚博物馆内收藏着自努曼提亚出土的陶器。

在随后的一个重要时期内，罗马将注意力转向了其他敌人，探索了其他可能，同时也迫切需要解决自己国内的矛盾。罗马人之间数次内战的战场包括西班牙与意大利。例如，在公元前80—前72年的塞多留战争中，昆塔斯·塞多留（Quintus Sertorius）就获得了一些西班牙当地部落的支持。最终，庞培大帝重建了西班牙的秩序。但是，没过多久，国家又陷入了新一轮的战争，这次与庞培对阵的是尤利乌斯·恺撒。公元

前48年庞培死后，他的两个儿子继续在西班牙反抗恺撒。他们召集了三个古罗马军团，控制了几乎整个远西班牙行省，包括科尔多瓦地区。公元前46年年底，恺撒迅速从意大利进军，在战争早期取得了一些胜利。随后，双方会战于孟达（Munda），也就是今安达卢西亚的拉兰特胡埃拉附近。恺撒力挫敌军，科尔多瓦地区就此投降。接着，孟达市被围：

> 从叛军手中搜来的盾与标枪被围成栅栏，死尸被堆成壁垒。其上，几把剑的剑尖各刺着一颗敌军首级。它们整齐地排列着，面朝城镇的方向。这么做不仅可以用栅栏将敌人围住，还能通过展示军队的骁勇善战，让敌人胆寒。

孟达市投降了。

抛开罗马人的内斗不谈，直到公元前17年，他们才完全控制西班牙的西北部。罗马评论者常常感叹反抗力量的强大，借机赞美自己取得的节节胜利，但同时他们的确对当时的情况进行了准确的描述。19世纪，西班牙民族主义评论家与艺术家致力于探寻前罗马时期西班牙国家起源的范例，他们对西班牙抵抗罗马的历史产生了兴趣。除顽强抵抗外，当时的西班牙人还要面对许多环境方面的挑战，尤其是山区作战、恶劣气候应对措施，以及后勤保障。

19世纪，探寻西班牙国家起源的人可以回顾先辈的反抗罗马史。但是，人们通常不这么做。西班牙倾向于认同罗马的影响，因此也就不太关注对罗马人的反抗。相反，他们往往聚焦于中世纪抵御阿拉伯人时所取得的最终胜利。这种抵抗往往被塑造为可歌可泣的基督教精神。

罗马统治下的西班牙

罗马击溃坎塔布里亚诸部落后，西班牙成了罗马经济体的一个重要组成部分，其主要贡献是金属矿产与安达卢西亚的农业。金、锡、铜这些金属为罗马帝国国库带来了巨额财富。最近的考古发现极大拓展了我们对罗马制造的认知。2014年，人们在西班牙西北部的拉斯梅德拉斯发现了公元前1世纪时的几座大型金矿。这一发现表明，此地是当时罗马治下开采出的最大金矿。而且，在这里，人们使用了水力系统，将高压水输送到金矿中，用于黄金加工。2017年，考古学家在西班牙南部的慕尼瓜（Munigua）城挖掘出了一个大型铜、铁开采遗址，那里有通风状况良好的地下坑道。如此一来，矿工就能向更深处挖掘、寻找矿藏。这些矿井之前就有人使用，例如迦太基人。但是，罗马人极大地提高了这里的金属产量。最近的考古发掘也证明，4世纪时的科尔多瓦建有一座大型罗马宫殿。

安达卢西亚的农业以葡萄酒与橄榄油生产为主，而科尔多瓦以后者闻名。其他来自西班牙的重要进口商品还包括鱼露（garum）、羊毛与马匹。鱼露由鱼酱发酵制成，罗马人将它作为调味品。人们可以在位于塔里法西北部的巴埃洛克劳狄亚废墟和马拉加毕加索博物馆的地下室中看到鱼露作坊的遗迹。废墟还包括一座教堂、一个广场与一个剧院的遗迹，而毕加索博物馆的地下室中则收藏着腓尼基人防御工事的遗迹。

西班牙的产品之于规模更大的罗马经济的重要性，意味着与之前相比，西班牙基础设施的重要性有所提升。罗马人修路最初意在行使权力、展示权威，便于行军征伐、镇压叛乱。这些道路在半岛上纵横交错，道路交会处成了重要的定居地，其中的一个典型便是埃梅里达－奥古斯塔（梅里达），那里的古罗马剧院、古罗马竞技场与狄安娜神庙都留存了下来。相应地，从经济发展的层面来看，特别是在将商品从城市运往港口方面，这些城市变得至关重要。随后，这些商品又会从各个港口，尤其是塔拉戈纳、新迦太基、阿尔穆涅卡尔、马拉加，出口到罗马去，而加迪斯是商品出口到安达卢西亚的重要港口。拉科鲁尼亚地区的一座灯塔以希腊神话中的大力士赫拉克勒斯命名，这座始建于 2 世纪的灯塔是仍在使用的历史最悠久的灯塔。灯塔上风很大，从此处看到的海景壮观而美丽。诸如橄榄油、葡萄酒与鱼露之类的西班牙商品不仅被出口到意大利，还被运往包括不列颠在内的罗马帝国的其他地区。

加迪斯

在罗马统治下，加迪斯港口迅速繁荣起来。公元前 49 年，尤利乌斯·恺撒授予当地居民以罗马公民身份。奥古斯都时期的人口普查表明，这里主要通过贸易与农业土地所有权，获得了巨额财富。罗马人用沟渠引来淡水，维护腓尼基人供奉麦勒卡特神（Melqart）的神殿，后来罗马人将麦勒卡特与大力神赫拉克勒斯合二为一。与上述措施不同的是，来自加迪斯的女孩会被送到罗马，她们因能歌善舞而受到青睐。5 世纪时，该港口被西哥特入侵者破坏。

大城市发挥了省会的功能。科尔多瓦是贝提卡（相当于今天的安达卢西亚省加上埃斯特雷马杜拉南部）的省会；埃梅里达 - 奥古斯塔是卢西塔尼亚（葡萄牙与梅塞塔高原西部地区）的省会；占据了半岛大部分地区的塔拉格尼西斯以塔拉戈纳作为省会。有些城市曾被用作军事基地，例如，莱昂与阿斯托加。甚至，一个罗马军团的总部后来一直驻扎在西班牙西北部。此举证明西班牙金矿、银矿的重要性。马德里的所在地之

前并无城市。尽管寻找光辉历史的人言之凿凿地说，在西班牙于1561年定都马德里后，他们从中找到了蛛丝马迹，表明马德里起源于一个叫作马恩图亚－卡尔佩塔纳（Mantua Carpetana）的城市，但其实这只是无稽之谈而已。

建筑物集中在城市中，科尔多瓦的古罗马广场与竞技场便是如此，但在城市外依然可以看到它们。在罗马，引水渠与桥梁是基础设施的重要组成部分。引水渠为城市提供了大量水源。建于1世纪的塞哥维亚的引水渠将水从阿塞韦达河（River Acebeda）引入富恩弗里亚山脉（Sierra de Fuenfria），至今仍能正常运作。这条引水渠是双层拱门结构，长度约为118米。在塔拉戈纳附近，人们也能看到为此区引水的双层拱门结构。在如今的科尔多瓦，人们可以步行穿过罗马桥。罗马桥建于罗马统治时期，横跨瓜达尔基维尔河。后来摩尔人重修了这座桥。科尔多瓦还保留着重建的罗马神殿。在阿尔坎塔拉，跨越塔古斯河①的大桥经过了大面积修复，但其引人注目的中拱仍是罗马风格的。梅里达的罗马桥梁也算是保住了，尽管只有两座引水渠上的一些拱门留存了下来。萨拉曼卡的罗马桥横跨托尔梅斯河。在塔拉戈纳，人们可以探访竞技表演场、广场，以及一个壮观的古罗马圆形露天剧场的遗迹。

城市是加速罗马化进程的温室，是政府管理与罗马宗教崇拜的中心，也是以税务、租金与日常花销的形式积蓄起的乡村财富所流向的地方。地主都想住在城里，在那儿穿罗马衣，讲拉丁语。在山区和其他远离城市的地方，罗马化的效果弱得多。而且，这些地方的经济更多关乎生存与农业。也正是这些地区吸引了继罗马之后的"蛮族"入侵者定居。

---

① Tagus，塔霍河的旧称。——编者

这就造成了与罗马关系密切的西班牙东部、南部以及产矿区与西班牙其他地区之间在环境、文化与地理上的紧张关系。6世纪，在拜占庭（东罗马帝国）重新夺取西班牙东部与南部的部分地区时，这种矛盾起到了关键性作用。然而，随后这个地区再次分裂，西班牙南部自13世纪起属于卡斯蒂利亚，而西班牙东部则成为阿拉贡的一部分。看上去，地理因素势必会带来这些变化，但是，要把地理变成地缘政治，少不了人的参与。而且，人的能动性在这一进程中所起的作用是决定性的：没有什么事是必然会发生的。

伊塔利卡

位于塞维利亚西北约5英里（约8千米）的伊塔利卡是罗马遗迹保存得最完好的地方之一。公元前206年，西庇阿将罗马老兵安顿于此，并在此建城，以控制瓜达尔基维尔河谷地区。伊塔利卡是在当地的一个伊比利亚村镇的基础上建起来的，它还是罗马皇帝图拉真与哈德良的故乡。这里有一个规模宏大的圆形剧场，足以容纳2.5万人，它展现了这座城市的规模与重要地位，当然，作为罗马帝国最大的圆形剧场之一，它也彰显出帝国的偏爱。在伊塔利卡，人们如今还能看到饰有镶嵌画的房屋废墟。6世纪，在西哥特人统治下，这里仍是一座城市，但日渐破败，走向毁灭。该地的考古挖掘工作始于19世纪20年代，在最近的数十年间，其重要性日渐凸显。

危机四伏

在西班牙人或曰出生于西班牙的罗马人图拉真（98—117年在位）及其继任者哈德良（117—138年在位）的统治下，罗马帝国达到鼎盛。他们的统治反映出西班牙对罗马帝国的贡献，尤其是在军队人数方面。事实上，图拉真与哈德良的掌权正是基于这个原因。西班牙的贡献同样体现在其他领域，例如，以卢坎与塞涅卡为首的作家群体。

西班牙受到了罗马帝国整体发展的影响，影响范围包括从政治到疾病传播的方方面面。新兴宗教的传播也是帝国发展的一环。人们普遍信奉密特拉神，其中以埃梅里达－奥古斯塔地区居民为代表。由于公元132年罗马镇压犹太人起义引发了犹太人口的离散，犹太教也得以传播开来。许多犹太人最终在塔拉戈纳、托莱图姆、埃梅里达－奥古斯塔、科尔多瓦与加迪斯定居下来。此外，犹太教又衍生出了基督教这一全新的、与众不同的传播形式，后者的传播超越了种族的限制。

宗教迫害致使基督教殉道士出现。大约在304年，萨拉戈萨教堂的执事圣文生（St Vincent）和他的姊妹在戴克里先皇帝的统治下殉道，同样殉道的还有圣库加法斯（St Cucufas）。尽管圣劳伦斯于258年殉道于罗马，但他实际上出生于西班牙，或者更确切地说，出生于巴伦西亚。

在公元300年前后，西班牙有近20名主教。312年，基督教正式成为罗马帝国的国教。它迅速传播，并对后来罗马帝国的许多城市施以深刻的影响。塔拉戈纳成为西班牙主教座堂所在辖区，这一地位直至11世纪才被托莱多所取代。

3世纪晚期和4世纪，为抵御"蛮族"侵袭，这些城市均筑有严密的防御工事。在加利西亚自治区的卢戈，如今人们可以沿着保存完好的城墙漫步，这些城墙部分是3世纪罗马古城墙的遗迹。每年，人们都要在卢戈欢庆罗马复兴节。

罗马统治下的西班牙自 2 世纪 70 年代开始遭受"蛮族"入侵——来自非洲西北部的柏柏尔部落所实施的抢劫和掠夺。从柏柏尔人的居住地到西班牙的海上航道不仅距离短，而且在洋流的作用下相对易行。到了 3 世纪 60 年代，形势变得更加严峻了。无论是边境自身组织的防御，还是罗马对高卢（法国）的统治，均无法阻止日耳曼部落的军队越过比利牛斯山，洗劫塔拉戈纳。

帝国内部还遭遇了政治、财政与经济上的动荡。而西班牙则暂时落入一个反叛的王国之手，叛军首领是波斯图穆斯，大本营在高卢。随后，奥勒良（270—275 年在位）再度统一了罗马帝国，然而，他带来的复兴是有限的。

为了加强管理，戴克里先（284—305 年在位）重新界定了省界，引入联合执政体系，将西班牙与意大利、北非联系起来。但是，变革并未带来持久的和平。相反，它不得不面对自 395 年起东、西罗马的长久分裂。西班牙位于更易受到攻击的西罗马帝国。409 年，一支由阿兰人、苏维汇人与汪达尔人组成的日耳曼邦联军入侵西班牙。罗马对西班牙的影响还在，但已被极大地弱化。至于英格兰，它与罗马在政治与军事上的联系于 411—419 年被一刀斩断了。

苏维汇人

苏维汇是日耳曼部落的一支，早年曾败于尤利乌斯·恺撒。一些苏维汇人在 409 年入侵西班牙后定居在加利西亚。他们宣誓效忠于西罗马帝国皇帝霍诺留（393—423 年在位），并在 410—584 年建立了一个从属于罗马的王国。他们的领土范围受到 5 世纪 50 年代西哥特人

　　但是，罗马的影响力可以说是十分深远的。它让人们体验了基督教、
拉丁语、城市结构、国家统一，还留下了许多至今让人印象深刻，且为
罗马的后继者树立了榜样的遗迹。这些遗迹界定了罗马后继者的想象力
边界。在英国，拉丁语、城镇与基督教都消亡了，但是，这种情况并没
有发生在西班牙。由此可见西班牙罗马化的程度之深。

　　最近的考古发现帮助我们拓展了对罗马统治下西班牙的理解，也为
我们提供了更多的旅游景点，为博物馆贡献了更多的研究材料。今天的
考古博物馆收藏了许多惊人且有趣的罗马遗迹：塞维利亚的博物馆里藏
有一座安置于古罗马别墅中的雌雄同体铜像，以及一尊密特拉神屠牛的
雕塑；阿尔瓦塞特博物馆收藏了由象牙和琥珀制成、具有可活动关节的
人偶；而梅里达与塔拉戈纳的博物馆里则收藏着瑰丽堂皇的镶嵌画。在
加泰罗尼亚自治区的埃姆普列斯遗址，人们能看到一些罗马房屋。除上
述城市遗迹外，一些乡村遗址也被发掘了出来。例如，位于塔拉戈纳附
近的康斯坦蒂陵墓（Mausoleo de Centecelles），那里有规模宏大的饰有镶
嵌画的穹顶。

第三章

西哥特与摩尔人入侵：埋下反抗之种

"上帝在试炼他的子民。"

西哥特人

与西罗马帝国的其他地区一样，西班牙在 5 世纪早期遭受了"蛮族"入侵。在某种程度上，这些侵略活动早已不是什么新鲜事。之所以这样说，其中一个相当重要的原因在于，一些"蛮族"最初受雇于罗马帝国，是以援军的身份为其提供军事帮助并因此定居下来的。西哥特人便是如此。罗马人起先利用他们来对抗苏维汇人与阿兰人的入侵，之后西哥特人就被限定在西班牙西部地区活动。

前往北非的汪达尔人也对西班牙造成了一定的破坏。一些报道称，汪达尔人与安达卢西亚这个地名有关，因为安达卢西亚（Andalusia）的变体汪达尔卢西亚（Vandalasia）意为汪达尔人的故乡。但是，这一说法受到了抨击，因为有些人追溯了"安达卢斯"（Andalus）一词的词源，发现它是"大西洋"在某种阿拉伯地区语言中的叫法。

454 年，西哥特人进入西班牙，将苏维汇人驱至西班牙西北部。5 世纪末，西哥特人占据了西班牙大部分地区以及法国南部。但是，507 年，他们被法兰克人打败，因此在法国的势力骤减。这段历史成了比利牛斯山逐渐演变为重要政治边界的过程中的一环。

6 世纪中期，西哥特人统治下的西班牙内部动乱不断。利用此大好时机，拜占庭（东罗马帝国）重新征服了西班牙南部海岸的迦太基与巴利阿里群岛——这是罗马光复大业的一部分。最终，拜占庭再度攫取了意大利大部分地区及北非部分地区。552—624 年，拜占庭帝国建立了西班牙行省。卡塔赫纳的考古工作者曾于 1983 年挖掘出拜占庭时期的重要城墙，随后人们在那里开设了拜占庭城墙博物馆。

西哥特人统治下的西班牙不会轻易屈服。相反，它迎来了领土与意识形态上的复兴。利奥维吉尔德①（569—586 年在位）战胜了坎塔布里亚人，废黜了苏维汇人的最后一个国王。作为击退拜占庭帝国的一个环节，利奥维吉尔德收复了科尔多瓦地区。也许是受到了拜占庭范式的启发，利奥维吉尔德颁布新法典，发行新币，还制定了更为细致的宫廷礼仪。这些措施对于建立一种新型的君主政体来说至关重要。此外，西哥特人保留了罗马的行政机构，继续使用拉丁语。587 年，里卡雷德一世（586—601 年在位）摒弃了阿里乌斯教的异端邪说，改信天主教，该举有助于将西班牙－罗马的大众与他们的西哥特统治者紧密团结起来。抵抗这一变革的阿里乌斯暴乱被镇压了下去。除宗教信仰外，西哥特人与西班牙－罗马人在服饰与葬礼习俗方面的差异也消失了。自 614 年起，西哥特人加快了再度征服西班牙的步伐，后来除巴利阿里群岛外，西班牙其他地域均在他们的势力范围内。

奴隶制对于西哥特人来说十分重要，许多奴隶是通过劫掠得来的。西哥特人甚至将奴隶吸纳进军队之中。奴隶身份与非部落成员的身份息息相关。奴隶反抗时有发生。694 年，埃吉卡（Egica，687—702 年在位）下令，西班牙国内拒不皈依天主教的犹太人将会以密谋叛变的嫌疑被贬为奴，但我们不知道这项规定是否得到了全面的贯彻执行。西哥特统治时期留下了许多教堂遗迹，如 7 世纪班德的圣康巴教堂（Santa Comba de Bande），以及位于帕伦西亚附近的圣胡安包蒂斯塔大教堂；还留下了一些金银首饰。

1939—1975 年，在独裁主义的中央集权者弗朗西斯科·佛朗哥的统

---

① Leovigild，西哥特国王，他力求统一伊比利亚半岛，因此四处征战，抗击拜占庭帝国、苏维汇人、巴斯克人等。585 年，晚年的利奥维吉尔德最终收服苏维汇人。在其死后，其子里卡雷德一世（Reccared I）继承了西哥特王位。——编者

治下，西哥特人备受推崇，因为他们在后罗马时代一统分崩离析的半岛，还使人民皈依了天主教。佛朗哥建造了一座西哥特人博物馆，为他们歌功颂德。佛朗哥死后，西哥特人就完全过时了。

摩尔人的征服

自 711 年以后，西班牙迅速落入摩尔人之手。这是摩尔人军事力量取得的许多重大胜利之一。在西班牙，基督教对西班牙衰落的解释长期以来具有宗教、天启与道德意味，"上帝在试炼他的子民""反基督者的到来"均是重要主题。当时有一部颇具影响力的文学作品——《启示录评论》，作者是远在伊比利亚半岛北部列瓦纳的一位名叫贝尔多斯的修道士。西哥特人统治下西班牙的灭亡也成为人们评判的一大主题，因为这里不断上演着劫掠、复仇与背叛的戏码。其中，最后一位西哥特国王罗德里克的一次劫掠在自身的灭亡中起到了关键作用。人们认为，西哥特王国之所以没能战胜摩尔人，关键在于丧失了道德的力量，反之，这种观点也能解释后来的历代统治者为何取得了成功。事实上，西哥特人的失败是摩尔人的强大与西哥特人自身的劣势，尤其是西哥特人内部的分裂，以及对巴斯克人等其他势力采取的军事征伐共同作用的结果。

711 年，摩尔人渡过直布罗陀海峡之后，于同年或次年打败并杀害了罗德里克。随后，他们迅速占领了科尔多瓦、托莱多、梅里达与萨拉戈萨。在横行了大半个西班牙之后，他们继续向前侵略了法国，如探囊取物般攻下了法国南部地区。虽然取得了最初的胜利，但他们在 732 年或 733 年兵败图尔，随后被逐出法国。759 年，摩尔人又失掉了纳博讷这座大城市。

与此同时，在西班牙国内，坎塔布里亚群山的天险阻碍了摩尔人对西班牙北部的进攻，同时也为基督徒提供了避难所。以这处庇护所为根据地，基督教统治下的中世纪西班牙在与摩尔人的战争中逐步发展壮大起来。此外，这处庇护所也是西班牙北部从高山地区到比利牛斯山南麓地区繁荣发展的基石。在哈卡（Jaca）附近，人们最终建起了阿拉贡地区的第一个省会。同时，由于西班牙北部土地荒凉，所以摩尔人对此地兴趣寥寥。722 年，在阿斯图里亚斯的科瓦东加，摩尔人落败了。人们将胜利主要归功于那里立着的一尊圣母马利亚雕像，此前人们常常对着该雕像祈祷。鉴于这种观点的影响，在 8 世纪余下的时间内，人们又在那儿修建了一座修道院和一个小礼拜堂。后来，建于 19 世纪的基督教领袖柏拉奇（Pelagius）雕像被放在了胜利十字架下的显眼位置。另一尊雕像为青铜铸造，可追溯至 1891 年，位于希洪。

西班牙北部的基督教王国企图确立自己与西哥特人的继承关系，并希望借此保持与罗马人的联系。因此，人们把圣迹从托莱多运到了阿斯图里亚斯。阿斯图里亚斯的奥维耶多圣殿是阿方索二世[①]在 9 世纪为这些圣迹所造的神殿。这种延续性挑战了西哥特人统治下的西班牙与它的摩尔人后继者之间的联系。基督教统治下的西班牙北部地区建有许多修道院，其中有不少保存到了今天，它们与伊斯兰建筑形成了颇具启示意义的对照。位于加泰罗尼亚自治区黎波里（Ripoli）的一处本笃会修道院是众多修道院中最出众的一座。虽然它是 12 世纪留下的遗迹，但依然摄人

---

① Alfonso Ⅱ（759—842 年，791—842 年在位），阿斯图里亚斯王国国君。阿斯图里亚斯王国是西哥特王国灭亡后，在伊比利亚半岛上兴起的第一个基督教君主制国家。10 世纪，经由阿方索三世、弗鲁埃拉二世及阿方索四世多任君主的统治，该王国逐渐与莱昂王国融为一体。——编者

心魄。同样令人震惊的还有建于9世纪的圣胡安德拉佩娜修道院，它最终成了阿拉贡与纳瓦拉统治者和贵族的伟人祠，该修道院位于山腰处的显眼位置，满足了罗马式风景的构图需要。同样让人称奇的还有莱尔修道院（Monastery of Leyre），那儿是更早时期的伟人祠。

自9世纪起，兴建的教堂以马蹄形拱门为主要特征。据说，这种形状的拱门早在西哥特时期就已存在。但是，以10世纪初埃斯卡拉达圣米格尔修道院（San Miguel de Escalada）为代表的一类建筑的马蹄形拱门，往往让人联想到科尔多瓦的大清真寺，而大清真寺的建造者也许来自"安达卢斯"（摩尔人统治下的西班牙）。

8世纪末至9世纪初，在查理曼大帝的统治下，法兰克人试图将他们的霸权扩展至比利牛斯山南部地区。但是，他们发现自己很难在那里站稳脚跟，尤其是在778年镇压反抗的战役失败后。对于基督教统治的西班牙地区而言，法兰克的这次兵败至关重要：基督教统治地区得以维持住了诸王国相对独立的分裂状态。安达卢斯的情况与之类似，因为那里的统治集团均难以维持对远疆的长期统治。但是，若法国的前身——法兰克王国并未以巴黎为中心，而是以朗格多克①为大本营的话，就能更加持久地对西班牙施加影响，西班牙的历史也会因此改写。

778年的罗兰之死

潘普洛纳失陷后，查理曼大帝撤军。行至纳瓦拉的龙塞斯瓦列斯隘口（Roncevaux Pass）时，后卫部队又败于巴斯克人。该事

---

① 朗格多克地区位于法国南部，与西班牙的加泰罗尼亚地区接壤，因而与位于法国北部的巴黎相比，更易于到达并控制西班牙。——编者

件成为中世纪文学的重要素材。查理曼大帝的传记作家艾因哈德（Einhard）记述道："那个地方密林深深，正是伏击的绝佳之所……法兰克人因军械沉重、道路崎岖而处于劣势。"11世纪的英雄史诗《罗兰之歌》浓墨重彩地渲染了将士的英勇无畏，深刻影响了后世的评价。

长期战乱使得西班牙北部地区生灵涂炭。尽管围绕着权威确立与权力争夺，基督教小公国彼此冲突不断，但是主要矛盾仍聚焦于它们与安达卢斯地区的不和上。摩尔人的劫掠长期以来困扰着这些小公国人民的日常生活。从实用层面上来讲，摩尔人通过侵袭，掠取了战利品（尤其是奴隶）。后来，摩尔人的侵袭战也包含了意识形态上的动机，尤其是对不信教者的惩罚。男人决心通过军事行动彰显自己的身份与男子气概，这无疑也是一项十分重要的因素。

基督教治下的诸公国进行了反击式劫掠，促使摩尔人加强了自己的防御工事。从长远来看，其中最重要的就是马德里的建立。大约在860年，为控制瓜达拉马山脉以南的诸条路线，摩尔人在荒无人烟的马德里建起了一座城堡。

然而，在此期间进行频繁掠夺的一方是摩尔人，无怪乎基督徒沿杜罗河修筑了一条防御阵线。同时，摩尔人的内部分歧，尤其是阿拉伯人与柏柏尔人在8世纪40年代的内斗削弱了他们的势力。自8世纪50年代以降，阿巴斯王朝与倭马亚王朝之间的争夺，同样瓦解了彼此的力量。

在摩尔人统治的地区，许多西班牙的基督教徒最终接纳了对方的文化与语言，他们由此被称作莫扎勒布人（Mozarabs）。但是，关于西班牙早期受摩尔人文化影响的程度存在争议，而且当时可供朝拜的地方相对罕见。10世纪，大量土著人口移居科尔多瓦。作为省会的科尔多瓦繁荣兴旺、充满活力，实乃众生向往之地。西班牙的财富聚集在南部地区，尤其是瓜达尔基维尔河谷附近，为科尔多瓦这座 756 年建立起来的省会城市提供了丰厚的物质基础。

梅斯基塔

科尔多瓦最摄人心魄之处非大清真寺（梅斯基塔）莫属。它始建于 8 世纪末，是在拆毁或改造圣文生神殿的基础上建造起来的。而圣文生神殿的旧址则是供奉着两面神雅努斯的罗马神殿。大清真寺的选址既考虑了地理位置，又利用了绵延不绝的墙体筑就的天然屏障以抵御攻击。最初的清真寺于 786 年完工，随后几经扩建，尤其是在 10 世纪 30 年代，阿卜杜·拉赫曼三世主持为清真寺新建了一个塔尖。10 世纪 60 年代与 70 年代，大清真寺扩建得更大了，还加了一个新的米哈拉布（圣龛）。后来，仍然是在 10 世纪，祷告殿新增了许多隔间，打破了建筑本身的平衡。

相应地，1371 年，人们在大清真寺里建了一个小礼拜堂；自 1523 年起，人们又在大清真寺正中央的位置建了一座大教堂。但是，在梅斯基塔，占主导地位的仍是一直延伸至人们视线边缘的成排立柱。其他的摩尔人遗迹还包括土耳其浴室（公共澡堂）和一辆水车。

10 世纪中叶，在阿卜杜·拉赫曼三世（Abd-ar-Rahman III，912—961 年在位）及其让人折服的继任者哈里发哈卡姆二世（961—976 年在位）执政时，科尔多瓦被视为重要的权力中心。巴格达、拜占庭与神圣罗马帝国皇帝奥托一世在此均设有大使馆。此外，未来的教皇西尔维斯特二世（Pope Sylvester Ⅱ，999—1003 年在位）也许在黎波里修道院修行期间（10 世纪 60 年代），参观过处于学术与文化顶峰时期的安达卢斯。教皇西尔维斯特二世曾是一名修道士，本名是欧里亚克的葛培特。阿拉伯数学知识传播到基督教统治下的欧洲，以及算盘与星盘的引入，均归功于葛培特。后来，由于他与异教之间的所谓联系，他被指控为巫师，并被革出教门。10 世纪 40 年代至 90 年代，科尔多瓦迎来了全盛期。这一时期为游客们留下了许多可供参观的景点，包括阿萨哈拉宫。这座位于科尔多瓦以西的宫殿是行政中心之所在。这座宫殿建于 936—976 年，部分原料来自罗马，还有一些北非的大理石。1010 年，阿萨哈拉宫遭到洗劫，如今这里已是一片废墟，部分遗迹有待考古发现。

历史学家常用"共存"（convivencia）这个术语来指涉多种族、多宗教的，据说还有"包容性"的安达卢斯文化。那里强悍的犹太教势力对人的精神生活影响深远。托莱多翻译"学校"促进了文化传播。因为哈卡姆二世喜爱书籍，支持科学研究，所以他鼓励将拉丁语与希腊语书籍译为阿拉伯语。

悠久的历史：以阿利坎特与萨拉曼卡为例

许多西班牙城市拥有悠久的历史，可以上溯至罗马时期甚至是更久远的年代。这一段段历史反映出历代征服者如何在前人基础上建设城市，而农业社会又如何依靠相同的发展中心得以延续。作为信息的结点，许多城市有着举足轻重的地位。

人们在阿利坎特地区定居生活的历史已延续了 7000 多年。但是，此处第一个有据可考的定居点是在公元前 4 世纪由迦太基人建立起来的。他们将自己的定居点称为"白色的山峰"（Akra Leuka），随后在这里定居的罗马人将此处唤作"鲁坎提"（Lucentum）。后来这里又处于西哥特人的统治之下。最终，它落入摩尔人手中，也就是在此期间，摩尔人给它起了个颇为现代的名字：阿利坎特，阿拉伯语意为"光之城"。历史提醒人们，政治边界在本质上是游移不定的。1246 年，卡斯蒂利亚王国国王阿方索十世攻占了这座城市，但是，1298 年，它落入阿拉贡王国，成为巴伦西亚王国的一部分。15 世纪、16 世纪，阿利坎特风平浪静。1609 年，因驱逐摩里斯科人（Morisco），阿利坎特遭到袭击。接着，该地区由于在西班牙王位继承战争中支持查理三世，再度受创。此后，这座城市从 19 世纪末西班牙的经济增长中获益。在西班牙内战中，阿利坎特是最后一个陷落的共和国城市。直至 1939 年 4 月 1 日，佛朗哥才攻占阿利坎特。自 20 世纪 60 年代起，该城因旅游业迅速发展起来。

另一个历史悠久的城市是萨拉曼卡。在前罗马时代，瓦凯伊或曰维托内斯（Vettones）最早在那里建立了基地。公元前 220 年，该地被汉尼拔率领的迦太基军队攻陷。之后，这里又落入罗马人手中。因为这座城市有一座桥位于名为"银色大道"（Via de the Plata）的古道上，所以该地成了罗马人的重要交通枢纽。这条南北向的古道连接了梅里达和阿斯托加。继阿兰人与西哥特人的统治之后，萨拉曼卡在 712 年被攻占。

10 世纪，基督教徒又重新在这里定居。尽管皇家特许状直到1218 年才颁布，但萨拉曼卡的高等教育早在 1130 年就兴起了。大学成了法律研究的主要中心。由于萨拉曼卡古城有两个大教堂与许多重要的 17 世纪建筑，因此联合国教科文组织于 1988 年将其列为世界文化遗产。这座城市朝气蓬勃又魅力十足。

第四章

两个西班牙的对峙与破碎的中世纪版图

这些统治者展现出了一种西洋棋般的

权力观与实力排名意识。

曼苏尔（Al-Mansur，977—1002 年在位）执政时，西班牙的基督教各公国都城屡遭进攻、洗劫，几乎无一幸免，宗教场所也在劫难逃。位于布尔戈斯东南的圣多明各 - 德锡洛斯修道院（the monastery of Santo Domingo de Silos）便是一例。曼苏尔也许还火烧了科尔多瓦的图书馆。热爱艺术、科学与书籍，思想开明的哈里发哈卡姆二世被其抛之脑后。然而，曼苏尔去世后，位于科尔多瓦的哈里发辖地分崩离析，陷入内战。之后，群雄并起，独立王国（或曰酋长国）如雨后春笋般相继涌现，其中最重要的一个王国将大本营设在了塞维利亚。由此，塞维利亚在西班牙南部声誉日隆，最后甚至取代了科尔多瓦的地位。在别处，酋长国因长期纷争而日渐衰弱。它们不得不向基督教徒大量进贡。这一负担进一步削弱了它们的实力，同时为基督教统治者提供了大兴土木、发动战争的资金。

酋长国的衰弱成就了基督教统治者的节节胜利，这也有助于解释为何阿拉伯帝国没有在西班牙获得它在北非与中东取得的那般长久的成功。基督教在西班牙的高歌猛进早已促使（信奉基督教的）阿斯图里亚斯王国在 914 年将首都从奥维耶多迁至莱昂。与此相对，纳赫拉自 920 年陷落[①]后，成了纳瓦拉王国的首都。

更富戏剧性的是，在经历了旷日持久的围城之后，莱昂 - 卡斯蒂利亚王国国王阿方索六世（1065—1109 年在位）于 1085 年攻下了托莱多。这也是基督教进军的结果。摩尔人在托莱多战役中领导不力，算是帮了阿方索六世的忙。作为西哥特人的古都、西班牙主教座堂辖区，托莱多

---

① 纳赫拉原本在安达卢斯的地域范围内。920 年，纳瓦拉君主桑乔一世·加尔塞斯（Sancho I Garcés）将领土扩张至纳赫拉。在 1054 年该地被卡斯蒂利亚王国攻陷前，它一直是纳瓦拉王国的首都。——编者

是梅塞塔高原上的重地。与它差不多同时陷落的马德里，当时还未发展成一座城市。在西班牙收复失地运动期间，征服者的合法性部分源于"重新征服"（reconquest）这个概念本身。阿方索六世便由此自称为"全西班牙皇帝"，随后他将都城从莱昂迁至托莱多。

对城市的选址、建造与未来发展而言，防御方面的考量是不可或缺的。阿方索六世的女婿在阿维拉建立了一个边陲小镇，那里坚固的城墙至今仍是一处引人注目的景点，它完全沐浴在阳光中，是世间最宏伟的一座纪念碑。阿维拉的大教堂建于12世纪，且筑有防御工事。然而，由于许多城镇变得不那么容易遭受摩尔人的攻击，它们中的不少都移址重建了。正是出于这个原因，在纳瓦拉的桑圭萨，人们从地理位置更加安全的山腰向下移居至阿拉贡河大桥附近。

西班牙北部的基督教王国不仅接纳了西哥特人的艺术传统，也受到了摩尔人的影响。影响它们的还有更广泛层面上的欧洲发展变化，尤其是法国与意大利两地的新趋势。特别值得注意的是，11世纪，罗马式的建筑与装饰风格，尤其是罗马式大教堂，在加泰罗尼亚以及圣地亚哥－德孔波斯特拉之路（routes to Santiago de Compostela）沿线日益流行起来。建于12世纪的萨拉曼卡旧教堂就是罗马式风格的典范，其上雕刻的想象中的动物将这点体现得淋漓尽致。加泰罗尼亚本笃会修道院的回廊上雕刻着144幅罗马式图案，其中刻有用飞鸟构图的美丽字母。后来的教堂体现了从罗马式到哥特式风格的过渡。圣多明各－德锡洛斯修道院美丽的罗马式回廊也刻有精美的图案，尤其是飞鸟图案。此外，基督教管辖的西班牙区域也因欧洲其他地区修道会教团的普及而受到了影响。

为抵制基督教的发展，摩尔人请来了他们所谓的阿尔摩拉维德人[①]，即撒哈拉的柏柏尔人，他们在 11 世纪 60 年代曾驰骋摩洛哥。1086 年，他们合力在萨格拉哈斯（Sagrajas）打败了阿方索六世，暂时性地终结了基督教的进攻。11 世纪 90 年代初，阿尔摩拉维德人占领了大部分酋长国。1094 年，巴达霍斯落入阿尔摩拉维德人之手。但是，1094 年，幸运的基督教战士熙德攻占了巴伦西亚，阿尔摩拉维德人遭遇了失败。

熙德与英雄主义

罗德里戈·迪亚兹·德·维瓦尔是一位能力卓越、雄心勃勃的士兵，后来人称熙德。他是卡斯蒂利亚贵族，因同莱昂－卡斯蒂利亚王国国王阿方索六世失和，变成了一名雇佣兵、一个唯利是图的自由职业者。"熙德"这个称呼源于阿拉伯语的"赛义德"（sayyid），即"阁下"，也可能是阿拉伯语"狮子"（asad）一词的变体，正如英格兰"狮心王"理查一世中的"狮子"一词。熙德与基督教徒及摩尔人都交过手，从别人给他的进贡中赚了不少钱。自 1094 年起至 1099 年去世，熙德统治了巴伦西亚地区，击退了阿尔摩拉维德的柏柏尔人。他死后，他的寡妻继承了他的位置，但被迫于 1102 年将巴伦西亚交给了阿尔摩拉维德人。

后来，在 12 世纪的卡斯蒂利亚诗歌《我的熙德之歌》中，他

---

① Almoravid，是西班牙人所称的、1056—1147 年统治摩洛哥与西班牙大部分地区的柏柏尔人王朝，在阿拉伯语中又叫作"穆拉比特"。阿尔摩拉维德王朝于 1147 年被阿尔摩哈德王朝（Almohades，阿拉伯语又称"穆瓦希德王朝"）所灭。——编者

被塑造成了一个英雄榜样。这首诗的作者无从稽考。事实上，熙德身上折射出了边境社会的机遇与投机主义。1961年大受好评的电影《万世英雄》由查尔顿·赫斯顿与索菲娅·罗兰饰演主角，讲述了一个充满冲突与背叛的故事，查尔顿把熙德的形象浪漫化了。熙德的身体被固定在鞍座的铁架中，他在死后取得了胜利，被刻画成"最纯洁的骑士"。

类似的权力运作模式也可见于他处，正如在马拉加西北部的群山之中，人们能看到欧麦尔·伊本·哈弗莱（Umar ibn Hafsun，生卒年约为850—917年）的大本营仅存的遗迹伯巴斯特罗教堂（the church of Bobastro）一样。哈弗莱本是一个有着土著血统的盗贼，在皈依基督教之前，他公然反抗科尔多瓦的哈里发并取得了成功。927年，伯巴斯特罗最终陷落。

11世纪90年代末，在地中海的另一端，第一次十字军东征掀起了近两百年的血雨腥风。与此同时，一如这些国家利用圣战冲突获得更广泛的影响力，取得自身合法性那样，西班牙也发动了自己的十字军战争。这是一场交战双方互有进攻的拉锯战。11世纪初，在优素福·伊本·塔什芬（Yusuf ibn Tashfin，约1061—1106年在位）与其子阿里·伊本·优素福（Ali ibn Yusuf，1106—1143年在位）执政期间，阿尔摩拉维德人四处攻占西班牙其他由摩尔人统治的地区。1102年，他们从基督教徒手中重新夺回了巴伦西亚，又在1108年于乌克莱斯打败了阿方索六世，但1109年再次夺取马德里的行动以失败告终。

之后，基督教诸邦重新掌握了战争的主动权，并迅速发展壮大。在阿方索六世与阿方索七世① 统治时期，莱昂尤为强大。1126年，阿方索七世继承了大一统的莱昂－卡斯蒂利亚－加利西亚王国的王位，随即起兵抗击了阿拉贡、纳瓦拉及反叛贵族。1135年，他在莱昂的主教座堂内加冕为"全西班牙皇帝"。他把西多会修士引进伊比利亚半岛，并且自1138年起与阿尔摩拉维德人对战。阿方索七世通过征战，将权力不断向南扩展，直至塔霍河流域，并大肆劫掠塔霍河以南地区，直到1157年逝世。1147年，在一次大张旗鼓的军事行动后，他占领了位于地中海沿岸的阿尔梅里亚。

阿方索七世逝世前，将王国一分为二，留给了自己的两个儿子。因此，1157年，卡斯蒂利亚与莱昂被分割开来。1141年，葡萄牙在与阿方索七世的战争中取得了胜利，并于1143年取得了完全独立。而早在1134年，纳瓦拉就脱离了阿拉贡。相较之下，阿拉贡与加泰罗尼亚则在1137年合并，并于1148—1149年侵占了埃布罗河下游河谷地区。与此同时，独立的葡萄牙在1147年占领里斯本后迅速扩张。占领里斯本在很大程度上要归功于英国的十字军。

自12世纪50年代起，西班牙的阿尔摩拉维德人被阿尔摩哈德人所取代。后者给阿方索七世造成了不少困扰，然而，有些摩尔人更愿意向基督教徒寻求帮助，典例便是阿尔巴拉辛酋长国的统治者向纳瓦拉发出了求助信号。1157年，阿尔摩哈德人攻占了阿尔梅里亚。直到1489年，卡斯蒂利亚才重新将其夺回。1177年，卡斯蒂利亚国王阿方索八世（1158—1214年在位）成功拿下了昆卡。但是，1195年，在哈里发雅库

---

① Alfonso Ⅶ（1105—1157年）。他于1111年成为加利西亚王国国王，1126年，他的母亲乌拉卡一世去世后，他得以接管莱昂、卡斯蒂利亚等地。1135年他得以加冕为"全西班牙皇帝"。——编者

布·曼苏尔（1184—1199 年在位）执政西班牙的安达卢斯地区时，阿方索八世在卡拉特拉瓦附近的阿拉科斯（Alarcos）被阿尔摩哈德人重挫。

摩尔人统治下的不同时期在建筑与装饰艺术风格上特征迥异。与早期的科尔多瓦哈里发国相比，阿尔摩哈德的建筑风格更加简洁。人们可以在阿尔摩哈德人的首都塞维利亚欣赏到阿尔摩哈德式建筑与装饰，希拉尔达塔便是该风格的典型，它最初是清真寺的宣礼塔。摩洛哥的拉巴特与马拉喀什均有相似建筑。

从另一个角度来看，13 世纪初，西班牙收复失地运动再度加快了步伐，恢复了 11 世纪末时展现出的劲头。1212 年，卡斯蒂利亚国王阿方索八世统率卡斯蒂利亚、阿拉贡、纳瓦拉与葡萄牙联军，自托莱多向南进发。阿方索八世占领卡拉特拉瓦之后，通过突袭在 7 月 16 日的拉斯纳瓦斯－德托罗萨战役中击溃了哈里发穆罕默德·纳西尔（1199—1213 年在位）。这是西班牙收复失地运动中一场关键性的、影响深远的胜利，当时人们也认为这是场具有决定性意义的胜仗，并将胜利归因于主的庇佑。

围绕王位继承所引发的争端使阿尔摩哈德帝国冲突不断，并最终崩溃，这为阿方索八世的胜利创造了有利条件。与此刻的胜利相反，莱昂－卡斯蒂利亚自 1157 年阿方索七世去世后就处于分离状态。费尔南多三世（1217—1252 年在位）于 1217 年成为卡斯蒂利亚国王后，又于 1230 年从父亲——莱昂国王阿方索九世（1188—1230 年在位）那里继承了莱昂，由此莱昂－卡斯蒂利亚才再次统一。这样的分分合合对于因冲突引发的政治活动而言意义非凡，而这些政治活动至少部分地解释了战争的走向。因此，基督教徒与摩尔人双方不仅是为了控制与反控制才建造防御工事的。

截至 1275 年，西班牙南部地区大多被铁蹄踏过。1224 年，优素福二世去世后，阿尔摩哈德人的内部分歧严重影响了事态发展。因为随着阿尔摩哈德军队移向摩洛哥，安达卢斯分裂了，卡斯蒂利亚人就能在当地找到同盟了。1230 年，阿方索九世击败安达卢斯，攻克了巴达霍斯。于（几个世纪后的）1671 年被罗马教皇封为圣徒的费尔南多三世是个精力旺盛的人，他一路高歌猛进，纵横瓜达尔基维尔河谷地区。1227 年，他占领了巴埃萨，1236 年拿下了科尔多瓦，1238 年攻克韦尔瓦，1243 年攻克穆尔西亚，1245 年攻克卡塔赫纳，1246 年拿下哈恩，1248 年拿下阿利坎特与塞维利亚。由此，摩尔人被逐出了塞维利亚。

费尔南多三世去世后，他此前占领的一些地区落入了附庸于他的摩尔人总督之手，但他的儿子阿方索十世（1252—1284 年在位）攻克了这些地方，将它们重新纳入卡斯蒂利亚王国版图之中，这些地区为：涅夫拉（1262 年）、穆尔西亚（1264 年），以及阿利坎特（1266 年）。唯有格拉纳达王国仍处于摩尔人控制之下。尽管从理论上来说，自 1238 年起格拉纳达王国便是卡斯蒂利亚的属国，但实际上它已经独立了。

这些被征服的地区出现了基督教化的倾向，这尤其体现在修建教堂与重新命名的行为中，但其他宗教的建筑美学在许多方面仍有所显现。在托莱多与塞维利亚，大教堂就建在原来的清真寺之上。摩尔人遗迹要么被清除，要么被改造，正如哈恩地区原本的 11 世纪巨型公共浴室被其他建筑物所覆盖。此外，在那些已成为基督教王国一部分的地区，出现了以建筑的形式来庆祝胜利的情况。教堂兴建、扩建成风。莱昂大教堂至今仍是一处重要遗迹。与此同时，这一时期还出现了许多重要的过渡性罗马式－哥特风格建筑，例如，卡斯蒂利亚北部阿吉拉尔－德坎波奥的圣母马利亚皇家修道院。

阿方索十世发起了以卡斯蒂利亚语编写西班牙通史的工作，意在将这一成果作为一种构建民族身份的方式，一种纪念其战胜摩尔人的政治工具，以此向大众普及文化。阿方索十世还赞助了天文学与科学事业，创作了法律巨著《法典七章》。同时，他也尝试将卡斯蒂利亚语确立为法律与政府机构的官方语言，还组织专人翻译《旧约》。而此前的费尔南多三世则是修道士的主要资助人，他为他们在安达卢西亚营造了许多房舍。这一时期，西班牙语言发生了重大变化，成百上千的阿拉伯语单词进入了卡斯蒂利亚语，也有许多阿拉伯语作品被译入。

与此同时，阿拉贡王国的"征服者"海梅一世（James Ⅰ of Aragón，1213—1276 年在位）的活跃程度可以说与费尔南多三世不分伯仲。海梅一世先后攻克了马略卡（1229 年）、梅诺卡（1232 年）、伊维萨岛（1235 年），以及巴伦西亚王国（主要是在 1238 年），随后又征战穆尔西亚。在此前后，葡萄牙人则向南进军，攻克了阿尔加维。由于地理位置等诸多原因，纳瓦拉未能参与这一领土扩张的进程，相反，它将自己的视线移向了北面，与法国取得了联系，直到 1512 年战败后又被划入卡斯蒂利亚王国的势力范围。

在旷日持久的战乱后，塔里法于 1292 年被攻克，而基督教君主则开始将大部分精力转向新征服土地上居民的再安置问题。许多摩尔人已逃离了这些地区，尤其是在 1264 年大规模反叛之后，摩尔人被视为威胁安全的存在而遭到驱逐，余下的则靠辛勤耕作谋生。事实上，许多摩尔人群体都留了下来，尤其是在被收复的阿拉贡地区，他们被称作穆德哈尔人，享有特许状并获得了法律的认可。现实情况是，当时在许多乡镇里，基督教徒、摩尔人与犹太群体比邻而居，以至于出现了"共存"（convivencia）这个术语。人们将这一进程的推进归功于阿方索十世的政策。

但是，仍有些摩尔人被迫为奴。继阿拉贡王国占领梅诺卡与伊维萨岛之后，大部分摩尔人被卖为奴隶，这既为俘虏摩尔人的人提供了金钱，又给他们腾出了定居的土地。奴隶中不仅有西班牙收复失地运动中在攻陷地被俘获的人，还有通过劫掠，尤其是北非的掠夺所获得的人。此外，加泰罗尼亚商人还从北非进口奴隶。巴塞罗那、巴伦西亚、卡塔赫纳、加的斯与塞维利亚是主要的奴隶市场。如今，城市风貌中的这一面已荡然无存。

伴随着基督教王国向南扩张而出现的基督教徒的再定居现象，通过内部消化的举措，参与了王国持续性的发展壮大过程。迁移与殖民构成了政策的关键要素。这些政策的制定利用了人口增长与农业发展的宏观趋势，但是，随着统治权威的巩固，这些政策必然涉及一些具体的政治内容。这一发展壮大的过程包括乡镇的建立，也包括 11 世纪 80 年代和90 年代阿维拉、塞哥维亚与萨拉曼卡的建立。同时，作为政府管理中心与经济结点的军事基地纷纷建立。骑士团的成立，尤其是 12 世纪圣地亚哥、阿尔坎塔拉、卡拉特拉瓦各骑士团的组建，同样是该进程的一部分。1158 年，第一个骑士团，即卡拉特拉瓦骑士团建立。骑士团取得了大量地产并在当地定居，起到守卫的作用。他们守护着许多城堡，例如，圣地亚哥骑士团就把守着阿拉孔的城堡。

新成立的修道会同样有助于定居点的建立。举例来说，1144 年，西多会修士应阿方索七世之邀，定居于萨拉戈萨与马德里之间的索里亚地区。他们自 12 世纪 60 年代起开始建造的圣马里亚德韦尔塔修道院（the monastery of Santa María de Huerta）是气势恢宏的哥特式建筑，修道院的食堂尤为雄伟壮丽。其他重要的西多会遗址包括波夫莱特与桑特斯克雷乌斯（这两地从巴塞罗那出发均可抵达），以及里奥哈的卡纳斯（Cañas）与图德拉附近的维如埃拉（Veruela）。和基督教统治下的西欧其他地区一样，这里的定居者也遵循了一条普遍规律——他们是受《加冕宪章》的吸引而来。此外，尚武精神也起了一些作用，卡斯蒂利亚王国的"邪恶骑兵"（民兵骑士）便是典型。

重新定居还意味着修建教堂。这既包括把清真寺改造成教堂（一如巴伦西亚圣母马利亚大教堂那般），还涉及建造新教堂。在科尔多瓦，费尔南多三世一共建了14座教堂，其中包括圣米格尔修道院。15世纪，为给圣赫罗尼莫修道院提供建材，人们拆除了附近的阿萨哈拉宫的一部分。

塞维利亚宏伟的大教堂就是建在一座清真寺上的，此处安葬着费尔南多三世。还有些之前被改造成清真寺的教堂又被改了回去，例如托莱多的基督教光明教会。

再征服的过程为西班牙全国各地留下了许多纪念性活动。例如，阿利坎特省的阿尔科伊镇有一年一度的"摩尔人和基督教徒节"，象征着西班牙收复失地运动，圣乔治为广大基督教徒请命的情节在该节日的活动中有所体现。阿尔科伊是阿拉贡国王海梅一世于1258年建立的一个乡镇。

政府改革

英格兰并非唯一一个发展了早期议会制度的国家。早期议会制度也以定期集会的形式出现在一些西班牙王国中。在这些集会上，封臣为君主提供建议，大臣之间还有自己的组织结构。这种被称作"科特"（cortes）的贵族会议会宣布税款征收的有效性，表达不满，并提出议题。最早的贵族会议始于1188年的莱昂。这一制度变革在阿拉贡与加泰罗尼亚得到深化，在那些地区产生了专门处理休会期各项事务的常务委员会。

与此同时，为了复兴罗马法，法律编纂与政治管理日益专业化。但是，随之而来的皇家势力与权力的扩大招致了贵族阶层的反抗，这也导致了13世纪60年代—14世纪40年代阿拉贡与巴伦西亚的多次动乱，以及13世纪70年代发生在卡斯蒂利亚的反叛。

定居，需要考虑环境是否适应、经济能否发展以及定居点规模等问题。更靠南的地方有大片人烟稀少的地区，摩尔人也更多。在此，军事修会（military orders）在创造大片地产方面起到了重要的桥梁作用，而这些土地也大多是为教会与贵族阶级的利益而开拓的。大部分的基督教农民仍待在偏北的地方。

从长远来看，10—14世纪期间，人口增长与技术进步促进了农业繁荣，而人口的变多也带来了消费市场与劳动力。富人阶层比自耕农更易从兴盛的农业中受益，后者一旦遇到困难，往往会沦为佃农。

空前的繁荣也促进了已有宗教场所的重建与扩展。基于这个原因，建于9世纪的黎波里修道院在11世纪被一个更大的修道院所取代，而该修道院于12世纪再建时的大门保留了下来。大门上栩栩如生地雕刻着《圣经》所描绘的历史，其中以《出埃及记》《列王记》与《启示录》最为突出，还有许多其他场景，主题即为斗争——这倒与西班牙失地收复运动颇为契合。在描绘《出埃及记》的场景中，摩西双臂高举，确保观看者能目睹画中战场上的军队和摩西一方所取得的胜利。

在伊比利亚半岛，几个王国的统治者之间也会彼此征伐，包括在卡斯蒂利亚、葡萄牙、纳瓦拉与阿拉贡之间时断时续的内战。这些统治者展现出了一种西洋棋般的权力观与实力排名意识。例如，当阿拉贡国王佩德罗四世（1336—1387年在位）试图说服葡萄牙国王放弃与卡斯蒂利亚国王的同盟时说：卡斯蒂利亚国王志在夺取整个半岛的统治权。这事发生在"两佩德罗之战"（1356—1366年）期间，交战双方是卡斯蒂利亚国王佩德罗一世，以及他同父异母的兄长——特拉斯塔马拉公爵恩里克二世（Henry of Trastámara）。这次冲突引发了卡斯蒂利亚内战。在战争中，阿拉贡王国支持恩里克二世夺位，而后者最终于1369年击败并杀死了佩德罗一世，成为新任卡斯蒂利亚国王（1369—1379年在位）。

在英法百年战争期间，外国的干预加剧了西班牙国内的重重矛盾。英格兰弓箭手在阿勒祖巴洛特战役（1385年）中起到了关键作用。在这次战役中，葡萄牙挫败了卡斯蒂利亚的进攻企图。冈特的约翰也掺和进卡斯蒂利亚政治中。他是英格兰国王爱德华三世的第三子，于1372年迎娶了他的第二任妻子——卡斯蒂利亚王国的康斯坦斯。由于康斯坦斯是佩德罗一世之女，冈特的约翰便依据他与康斯坦斯的婚姻关系而索要莱昂－卡斯蒂利亚的王位。1386年，他率兵入侵加利西亚并占领了那里的大部分地区。1387年，在葡萄牙的支持下，他继续前进，但未能与来自特拉斯塔马拉的卡斯蒂利亚国王胡安一世（1379—1390年在位）交锋，因为他的军队遭遇了疾病肆虐与粮草短缺的问题。约翰与他的妻子随后宣布放弃对卡斯蒂利亚王国的所有权，以此换来了金钱与联姻作为补偿。他们的女儿凯瑟琳嫁给了胡安一世的儿子，即王位继承人恩里克，也就是后来的恩里克三世（1390—1406年在位）。

1269年，马林王朝取代了阿尔摩哈德，成为摩洛哥的统治者。1275年，马林人开始攻打基督教统治下的西班牙，并取得了一些胜利。但是，1340年，卡斯蒂利亚国王阿方索十一世（1313—1350年在位）在萨拉多河战役中予以马林人关键性的打击，取得了重要胜利。后来，他在瓜达卢佩建了一座大修道院，感谢圣母瓜达卢佩实现了他战前的祷告。1344年，阿方索十一世占领了位于直布罗陀湾的阿尔赫西拉斯，有力地阻止了来自摩洛哥的进一步干预。

罗伯特·布鲁斯之心

1329年，苏格兰国王罗伯特·布鲁斯在弥留之际，嘱咐詹姆斯·道格拉斯爵士将他的心脏带往圣地，并带上征讨基督之敌的战场。在路上，道格拉斯加入了阿方索十一世对摩尔人特瓦城堡的围攻战。关于此事的描述众说纷纭，但其中最可信的一种说法提到，道格拉斯为鼓舞士气，将陈放着国王心脏的银制骨灰盒扔向前线，自己也冲锋至死。罗伯特·布鲁斯的心脏后来被人带回了苏格兰，安葬在梅尔罗斯修道院中。在特瓦镇镇中心，立有一块苏格兰大理石，以缅怀此事。

在大西洋上，卡斯蒂利亚人自 1402 年起就开始了对加那利群岛的殖民。卡斯蒂利亚人抓捕土著的关契斯人（Guanches），把他们视为下等人甚至奴隶。然而，卡斯蒂利亚人仍遭遇了顽强的抵抗。直到 1496 年，土著的反抗最终被完全镇压。

由于黑死病带来的死亡，以及 1350 年阿方索十一世在直布罗陀围攻战中的兵败而亡，西班牙收复失地运动被束之高阁，人们转而关注一些国内问题。1348—1350 年，黑死病致使近三分之一的人丧命。土地荒芜，村舍被废弃，农作物产量下跌。地主想从当时数量稀少的劳动力身上榨取更多的利润，遂导致社会矛盾急剧恶化。为保障自身权益，劳动者团结起来组成了自己的同业公会。养羊需要的人手不多，因此牧羊业得到了发展，并为参与者带来了丰厚回报，受益者主要是大地主。

梅斯塔

13 世纪，卡斯蒂利亚王国在梅塞塔成立了一个称为"梅斯塔皇家议会"（Royal Council of the Mesta）的机关，负责处理牲畜养殖规模扩大带来的各种问题。具体说来，牲畜主要指的是羊——它们为人类提供了在当时极为关键的羊毛、羊肉与奶酪。卡斯蒂利亚地区羊的数量大概从 1300 年的 50 万头增加到了 1500 年的 500 万头。羊的长途运输引发了地主之间的矛盾。从成片土地的利用角度来说，这是一种十分低效的选择。

这一时期的许多发展都在其后的很长时间内产生了深远影响，其中包括大学的建立，尤其是在萨拉曼卡（1218 年）、莱里达（1300 年）、巴利亚多利德（1346 年）与韦斯卡（1354 年）成立的大学。这些大学培养出一批受过良好教育、身为人文主义者的统治阶层。

黑死病及其引发的社会矛盾导致了人们在宗教上对穆德哈尔人及犹太人更深的敌意。集体屠杀的暴力形式导致许多人死亡，如 1355 年发生在托莱多以及 1391 年发生在塞维利亚的屠杀。此外，很多犹太人被迫改信基督教，成了"改宗者"。他们是占大多数的老基督教徒与犹太教中坚力量之间的中间派。宗教裁判所为 1492 年驱逐犹太人的行为寻求合理性这一事实，西班牙人长期以来对于血统"纯正性"的固执，以及社会上对犹太人普遍的敌意，均反映了西班牙人对"改宗者"的态度。政治也发挥了作用，因为卡斯蒂利亚国王佩德罗一世所遭受的指控之一，就是他偏袒犹太人。生活在安达卢斯的犹太人也遇到了不少麻烦，其中就包括 1066 年的格拉纳达大屠杀，以及在阿尔摩拉维德人与阿尔摩哈德人治下的数量更多的宗教迫害。

1369—1516 年的特拉斯塔马拉王朝①统治时期，卡斯蒂利亚动荡不安。1418—1469 年，王室内斗，贵族不和，王室与贵族之间亦纠缠不清。

---

① 由特拉斯塔马拉家族所统治的王朝。其开创者是特拉斯塔马拉公爵恩里克二世（后成为卡斯蒂利亚国王）。特拉斯塔马拉家族经过长时间统治，势力范围从卡斯蒂利亚扩展到阿拉贡、纳瓦拉及那不勒斯等地。16 世纪，特拉斯塔马拉王朝被哈布斯堡王朝所取代。——编者

当时许多规模宏大的城堡（如阿拉孔城堡）成为冲突上演的地方。据说阿拉孔城堡沾染了一个凶残求婚者的血迹，那人的尸体被混在了砌墙用的灰浆里。彼时，恩里克四世（1454—1474 年在位）同父异母的妹妹伊莎贝拉一世宣布了自己对卡斯蒂利亚王国的所有权，而疑似恩里克私生女的胡安娜·拉·贝尔特兰尼哈也宣布自己享有王国继承权，与自己半亲的姑姑围绕王位展开了争夺。恩里克四世在位时，未能限制住贵族的特权。贵族阶层此前不仅得到了阿拉贡王国的支持，甚至在 1460 年成立了贵族联盟以反对恩里克。1474 年，伊莎贝拉宣布自己继承王位，成为王国的统治者，此后，在卡斯蒂利亚王位继承战（1474—1478 年）中，伊莎贝拉获得了阿拉贡王国、大多数贵族与神职人员的支持，因为她的丈夫兼远房表弟费尔南多正是阿拉贡王国的王位继承人。另外，嫁给了葡萄牙国王阿方索五世的胡安娜得到了葡萄牙以及一些大贵族的支持。然而，托罗之战（1476 年）让胡安娜的继位大业分崩离析，她不得不宣布放弃王位继承权。塞维利亚的圣若望皇家修道院正是为了祈祷和感恩托罗之战的胜利，才得以修建。

与此同时，阿拉贡王国将视线移向了地中海的东面。这个王国的版图最终囊括了巴利阿里群岛、西西里岛（1282 年）、撒丁岛（1322 年）、那不勒斯（1435 年），而占领那不勒斯意味着对意大利南部的统治。阿拉贡王国继承了加泰罗尼亚的海洋传统，意图与热那亚、威尼斯的海上力量一争高下。1380 年，阿拉贡国王佩德罗四世（1336—1387 年在位）对他的继承人说："如果撒丁岛陷落，马略卡失去了来自西西里岛与撒丁岛的食物供给，人口将会减少，进而失守。此外，巴塞罗那的人口也会减少，它不可能在丧失西西里岛与撒丁岛的情况下独活。如果这些岛屿都被攻破的话，巴塞罗那的商业贸易也会中断。"佩德罗四世这番言论是想劝说他的继承人将王朝长期以来为攻克撒丁岛所付出的艰苦卓绝的努力延续下去。同时，他也是为了说服儿子在西西里的亲戚中寻一位新娘。

受西班牙收复失地运动的影响，在中世纪后期，西班牙南部的海洋传统已大不如前。虽然立足于西班牙西北部的远洋捕捞活动十分重要，但是，卡斯蒂利亚王国并没有大力支持该区域海上活动的发展。在伊比利亚半岛上，反而是葡萄牙最早开始探索大西洋的潜力。

1458年，阿拉贡王国的遗产被分割。那不勒斯被传给了阿拉贡国王阿方索五世（人称"宽宏的"阿方索）的私生子费兰特（Ferrante）。阿方索五世把大部分时间花在了意大利的强权政治上。虽然王国遭到分割，阿拉贡的统治者仍然关注着意大利的政治，尤其是它与法国的竞争关系。

15世纪，奥斯曼帝国（土耳其）在巴尔干半岛取得了胜利。与之形成对照的是，卡斯蒂利亚人在15世纪末又开始了针对各酋长国的进攻。这次军事行为与1479年建立的王朝联盟——以费尔南多与伊莎贝拉为代表的阿拉贡与卡斯蒂利亚两个统治家族的结合——密切相关。该联盟的攻击目标是格拉纳达王国。自1482年起，格拉纳达王国就因内战而国力衰弱，加之没有外援，因此显得易于攻取。由于该王国采取一夫多妻或曰纳妾制，且没有长子继承的规定，遂在王位继承上出现了多名竞争者，他们常以暴力方式解决问题。自1485年龙达陷落起，王国要塞被逐个拔除。最终，1492年年初，格拉纳达城也被攻克了。西班牙的胜利在很大程度上归功于以日耳曼人为主力的炮兵部队。此外，侵略军的规模以及以毁坏庄稼的方式开展的经济战，都是取胜的重要因素。就算格拉纳达王国的城镇挡住了炮击，也抵不过饥荒——这正是1487年马拉加陷落的原因，而且在很大程度上也是格拉纳达王国自身覆灭的缘由。即便如此，西班牙人还是花了近十年的时间才攻占了格拉纳达王国。

1492 年 1 月，费尔南多与伊莎贝拉进入了他们的新城，但仍下令保障当地宗教的权力、习俗与宗教自由。1494 年，鉴于他们的胜利，教皇亚历山大六世授予费尔南多与伊莎贝拉"天主教国王和王后"称号。教皇亚历山大六世生于 1431 年，本名是罗德里哥·迪波吉亚，曾担任巴伦西亚大主教。

建筑工程，尤其是建造教堂的委托，反映出人们新获得的荣誉感：火焰哥特式（Flamboyant Gothic）或垂直哥特式（Perpendicular Gothic）风格渐渐发展为后来的所谓伊莎贝拉风格（Isabelline style）。后者的装饰颇具想象力。建筑风格上的这种变化可见于阿斯托加、布尔戈斯与塞维利亚的大教堂中，尤其是塞维利亚地区教堂的拱顶。收藏于圣格雷戈里国家博物馆内的巴利亚多利德国家雕塑博物馆正门，正是繁复精巧的伊莎贝拉风格的典型作品。

圣地亚哥－德孔波斯特拉朝圣

9 世纪初，人们发现了使徒圣雅各之墓，地点就在今圣地亚哥－德孔波斯特拉。据说他曾在西班牙传教，在犹大（朱迪亚）地区被杀。逃走的门徒后来将他葬于西班牙。这处圣地屡现神迹，因此阿斯图里亚斯的历代国王以及后来的莱昂国王积极鼓励人们参与狂热的宗教活动。传言称，圣雅各在战争中显圣，帮助基督教徒打败了摩尔人。844 年发生在洛格罗尼奥附近的克拉维霍（Clavijo）之战便是典型案例。自 11 世纪始，大批朝圣者从国外慕名而来。主要的朝圣路线以法国为起点，因为那里朝圣者很多。朝圣活动持续到了 16 世纪，在 19 世纪末还一度复兴。如今已有多条朝圣路线，其中一条以葡萄牙为起点，向北行进。2016 年，前往圣地亚哥－德孔波斯特拉的朝圣者人数达 27.7 万。圣地亚哥－德孔波斯特拉大教堂大体上采用了罗马式风格，但也有一些哥特式工艺，还有一个华丽的巴洛克立面。邻近的圣马丁·皮纳里奥修道院（the monastery of San Martín Pinario）也值得予以特别关注。无论如何，圣地亚哥地区的历史是完整而难以分割的。朝圣之路沿途经过的主要地区还有埃乌纳特（Eunate）、蓬特拉雷纳、洛斯阿尔科斯与布尔戈斯。埃乌纳特有座精美的罗马式小礼拜堂。在蓬特拉雷纳，人们可以看到一座历史悠久的桥，在圣十字教堂里还有一个 Y 形的十字架。而洛斯阿尔科斯教堂内部的巴洛克风格精美绝伦。

新世界

自 1453 年起，卡斯蒂利亚就与西非有了贸易往来。但是，这种贸易关系在 1479 年中断了。由于《阿尔卡苏瓦什条约》的签署，卡斯蒂利亚将自己与几内亚以及黄金海岸地区的交易权拱手让给了葡萄牙。这反映出西班牙愿意长期从他人手中购买奴隶。

与此同时，新世界的大门正在向西班牙打开，因为热那亚人克里斯托弗·哥伦布（1451—1506 年）以费尔南多与伊莎贝拉的名义出航，于 1492 年抵达了西印度群岛。1493 年，哥伦布归来时，在巴塞罗那受到了费尔南多与伊莎贝拉的接见。1494 年，《托尔德西里亚斯条约》将大西洋上的国家分为葡萄牙区与西班牙区。非洲被划给了葡萄牙，当时被称为美洲诸国的地区则被分给了西班牙。后来划归葡萄牙区的巴西，当时尚未被"发现"。

质疑过去

以佛朗哥式的民族主义观点来阐释西班牙历史，往往会侧重于强调基督教徒的身份与目的。与之形成对照的是，后民族主义则积极探讨与安达卢斯相关的内容。据说，中世纪的西班牙出现过一种宗教宽容的文化，即基督教徒、犹太人与摩尔人和谐共存，而不是基督教徒一枝独秀。这种共存状态及其影响是否重要，仍存有争议，而且宗教包容的程度往往被夸大了。然而，关于安达卢斯的论点极大地提高了中世纪西班牙在后民族主义历史文化背景中的重要性。事实上，人们所期待的现代公民政治中的所谓融合主义，正是承接自过去的西班牙。

中世纪带来的影响依然具有争议，且变幻无常。曾经，人们往往试图以不同的方式修饰历史，使之看上去更加仁慈温和。1986 年 4 月 23 日，西班牙国王胡安·卡洛斯一世在威斯敏斯特教堂对英国上、下两院发表演讲时，采取了有别于之前君主的立场。他赞扬道："古代科特的贵族议会开欧洲议会之先河。君主须征得议会中公民代表的同意方能征税，以供西班牙土地收复运动中持久战事的需要。"2004 年，由社会党主导的阿拉贡政府暗示说，他们准备弃用阿拉贡的纹章盾——上面画了四个割下的人头，因为它看起来实在是麻木不仁。此提案转而招致反对派——保守主义人民党的批评。

第五章

地理大发现与黄金世纪的降临

航海探险成了神学的一种形式。

新大陆

在近代早期，欧洲与美洲的初次接触是在克里斯托弗·哥伦布于1492年抵达西印度群岛时。他的航行构成了伊比利亚半岛扩张的一环。该扩张模式的一项重要元素是，非伊比利亚航海家（尤其是意大利航海家）出于经济目的，利用奉行扩张主义的葡萄牙与卡斯蒂利亚君主的支持开展活动。反过来，这些统治者想招募贤能为己所用，来丰富本国资源储备。这种扩张主义具有领土、宗教与经济意义。长期以来，葡萄牙与卡斯蒂利亚君主利用意识形态战争将摩尔人驱逐出了伊比利亚半岛。这项任务明显在1492年随着最后一个摩尔人王国格拉纳达的覆灭而宣告完成。在此之前，他们早已将对抗摩尔人的战火烧到了北非。他们也占领了大西洋东部的许多岛屿——加那利群岛、马德拉群岛、亚速尔群岛、大加那利群岛以及佛得角群岛，它们是通往西印度群岛与南美洲的航线上的重要中途岛。1483年，卡斯蒂利亚人终于征服了大加那利岛，而特内里费里岛也于1496年向卡斯蒂利亚投降。

与葡萄牙在印度洋取得的成功形成对照的是，卡斯蒂利亚王国继哥伦布之后率先开辟了美洲大陆，导致葡萄牙在此只得到了巴西。"发现"巴西只是一次偶然，实际上葡萄牙的初衷是想为当时的印度洋航线找到更好的风向与洋流。此外，葡萄牙没打算在卡斯蒂利亚王国所属区域以北的北美地区建立自己的殖民地，尽管该区涉及葡萄牙的利益，特别是捕鱼业方面的利益。1493年，教皇出面分割了新大陆。随后，1494年，卡斯蒂利亚与葡萄牙双方签署了《托尔德西里亚斯条约》。北美、中美与南美的大部分地区被分给了卡斯蒂利亚，或曰西班牙（卡斯蒂利亚与阿拉贡王国合并后的叫法）。由于葡萄牙易于遭受外部侵略，所以它没有准备好在这件事上公然挑衅强邻西班牙。1580—1640年的历代西班牙国王同时也是葡萄牙国王，这种共主联邦类似于英格兰与苏格兰在1603—1707 年的关系，直到葡萄牙通过一次成功的侵略战，摆脱了西班牙君主的统治。①

充满争议的哥伦布

从一开始，克里斯托弗·哥伦布就是一个富有争议的人物。如今人们就其名头所作的文章与哥伦布生前所经历的毁誉相比，简直不值一提。哥伦布的航行历经千辛万苦：1476 年，他的船在葡萄牙海岸附近失事；1492 年，在驶入巴哈马群岛途中，他遭遇了水手哗变。然而，与西班牙在新大陆的残暴统治相比，这一切都显得无足轻重。就哥伦布本人而言，政治上的钩心斗角并没有导致他被谋杀或遭处决。不过，1500 年，哥伦布被革职后沦为阶下囚，被押送回了西班牙。

哥伦布死后，围绕在他身上的争议从未中断过。1506 年，哥伦布在巴利亚多利德去世。他的遗体先是被运往塞维利亚，然后被运到圣多明各、哈瓦那，最后又被运回了塞维利亚。哥伦布的遗体之所以被遣返回国，是由于西班牙在 1898 年美西战争中不敌美国侵略者，失去了对古巴的控制。据说，塞维利亚大教堂内的一处气派的坟墓是哥伦布最终安息之地。然而，问题来了：有人称 1795 年从圣多明各运往哈瓦那的并非哥伦布遗体。因此，他实际上是被安葬在

---

① 1580 年，葡萄牙王室出现王位继承危机，最终王权旁落至西班牙君主腓力二世之手，由此伊比利亚半岛开始了长达 60 年的共主联邦时代。1640 年葡萄牙贵族发动葡萄牙王政复古战争，将布拉干萨公爵推举为王，终结了共主联邦状态。——编者

了多米尼加共和国。

19世纪末，对人或事进行缅怀或纪念的氛围尤为浓重。塞维利亚大教堂中有一座哥伦布纪念碑，这座碑最初本是为纪念风格阴郁的哈瓦那大教堂而建。除此之外，1888年，巴塞罗那万国博览会展出了一座著名的哥伦布纪念碑，其位置就在巴塞罗那市中心兰布拉大道尽头处。该纪念碑缅怀了1493年哥伦布来到巴塞罗那，在那里受到费尔南多与伊莎贝拉接见时的情景。这一纪念碑的复制品在其他地方也能看到。

无论如何，以四海为家的哥伦布如今作为广受争议的美国"文化论战"的一部分，是个很难评判的人物。大约在1451年，哥伦布出生于热那亚共和国。在效力于西班牙之前，他参与了葡萄牙的贸易活动。1992年，在哥伦布1492年横渡大西洋的周年纪念问题上，人们产生了严重分歧，其中尤富争议的一点是：哥伦布横渡大西洋这一事件究竟应不应该被视作剥削、奴隶制与种族灭绝的背景？自此之后，争端从未停止过。2017年，这一争论还导致纽约市警察局为曼哈顿的哥伦布圆环提供了全天候保护。洛杉矶的监事会与市议会决定，将哥伦布纪念日改为"原住民日"，因为有传言称，哥伦布是一个压迫者。巴尔的摩的哥伦布纪念碑也遭到了破坏。

人们指责哥伦布奴役美洲土著，让他们暴露在各种疾病之下，并最终导致了某种形式的种族灭绝。事实上，有人甚至用了"大屠杀"一词。人们在使用此术语的诸多释义时，应慎之又慎，力求精准，以免消解了这个词的威力。围绕哥伦布展开的辩论被政治化了，而且成了美国这个"大熔炉"社会富有争议的本质的一部分——有人宣称自己的传统遭到了践踏，又有人认为，自1937年起确立的美国法定节日"哥伦布纪念日"令人反感。诚然，人们对历史的描述既不固定也不唯一。事实上，1937年确立哥伦布纪念日，部分原因在于美国民主党人反对共和党在20世纪20年代执政时对美国盎格鲁－撒克逊系白人新教徒身份的强调。从这种强调中我们也能看出美国移民的局限性。

无疑，哥伦布是经得起多重解读的。他所代表的许多东西似乎超越了时代。鉴于长期以来人们一直认为"地理大发现"具有重商主义的特征，且在本质上是世俗的，那么关注的焦点自然被放在了经济利益上。更近代的人则探讨了航海家恩里克、哥伦布以及瓦斯科·达·伽马等人的信仰问题。人们强调，这些人想要获得金钱与同盟，以推动对耶路撒冷的再度占领，而对耶路撒冷的再度占领则是为基督重临所做的重要准备。因此，时间与空间均被纳入讨论，航海探险成了神学的一种形式。哥伦布在1502年第四次航行前往加勒比海地区之前，编纂过一本书，名为《预言之书》(*Book of Prophecies*)。在书中他说，世界末日将在155年后到来。

西班牙并没有完全征服加勒比海地区，只占领了一些较大的岛屿，主要是伊斯帕尼奥拉岛、古巴与波多黎各。这些地方看起来易于攻取，适宜定居。这就为其他欧洲列强，尤其是法国、英格兰与荷兰占领其他岛屿留下了机会。同时，这也保证了印第安人在一些岛屿（例如圣文森特岛）上继续处于支配地位。然而，不幸的是，西班牙人带来了欧洲的各种疾病，尤其是天花。肆虐的疾病对土著而言是毁灭性的打击，结果导致西印度群岛的人口结构出现了急剧变化，同时也使印第安人士气大跌。疾病带来的影响是促成殖民者从非洲贩运黑奴的一大因素。

这些岛屿一旦被攻破，马上就变成了西班牙开展活动的重要基地，其中以古巴为甚。古巴是西班牙入侵中美洲的跳板。为了利用好加勒比海地区最大天然港的深水区，西班牙于1519年建立了哈瓦那。更早的一次尝试是于1515年在巴塔巴诺湾口附近建港，然而，那里是蚊虫肆虐的沼泽地，又缺少一个有遮蔽的港湾，因此西班牙最终放弃了那次尝试。

1519年，埃尔南·科尔特斯（Hernán Cortés）率领一支450人的军队，配备14门小加农炮与16匹马，在如今墨西哥海岸的韦拉克鲁斯登陆。他代表费尔南多与伊莎贝拉之外孙——西班牙国王卡洛斯一世（即神圣罗马帝国皇帝查理五世，1519—1556年在位），很快就推翻了阿兹特克帝国①的统治。阿兹特克帝国的大本营在中美洲，也就是现在的墨西哥中部地区。作为帝国首领的蒙特祖马二世（Montezuma Ⅱ）完全被科尔特斯吸引住了。他担心科尔特斯是一个强大的专制政权派来的特使，因此不愿果断地反抗科尔特斯。不过有关他将科尔特斯视作神灵的传言，也不足为信。科尔特斯不费一枪一炮就抵达了阿兹特克帝国的首都特诺奇提特兰（Tenochtitlán）。他在大神庙的庭院中屠杀了阿兹特克贵族，结果导致阿兹特克起义。科尔特斯不得不逃离特诺奇提特兰，同时蒙特祖马二世遇害。然而，面对起义军顽强的抵抗，科尔特斯仍于1521年杀回城中，将其镇压了下去。

在这场战争中，武器的作用至关重要。美洲人既无火器，也无马匹。他们的社会均以木石为用，并无钢铁。印第安人的投石器、木棍与黑曜石大刀绝不是西班牙武器的对手。与印第安人的武器相比，西班牙人的加农炮、明火枪、十字弓，射程远且杀伤力大。在肉搏战中，西班牙人也因可以单手持钢剑而在力量与灵活性上占据上风。金属武器比石器有

---

① 14—16世纪位于墨西哥中部和南部的印第安人国家，是前哥伦布时期美洲地区最发达的文明之一。阿兹特克帝国是以城邦联盟和朝贡体系构建起来的。——编者

效得多，而且西班牙人穿着的金属铠甲比印第安人身着的棉甲保护性更佳。阿兹特克人大概无法使用缴获的火器，因为他们既没有火药，也缺乏必要的训练。

但是，西班牙的火器极少而且攻速慢，火器的作用主要在于心理上的威慑。在与西班牙骑兵的对抗中，阿兹特克武士展现出了精湛的技艺，事实证明，他们镶满燧石与黑曜石的木棍格外有效。而玛雅人则很快学会用木桩来惊吓西班牙人的马。同时，西班牙人发现，土著的棉甲很有用，因为棉甲更适宜美洲的气候。但是，西班牙人仍保留了他们的钢盔，因为这是抵御弹弓的有效装备。

从某些方面来说，西班牙征服美洲意义非凡。同时，这次征服也是1515—1530年更广阔空间内领土变化的组成部分。在此期间，叙利亚与埃及的马穆鲁克王朝，以及匈牙利王国均被奥斯曼人推翻，印度北部的苏丹国洛迪王朝被莫卧儿人颠覆。每一次成功的征服，以其独特的方式达成了惊人的成就。而且，从整体来看，这些征服提醒着人们变革的可能性，尤其提醒着那些在19世纪和20世纪无法动员民众参战、不具备可与列强匹敌之基础的国家：一旦统治者与精英阶级垮台了，国家也将迅速走向灭亡。通过招募当地已有的一些精英并与新的统治者达成谅解，变革得到了部分缓和，换个角度，我们也可以说，变革实现了。于是我们能看到，莫卧儿人迅速起用了一些拉其普特人（Rajputs），而奥斯曼人也很快招募了马穆鲁克军队与官员。

16世纪早期与中叶，西班牙人在攻占中美洲、南美洲大部分地区时，也遵循了上述模式。西班牙人充分利用了墨西哥中部地区已有的矛盾，例如，与特拉斯卡拉人结成同盟。特拉斯卡拉人被阿兹特克的领土包围，因此不得不屈服于阿兹特克人，对此怀恨在心。特拉斯卡拉人与西班牙的其他盟军一道，在1521年西班牙攻克特诺奇提特兰的战役中，贡献了大量兵力。来自印第安人的帮助使西班牙能与占据绝对人数优势的阿兹特克人相抗衡，这一点意义重大。

渐渐地，阿兹特克人学会了改变自己的战术，以对抗西方的武器，尤其是火药。在中美洲，与取得了战斗优势的西班牙结盟意味着胜算更大。此外，许多中美洲人愿意与西班牙人一道对付阿兹特克人的事实，也反映出阿兹特克帝国本质上的缺陷——缺乏同化理论与实践。

以征服阿兹特克作为开端的西班牙领土扩张，在很大程度上要归功于当地人的支持，尤其是西班牙人奔赴远疆作战以及对抗非传统敌人时。1524—1526 年，佩德罗·德·阿尔瓦拉多（Pedro de Alvarado）[1]继续采取早前（前西班牙时期）从墨西哥中部展开的领土扩张模式。他率领印第安同盟军入侵危地马拉。但是，过度的暴力及苛刻的贡赋与劳役摧毁了他（和他的盟军）征服危地马拉所获得的成功。为应对持续的反抗，他的哥哥豪尔赫招募了 5000—10000 名印第安武士加入 1527 年的危地马拉入侵战。直到 1529 年，在对当地人进行了大规模屠杀之后，豪尔赫才取得了成功。来自印第安人的支持至关重要。这也许是西班牙成功的最重要因素，其重要性超过了新型疾病的影响、西班牙的军事技术以及当地人的内部分歧。因为，印第安人的支持给西班牙带来了战斗力、情报、物资运输的途径，以及补给的获取与筹备。

因此，在 1540—1542 年的米克斯顿之战（Mixtón）中，总督安东尼奥·德·门多萨（Antonio de Mendoza）征用了 10000 名印第安盟军。此外，当地土著士兵还被用作防军。16 世纪 90 年代前，新加利西亚当地的

---

[1]　生卒年约为 1485—1541 年。来自西班牙的征服者，因其手段血腥残忍，得到了"红日"这一绰号。他先后征战于危地马拉、古巴、秘鲁、墨西哥等地，并出任危地马拉总督一职。——编者

弓箭手就在为西班牙人守护道路与银矿了。相应地，他们享有财政补贴与法律特权。

在南美洲，1519年建立的巴拿马城成了弗朗西斯克·皮泽诺于1524年、1526年与1531—1532年三次远征秘鲁的大本营。在最后一次远征秘鲁时，皮泽诺于1532年11月迅速攻克了印加帝国，俘虏了印加统治者阿塔瓦尔柏，占领了首都库斯科。但是，接下来皮泽诺遇到了顽强的抵抗，尤其是在1536年，曼可·印加用某种方式将反抗力量凝聚在了一起。然而，西班牙凭借高超的作战水平，仍在战场上取得了巨大胜利。此外，有足够多的当地人支持西班牙侵略者，而且他们的傀儡国王曼可·印加也为西班牙提供了重要战场与诸多政治优势。印加反抗史在当时产生了巨大影响。曼可·印加的遇刺身亡奠定了西班牙成功的基础，这证明领导力至关重要。然而，西班牙的征服还是花了7年多的时间。

从某种程度上来说，战争历时弥久表明了西班牙人的目标是征服而非劫掠。军事行动之后，西班牙人通过为新领地命名的方式，象征性地宣示了主权。这一过程伴随着如下行为：殖民者带着他们的农作物与牲畜前来新领地；鼓吹基督教，破坏敌人的宗教仪式；引入了行政机构与任期制度，例如，古典罗马帝国时期基于市镇的统治方式。此外，西班牙对当地精英阶层与本土物质文化在一定程度上的接受，以及当地人对西班牙人的适应，均意义重大。

在占领、屠杀之余，人们也许可以描绘一幅更加祥和的西班牙征服图景，其中尤为鲜明的是，基督教在西班牙统治下的美洲所发挥的融合作用。基督教利用了当地的传统与习俗，但也保留了自己的欧洲源头。新领地作为一个思想交融的神圣空间，带给人们一个关键性启示：在征服与被征服的双方达成和解后，还存在一种更为广泛的合作模式，这种模式可被视为西属美洲的政治基石。人们甚至可以以融合与共识为因，推出社会稳定之果。稳定是该地区的重要特征，同时也解释了西班牙统治下当时及后世的美洲社会不如英国统治下的美洲那般活力四射的原因。

然而，这种解释忽视了西班牙人占领美洲的主要过程以及比较的维度。在美洲，印第安人社会往往被定性为粗俗、原始、未开化的。这样一种定性不仅推动了全面战争的爆发，促成了统治者的冷酷无情（就像在墨西哥那样），还促使西班牙人下定决心，要完全抹杀掉印第安社会的鲜明特色。西班牙人还毁坏了印第安人的宗教场所，肃清了他们无法接受的印第安习俗。西班牙评论家对这些习俗评头论足，以彰显其统治的优越性。也许，在西属美洲，基督教徒的敬拜仪式在一定程度上降格了，但是，基督教本身丝毫没有受到影响。在肃清印第安本土宗教的运动中，宗教裁判所起到了至关重要的作用，偶像焚烧便是其中的一项举措。

这与欧亚大陆上大部分地区的情况相异。在欧亚大陆上，虽然存在严重的宗教冲突，但纵使奥斯曼人、莫卧儿人大肆攻城略地，也不曾终结其他人的宗教活动。然而，西班牙人及其后代却从未在数量上超过土著或各种族混合群体的人口。因此，尽管西班牙人不断征讨异教神祇，还控制印第安劳工，打压土著贵族阶层，但是他们还是将成片成片的土地留给了乐于与他们合作的印第安人，尤其是那些愿意与西班牙人一道征伐的印第安人。

其他欧洲人将会效仿西班牙人的做法。布道主义是优越感的必然产物，同时也旨在让征服变得名正言顺，旨在加强对原住民的控制。最终的结果是，对土著文化的攻击远比人们看到的还要严重。例如，西方和非西方的征服者大肆破坏印度本土文化，最终导致疾病肆虐，社会分裂直至土崩瓦解。土著文化所面临的这种困境，在新大陆被发现之初便已定。西班牙人所发动的征服战的模式比其他任何地方的都要全面，这种基于基督教命定扩张论的征服模式在西班牙收复失地运动中亦有所体现。然而，我们需要时刻提醒自己，应将西班牙的历史置于更广阔的欧洲发展的框架下看待。西班牙统治的残酷被 16 世纪的西方历史与公共文化所强化了。这一时期，以奥斯曼帝国为首的复兴运动发起了对基督教国家的攻击，后果之一便是对基督教徒的奴役，这是影响西班牙人对其他宗教之态度的重要因素。宗教改革所引发的基督教世界内部明显增加的宗教暴力，尤其是宗教改革后对异端的通行处理手法（比如将异端描绘成动物，剥夺其人性等），也促使西班牙人对异教的看法发生改变。

极端暴力行为还殃及了来到新大陆的其他西方国家的人，但这些人只占少数。他们之所以被殃及，部分原因正是在于他们人数较少。例如，1565 年，一支西班牙军队屠杀了在佛罗里达占据了一席之地的胡格诺派信徒（法国新教徒）。屠杀因犯，原因之一在于俘虏难以控制、照看，但是，主要原因其实是宗教上的狭隘和自以为是，以及对所谓威胁的有意摧毁。在地中海地区，基督教徒与摩尔人之间有过大规模的相互奴役，也都采取过屠囚的做法。

西班牙人面对着推翻阿兹特克人与印加人统治的后果。但是，在北美洲与南美洲的其他地方，情况则大不相同，因为与入侵者对抗的是各个部落。这并不意味着所有部落高度一致。相反，在环境、经济发展、社会模式与政治组织上，各部落之间存在着巨大的差异。有些部落是高度发达的，例如，居于哥伦比亚中部高地，开采祖母绿的穆伊斯卡人。在 1536 年西班牙的一次贪婪的远征后，穆伊斯卡部落被攻占。然而，印第安人结合崎岖的地形所展开的反抗，可能令侵略者难以招架。自 16 世纪 80 年代起活跃在委内瑞拉、巴拿马与哥伦比亚的贝尔纳多·巴尔加斯·马丘卡（Bernardo Vargas Machuca）记录下了传统印第安武器与战术所造成的威胁，例如，毒箭、自高处滚落的石块、伏击与陷阱。同时，他也记录下了印第安人如何应对西班牙的军事优势及其局限性。例如，印第安人会利用雨水对火药的克制来获益。

在很大程度上，西班牙帝国的目的与天性均暗示了当地人反抗的力度。在缺乏印第安人支持时，西班牙人在美洲困难重重，举步维艰。他们在智利中部地区的作战便是如此。1598—1604年，来到智利的西班牙人被赶出了中央山谷；此后，比奥比奥河成了边境，在该河以外的地区，阿洛柯人是独立自主的。

在墨西哥北部，西班牙人遭遇了来自奇奇梅卡地区游牧战士的抵抗。这些游牧战士在极其不利于西班牙骑兵作战的地形上，将手中弓箭的杀伤力发挥到了极致。相应地，西班牙人集结了印第安同盟军，结果双方之间的战争演变成了游牧民族与定居民族之间长期斗争的一种新形式。西班牙人发现，制服对手并非易事，而且他们从该区银矿上获得的收益被战争耗费了太多。同时，当地人为了获取更大机动性，捕获并使用了西班牙马匹，这对于西班牙人而言也是一大威胁。最终，西班牙人放弃了包括掠夺奴隶在内的激进政策，转而以更加平和的举措来缓和矛盾，例如，用礼物来贿赂对手，用基督教传教活动来软化对手。事实上，文化被控制以及本土独立自主活动遭到破坏并不能涵盖美洲所面临的全部情况。由于边界极为重要，极深的"中间地带"就成了西班牙帝国的一部分。这个"中间地带"与其说是一个分区或一片地带，不如说是长久以来西班牙势力活跃区域的一部分，是其实践活动的一部分。在墨西哥北部，西班牙政策的转向带来了定居点的增加与堡垒的建立，也因此改变了定居地的陆上风貌。

关于金子的传言驱使着西班牙远征队自墨西哥向北进发，前往美国腹地。以弗朗西斯科·巴斯克斯·德·科罗纳多（Francisco Vásquez de Coronado）为首的一批人进入了如今的新墨西哥州，又从那里继续进发，于 1540 年抵达了美国中部大平原。最终关于金子的传言被证明是讹传。和在墨西哥获得的收益相比，西班牙人在美国的收获简直不值一提。与此相似，1539—1542 年，埃尔南多·德·索托（Hernando de Soto）远征队残忍洗劫了密西西比河下游及周边地区之后，就没有后续的行动了。1540 年，索托在莫比尔（今亚拉巴马州塞尔马市）战役中打败乔克托族，赢得了胜利。在战斗中，他的骑兵不费吹灰之力就占据了一片开阔地带。索托去世后，路易斯·德·莫斯科索（Luis de Moscoso）率部队在 1542—1543 年继续前进，行至今天的得克萨斯州东部。这支远征队带来的许多疾病给了当地人致命打击。

获利太少虽然不是西班牙人对墨西哥以北的美国兴趣寥寥的唯一原因，但也是一个重要原因。1598 年，西班牙人向北进发，建立了一个他们称之为新墨西哥的根据地。但是，这处位于圣菲的定居点过于边缘化，因为它并不如人们料想的那般可以通向太平洋。再往南一些，由于西班牙人无意中带去的疟疾所引发的灾难，作为玛雅文明之中心的尤卡坦半岛的大部分地区在 1527—1541 年被征服，而佩滕省中部的伊察人（Itzás）直到 1697 年才被打败。

一般说来，西班牙的殖民政策与实际操作，包括对印第安人宗教仪式的取缔，都影响了当地社会，还限制了流行病肆虐之后人口恢复的可能性。这些现象所引发的问题又因种植园农业与采矿业所带来的商机而进一步恶化，因为种植园农业与采矿业都需要大量劳力。明显的解决策略就是从西班牙控制的领土范围之外获得印第安人奴隶。16 世纪，西班牙人对洪都拉斯与尼加拉瓜的印第安人实施了大规模奴役；这种奴役是战争的一个方面。贩卖奴隶所得的收益致使印第安社会动荡不安，因为部落之间为了抓人为奴，而频繁发生冲突。这种情况也发生在西非。其结果是，人被商品化，奴隶贸易极大影响了欧洲人与印第安人之间的关系。

　　尽管在美洲大陆，西班牙从奴隶贸易中取得了收益，但由于印第安人的反抗、逃跑，殖民者仍然面对着包括奴隶的可支配性与成本在内的各种问题。此外，在西班牙统治的范围内控制印第安劳工的行为也受到了皇家立法的影响。这是因为皇家立法不得不屈服于神职人员施加的压力——神职人员要求将印第安人看作即将接受基督教的国民，而非奴隶。事实上，新大陆的蓄奴行为在 1542 年的《新法》（Leyes Nuevas）中被正式取缔了。但是，撇开奴隶的造反不谈，这项立法的确推动了西班牙人在秘鲁的事业。官方命令的执行需要时间，还经常被地方官员与地主刻意无视。此外，契约工制度，尤其是监护征赋制（encomienda，即将土地与印第安人家庭分配给殖民者的制度），以及强制性的迁移政策，尤其是分派制（repartimiento），构成了事实上的奴隶制。在分派制下，一部分男性人口不得不离家工作。

　　在与非洲黑奴抵达的口岸相距较远的边疆地区，印第安人奴隶依然十分重要，例如墨西哥北部地区。然而，可支配性与成本的天平开始倾斜，殖民者倾向于从西非购买奴隶并将他们从大西洋上一路运来。起先，非洲人是经由西班牙被运到西属美洲地区的。但是，自 1518 年起，出现了将他们直接运往美洲的"席位"，或曰许可证。由于最初获取非洲黑奴的成本要高于使用印第安人奴隶，所以在西属美洲地区，人们常将黑奴用作家奴（这种高价值的奴隶制暗示了黑奴的成本）。

　　到 16 世纪中期，情况已发生了改变。非洲所提供的劳动力不再是微不足道的一部分，而正在稳步变成重要的奴隶来源，其中的一大原因是，人们认为非洲黑奴的体力比印第安奴隶要好。非洲黑奴的价格依然比印第安奴隶的要高。有多种控制价格的方式，例如劳务抵债。然而，从大西洋上运来的黑奴人数在 17 世纪出现了巨大增长。

西班牙文明在估算美洲及美洲印第安人口时遇到了许多问题。收复失地运动与基督教传教活动提供了一个计算框架，但这并不是唯一的理论框架。此外，古典时期的文献也提供了相关模型，罗马帝国的扩张为后世的西班牙提供了参考。与此同时，西班牙人不得不应对古典时期（西方）作家不甚了解的新大陆，尤其是前所未见的动植物，如牛油果。事实上，在哥伦布时期的世界文化交流中，西班牙起到了关键作用：将玉米、土豆与番茄引入欧洲，同时又将马匹、猪与葡萄酒输入美洲大陆。

新大陆即所罗门王获得大量黄金与象牙的俄斐、他施的说法，尤其是秘鲁即俄斐的观点，遭到了人们的否定。部分原因在于新大陆根本没有大象。古典主义时期作家的一些论断也被证明是假的。例如，亚里士多德曾说，因为热带地区过于炎热，人们无法在那里生活。一般来说，由于古典时期缺乏关于美洲的描述，这就促使人们重新建构权威的实质，将重点放在见证人的实录与同时代人的大胆尝试上——这对于西班牙人理解美洲而言相当重要。此外，西班牙人一方面将印第安文化视为异教的、邪恶的，对其不屑一顾并予以毁灭；另一方面又尝试去适应印第安文化。在基督教之内，印第安宗教崇拜也有了一席之地。

当时也有人尝试去理解印第安文化。方济各会修士贝尔纳迪诺·德·萨阿贡（1499—1590年）本是被派往墨西哥以抵制当地"偶像崇拜"的，但他反倒开始欣赏起阿兹特克文化与纳瓦特尔语，记录了许多文本，还创建了自己的研究方法论。然而，由于异族通婚，种族的划分日益复杂，最终就像在西班牙本土一样，划分出的种族类别越来越多。

西班牙的一些建筑物也参考了新大陆的建筑风格。在龙达市萨尔瓦铁拉侯爵宫殿里，支撑山墙的位置处有两尊雕像，每尊都雕塑着赤身裸体被缚在一起的一对美洲奴隶。

强权西班牙

西班牙很可能从一些非西方的敌人，尤其是阿兹特克人与印加人身上获得了可观的收益。但是，在面对其他对手时，它却失败了，尤其是在面对地中海地区奥斯曼帝国的土耳其人时。在近代早期的任何时刻，西班牙与同时代的主要世界大国相比，一个重要的区别就在于西班牙独特的全球势力范围以及相应的雄心壮志。这里所说的"全球"是现代意义上的概念。尤其是在腓力二世（Philip Ⅱ）于1580年获得了葡萄牙王位之后，在世界上的几大霸权国家中，西班牙帝国的势力范围无与伦比，而且它清醒地认识到了自己的霸主地位。这样的影响力为西班牙带来了经济利益，同时也使之作为一方霸主，在许多不同领域内展现实力并达到了无人能及的程度。近代早期西班牙的这番图景，预示着与其大相径庭的19世纪局势中，英国与现代美国的地位。同处于近代早期的中国与印度莫卧儿帝国，既缺乏这种能力，也无雄心。

除了作为一方霸主在不同领域内展现实力外，西班牙还有机会思考如何进行全球合作。但是，全球合作的实用性受到了当时的技术（尤其是信息传递、军队输送）与资源的严重限制。因此，说到底，全球协作的想法足够大胆。这些想法是早已在远东地区摸爬滚打过一段时间的西班牙军人幻想的产物，但遭到了腓力二世及马德里政府的断然拒绝。马德里是在1561年成为西班牙首都的。西班牙进入菲律宾则是在1565年，用现代国家的标准来衡量，西班牙在菲律宾影响甚微，势力范围也很有限。事实上，人们没有理由相信，正常情况下西班牙能够在16世纪30年代成功推翻印加人的统治，更不用提远比印加人强大得多的中国人了。在西班牙推翻印加王国的例子中，印加国内具有毁灭性的内战是西班牙成功入侵的重要背景；17世纪40年代，中国明朝统治者被推翻也属于类似情况。至于西班牙在 1519—1521 年对阿兹特克政权的颠覆，实际上，当地人的内部分化削弱了他们对外族的抵抗，也为西班牙人提供了帮助。然而，西班牙的评论者可不会特意强调这一点。与之相对，他们会强调文化价值，包括来自宗教的支持。由于骑兵享有的荣耀与社会地位，马匹的重要性也被夸大了。

在主要的世界大国中，当时只有西欧国家，尤其是葡萄牙与西班牙，才有能力同时在两个半球中有所作为。虽然奥斯曼帝国希望将自己的势力投射到遥远的印度洋，但它始终无法与西班牙不断在更大范围内部署力量的努力相提并论。此外，奥斯曼人在兵败印度洋后，也就放弃了在那里部署势力的尝试。最终，两国的势力结构构成了一种距离上的对比：一边是越洋的西班牙帝国，另一边是主要跨越了地中海的奥斯曼帝国。与这种差异紧密相关的是，西班牙帝国严重依赖贵金属，而奥斯曼帝国则更多地依靠土地与贸易。西班牙与美洲的贸易往来受到贸易署（Casa de Contratación）的控制，后者是 1503 年成立于塞维利亚的一个机构。之后，由于河道堵塞，贸易署在 1717 年转移到了加的斯。

国内势力

帝国的成功让贵族阶层不得闲暇，且给他们提供了在政府工作的机会。伊莎贝拉的统治带来了稳定的局势。与此同时，矛盾在暗中交织，尤其是当君主想要扩大自己权力之时，斗争也愈加激烈。矛盾之一在于，君主意图将贵族从地方统治者的位置上移除，例如，伊莎贝拉分别于1492 年和 1503 年，将加的斯与卡塔赫纳从贵族手中夺走，又如，她下令让卡塞雷斯的贵族阶层拆掉自家砌有城垛的堡垒。1500 年，拥有西班牙全国 80% 人口的卡斯蒂利亚主导了这个人口数量为 550 万的国家。

费尔南多与伊莎贝拉之女、神圣罗马帝国皇帝查理五世之母胡安娜一世（1504—1555 年在位），在文艺复兴时期欧洲的王朝政治中是个关键人物。凭借王位继承，丧夫后的胡安娜成了西班牙、美洲大陆、那不勒斯与西西里岛名义上的统治者。但是，由于患有精神疾病，她甚至连自家的仆人都管不了。人们对于胡安娜精神状况的担忧多半出于宗教上的考虑：根据当时流行的观点，不宜治理国家的君主一定是触怒了上帝，而且胡安娜与王国之间的联系意味着一方的罪孽将会影响到另一方的救赎。通过女王明显的疯癫，神意昭然若揭。这也就解释了胡安娜与统治权的分离，同时也使剥夺女王统治权的行为合法化了。胡安娜的处境促进了早期西班牙哈布斯堡王朝皇权从个人主导转向了团体与家庭式管理。尽管 1504 年伊莎贝拉一世去世后，胡安娜继承了卡斯蒂利亚王位，但是费尔南多在查理五世成年前一直担任卡斯蒂利亚的摄政王。

卡斯蒂利亚在被纳入查理五世幅员辽阔的帝国版图之后，胡安娜的统治便结束了。这一版图融合在 1515—1525 年引发了一起政治危机。查理五世使用法语、起用非西班牙裔谋臣、要求征收新税、扰乱现存荫庇关系网的种种做法，导致危机加深。卡斯蒂利亚的城市公社起义（1520—1521 年），以及具有更激进社会意识的巴伦西亚神圣联盟（1519—1520 年）与马略卡神圣联盟（1522—1523 年）均遭到了镇压，例如，1521 年比利亚拉尔城市公社起义军便以失败告终。失去贵族的支持是起义军失败的根本原因：在比利亚拉尔，起义军大多失去了来自卡斯蒂利亚贵族的宝贵领导与重要战斗力。这一情况是起义运动日益激进的社会思想以及查理对皇室利益的重新分配这双重作用所造成的结果。贵族被国王拉拢，从而疏远了起义者。胡安娜拒绝帮助城市公社起义军，有助于查理重新树立自己的权威。最终，城市公社起义军的领袖在起义中心之一的塞哥维亚被斩首。起义的其他中心还有托莱多与巴利亚多利德。

此后的社会形势要稳定得多，在很大程度上，这是西班牙将皇权下放给了地方团体与贵族阶层的结果。1556 年，查理五世退位，将西班牙的统治权移交给了腓力二世。他的禅让是有意为之，而非被逼无奈。1591 年，阿拉贡发动了叛乱，规模不大且很快被平息下去。起义军大多是由卡斯蒂利亚贵族从他们的领地上招募来的。这次起义表明，此种军事资源一直以来都颇为重要，1580 年由贵族组建起来的，助国王攻打葡萄牙的援军正是这种军事资源的典型体现。

帝国的目标

截至 1535 年，查理五世（西班牙国王卡洛斯一世）的帝国从新占领的秘鲁一直延伸至德国与奥地利，而西班牙刚刚在 1533 年占领了位于秘鲁的印加帝国首都库斯科。查理的个人目标对整个帝国的运作方式产生了至关重要的影响。与其他王朝一样，对于头衔与荣耀的考量会影响君主的决定，当需要优先处理的几件事产生冲突时，这种考量也有利于解决问题。王朝的目标是世代相传的。例如，16 世纪，如果阿拉贡国王费尔南多没有追随祖先的脚步，在意大利西部逐利而为的话，西班牙之后可能仍处于法国的势力范围内。这种可能性在 16 世纪 20 年代与 17 世纪 40 年代，都有可能化为现实。如果它真的实现了，势必危及西班牙在教皇面前的地位。

在统治意大利方面，费尔南多的外孙查理五世显得更加笃定，他也确实成功统治了意大利。查理的雄心壮志主要在于获取尊贵与荣耀，但不仅限于此。他继承了哈布斯堡、勃艮第、阿拉贡与卡斯蒂利亚四个家族的属地，这对于他征服意大利十分重要。在他做决定时，他的名声是一个极为关键的考量因素，尤其是在解决多个领土间优先级产生冲突的问题时。在这方面，查理延续了其前辈的做法，强调声望与地位。对王朝荣誉与王朝使命的强调导致他在政治文化上大胆激进，毫无温和可言。这一风格也见于那个时期的房屋与教堂，例如，格拉纳达的查理宫殿，以及塞维利亚查理五世宫殿的房间。

作为教会在新大陆的传播者，查理展示出了西班牙君主制在全球的新影响力。教会传播者这一角色始于查理外祖父母统治时期，其具体表现可参见塞维利亚阿尔卡扎尔宫审判院内悬挂的那幅《航海者的圣母》画作。这幅祭坛装饰画（retablo）出自阿莱霍·费尔南德斯之手。画中的圣母用自己的斗篷庇佑着西班牙的征服者与船只，查理也在受保护者之列。1556 年，查理退位后于尤斯特修道院中安度晚年，直至 1558 年去世。他的儿子腓力二世（1556—1598 年在位）在马德里附近建造了埃斯科里亚尔王宫，王宫内皇家陵墓入口上方用浮夸的拉丁语铭文称赞查理为"最尊贵的独裁者"。西班牙的影响力跨越大洋，因此命定扩张论与普济主义也变得日益重要。与此同时，有人称腓力二世晚年时期的政策除了具有救世主般的帝国主义色彩外，传统王朝政治的意味似乎更为明显。

西班牙的海上力量并不仅限于越洋方面。虽然为了保存海军实力，国家需要接受诸多限制，但是这些限制并未引起腓力二世足够的重视。西班牙仍能在大西洋与地中海水域供养大型舰队。各种类型的海洋环境与相应的任务所带来的挑战是巨大的。因此，在腓力二世统治时期，西班牙将舰队调遣至亚速尔群岛、地中海东部、塔古斯河、英吉利海峡、北海，以及更远的水域。对 16 世纪末的西方列强来说，西班牙的这一部署可谓与众不同。西班牙在资源调动方面的独特之处，既体现在资源挖掘的深度上，也反映在非比寻常的广度上，而且海、陆两方面均有涉及。因此，在多个地域空间内，西班牙都是一股重要的军事力量。但在同时，它也不得不承担大笔开销，且树敌众多。

地中海强国西班牙

西班牙长期以来与摩尔人为敌这一主题，逐渐演变成了西班牙人与奥斯曼人之间的斗争。彼时，这一主题已成为西班牙历史、民族身份与意识形态不可分割的一部分。佛朗哥呼应了这个主题，并将其转化为与现代性之间的矛盾。

继 1492 年战胜格拉纳达之后，西班牙人自诩为新"上帝选民"，由于地中海的屏障业已清除，他们开始加强对北非的征讨力度。16 世纪伊始，奥斯曼人尚未在地中海西部站稳脚跟，反之，他们即将出现在今阿尔及利亚与突尼斯的海岸上。另外，西班牙军队久经格拉纳达战火的淬炼，而它的北非对手们却不堪一击、四分五裂。梅利利亚镇在 1497 年被攻破，米尔斯克比尔是在 1505 年，奥兰是在 1509 年。而对布日伊、的黎波里与阿尔及尔的佩尼奥岛（Peñón de Argel）的占领则迫使阿尔及尔于 1510 年臣服于西班牙。

16 世纪 20 年代，由于西班牙国王卡洛斯一世将他的大部分（尽管远非全部）注意力放在了自己身为神圣罗马帝国皇帝查理五世的身份上，所以西班牙在地中海地区的境遇反倒急转直下。这揭开了西班牙在哈布斯堡王朝统治时期陷入长期困顿的一页。查理五世将更多资源用在与法国国王弗朗索瓦一世的斗争上（比如，发生在意大利地区的战斗），而不是用于与奥斯曼帝国一较高下，这种情况在陆地上尤为明显。

16 世纪 20 年代那十年，正是查理五世在帕维亚力挫弗朗索瓦一世（1525 年），并取得一次决定性胜利（1529 年）的阶段。与其他战事相比，1529 年的胜利更具决定性意义，因为这次取胜带来了更长久的和平。但是，王朝权力模式的特点是：家庭利益和个人意志要与统治疆域内的集体力量形成联动。在对法作战以及其他一些情况中，我们不知道如何更好地去定义"西班牙"，也不知道如何更正确地去看待西班牙的复合君主制。而这一问题也将会在日后关于西班牙国家地位的讨论中反复出现。例如，西班牙从那不勒斯、西西里岛获取军事支持的能力，以及从热那亚、托斯卡纳与马耳他骑士团等委托人兼同盟国那边获取资源的能力，称得上是"西班牙"的实力吗？这些能够用来解释西班牙的民族身份吗？

尽管查理五世对各类事务的优先级排序值得人们关注，但也应看到，他仍在对抗法国、奥斯曼的战役中部署了联军力量。因此，我们很难界定当时的西班牙。16 世纪 20 年代与 30 年代，西班牙不仅投入了大量的物资与军力用于在地中海地区与法国作战，还要在与奥斯曼人的战争中坚守匈牙利边境。此外，查理五世之所以要与弗朗索瓦一世争夺意大利，是因为想要实现外祖父阿拉贡国王费尔南多与祖父神圣罗马帝国皇帝马克米利安一世的遗愿。

反之，奥斯曼帝国在地中海地区的势力日益强盛。1517 年，帝国迅速夺取了埃及。这场完胜尤为重要，因为它极其有力地巩固了奥斯曼海上强国的地位，同时，尤其是在埃及农业和商业的帮助下，奥斯曼帝国雄厚的经济实力得到了保证——这正是奥斯曼人称霸地中海的坚实基础。事实证明，这一基础对于帝国将自己的影响力投射到更西的北非地区意义重大。此外，由于奥斯曼帝国的直接控制取代了当地政权，西班牙人被迫处于守势，打了一场防御战，被动地保住了自己的据点、势力范围以及与意大利之间的海上联系。西班牙在北非的影响力远不及奥斯曼帝国，而且要想保住自己的地位，西班牙还得付出巨大代价。北非巴巴里"海盗"劫掠了西班牙海岸，尤其是南部的海岸。为此，西班牙加强了防御工事。例如，在卡洛斯一世与腓力二世统治时期，直布罗陀海峡修筑了防御工事。1524年，人们在清真寺原址上建造阿尔梅里亚大教堂时，加建了防御工事。

1534 年，奥斯曼帝国将突尼斯从支持西班牙的统治者穆莱·哈桑（Mulay Hasan）手中夺了过来，这引发了查理五世在 1535 年的军事行动。查理为了自己的名声，甘愿以身试险，御驾亲征，如此一来就更容易号召贵族参战。大批西班牙贵族加入到战斗中。这次远征调动了 82 艘战舰以及 3 万余名士兵。军饷主要来自从热那亚银行家处获得的贷款，而来自美洲的印加黄金则被用来偿债，西班牙转移资金的能力体现了其军事系统的一个重要方面。远征军在酷热天气下发动进攻，展现出水陆两栖作战的能力，而且，他们还在陆上作战中取得了胜利。戈利塔堡垒位于突尼斯湾入海口处，虽有奥斯曼驻军重兵把守，但仍被西班牙远征军团团围住。一周后，附近的突尼斯被攻陷。遵循西班牙在美洲地区（尤其是中美洲）保留印第安贵族阶层的模式，查理五世在突尼斯任命了一位亲西班牙的摩尔人统治者，而军队则继续驻扎在戈利塔。一张编织于 1554 年的法兰德斯壁毯记录下了查理的胜利，这张壁毯悬挂在塞维利亚王宫内哥特风格的卡洛斯五世王宫中。

巴利亚多利德

巴利亚多利德位于西班牙北部（古卡斯蒂利亚）两河交汇处，由一个前罗马与罗马时期的小定居点发展成重要的卡斯蒂利亚权力中心以及商业、制造业城市。1469 年，阿拉贡王子费尔南多与卡斯蒂利亚公主伊莎贝拉在此喜结连理，并将巴利亚多利德定为王国的新首都，取代了旧都布尔戈斯。1561 年，在腓力二世统治下，马德里取代巴利亚多利德成了首都，不过后者在 1601—1606 又短暂地重获首都地位。当时迁都的部分原因在于人们对腓力二世统治的反抗。失去政治权力意味着没落，而没落又限制了城市的发展。巴利亚多利德城中留下了许多建筑杰作，包括马约尔广场（主广场）与未完工的大教堂。巴利亚多利德是西班牙文艺复兴风格雕塑艺术的中心，人们可以在那里看到阿隆索·贝鲁格特（Alonso Berruguete）与胡安·德·朱尼（Juan de Juni）的作品。

正统宗教

西班牙占领格拉纳达后不久便出现了宗教迫害，这在很大程度上是由于人们认为正统宗教对政治忠诚与君主权威来说至关重要。1492 年，阿拉贡与卡斯蒂利亚的犹太人获命在皈依基督教与被逐出境二者之间择其一。只有三座犹太教堂躲过了这场驱逐犹太人的劫难，其中两座在托莱多，还有一座在科尔多瓦。它们得以幸存的唯一原因就是这三座犹太教堂被改造成了基督教堂。犹太人的墓地也被破坏，被建于其上的其他建筑物覆盖。人们如今还能参观的昔日犹太区有科尔多瓦犹太区、塞维利亚的巴里奥圣克鲁斯，以及卡塞雷斯犹太区。

1502 年，卡斯蒂利亚（阿拉贡并非如此）的摩尔人也面临着相同的抉择，但是离开王国的条件让流亡变得异常艰难。1526 年，阿拉贡与巴伦西亚也竞相针对摩尔人发布了相似命令。因此，生活在西班牙的摩尔人即穆德哈尔人的身份结束了。16世纪，格拉纳达强迫人们改变宗教信仰，同时也实行了文化控制。1501年，格拉纳达举行了一次大火焚烧阿拉伯语书籍的活动。清真寺要么被毁，要么被改建成教堂，要么是这两种情况的结合。龙达清真寺的宣礼塔被改建成了教堂的钟塔。改建后的教堂仍保留了原清真寺的马蹄形拱门。特鲁埃尔长期以来是穆德哈尔艺术的中心，那里的清真寺在1502年被关闭。

其他少数民族与非正统宗教团体同样遭受了迫害。罗姆人被放逐到阿尔马登的水银矿上从事强制性劳动，因为白银的生产需要用到水银。还有些人被迫在桨帆船上做苦力。

光改变宗教信仰是不够的。西班牙还通过了纯正血统法规，限制犹太改宗者，使他们不能获得某些特定的荣誉与职务。西班牙国内对摩里斯科人（表面上改变信仰的摩尔人）的严厉态度可以与他们对奥斯曼人的斗争相提并论。1568—1571年，格拉纳达的摩里斯科人起义反抗限制他们语言与传统服饰的禁令。他们从奥斯曼人那里寻求帮助未果，反而遭到残酷镇压。大批起义军被屠杀，部分是被西班牙贵族阶层召集的军队所杀害的。

这种社会动员反映出天主教独裁意识形态规范的强制性。在西班牙乡村地区，人们想要贯彻落实特伦托会议（1545—1563年）制定的改革方案的意愿非常迫切。16世纪六七十年代，这种强烈意愿受到宗教裁判所、宗教法庭的推崇，但各种改革推进的速度与程度仍有差别。持异见者遭到了苛责。例如，1568年，一个名叫卢克雷西娅·德·莱昂的女婴出生于一个平民家庭。自少女时期起，卢克雷西娅就能通过梦境进行预言，支持者认为她是得到天启的先知。她的梦批判了腓力二世的统治。1588年，在三场梦中，卢克雷西娅都看到了一条七首恶龙——代表着七宗罪，它口喷火焰，大火席卷了西班牙。腓力二世命令宗教裁判所以异端邪说与煽动叛乱罪将她逮捕。卢克雷西娅遭受酷刑，之后被关进女修道院。宗教裁判所的主要职责就是确保基督教的正统性。

16世纪末至17世纪初，在阿拉贡王国的土地上，在宗教裁判所授意下频繁开展的信仰行动（火刑）在当时很受欢迎，因为受罚的大多是外来者。巴伦西亚王国的宗教裁判所试图压制基于错误教义的极端暴行，这种做法受到了人们的称许。到了18世纪，宗教裁判所依然展现出了吸纳新成员的惊人能力。与此同时，宗教上的紧张局面所带来的不确定性与危机感让人精疲力竭。

在世界范围内，西班牙支持符合天主教利益的事业，尤其是在法国、不列颠群岛与神圣罗马帝国。天主教耶稣会或曰耶稣会士的创始人依纳爵·罗耀拉就是西班牙人。人们可以在吉普斯夸探访他出生时神圣场景的遗迹。

帝国负担重重

在当时，全球范围内，没有哪个国家的成就能与西班牙帝国的相提并论。西班牙活动范围大，引发了许多问题，帝国任重道远。在某种程度上，这就解释了长期以来西班牙对军事外包日益深重的依赖，以及对私有资源与资本的倚重——这么做都是为了维持西班牙的军事活动。和敌人相比，西班牙之所以能够更好地处理大规模、旷日持久的战争所带来的全新挑战，是因为西班牙具有自己独特的优势：新大陆的银矿、信贷、作为复合君主制国家调动社会资源的能力，以及利用"潜移默化的影响"从其他国家吸纳资源的能力。这些优势掩盖了近代早期西班牙的效率低下。

自 16 世纪 70 年代中期始，西班牙搁置了自己与奥斯曼帝国的冲突，因为它企图在发生于西欧的法国宗教战争（1562—1598 年）中占据主导地位。西班牙重新占领了大部分低地国家，在最开始成功介入宗教战争，力挫英国对西、葡统辖的新大陆地区的进攻，以及对意大利进行了持续统治，这些均表明，西班牙当时即将到达前所未有的权力顶峰。

因此，认为西班牙到 16 世纪 90 年代已是强弩之末的观点是错误的。

歌剧的误导：《唐·卡洛斯》

基于弗里德里希·席勒的戏剧《西班牙之子唐·卡洛斯》（1787 年），朱塞佩·威尔第创作了歌剧《唐·卡洛斯》（1867 年），该歌剧以真实性著称。也许是因为近亲繁殖，卡洛斯性情反复无常，在 1562 年他从台阶上摔下来之后，其性格问题更为严重了。1568 年，作为腓力二世继承人的卡洛斯王子（1545—1568 年）在准备逃离王宫时被自己的父亲逮捕，不久后就去世了。

为抨击腓力二世，人们很快开始围绕卡洛斯之死编造各种传闻，将卡洛斯刻画成一个秘密的新教徒与主张荷兰自由的人。此外，他还与自己年轻的继母伊丽莎白·德·瓦卢瓦有染，最后他被毒杀。然而，这些说法都无稽可考。在歌剧中，卡洛斯庄重承诺献身自由事业，还带着一队佛兰德人代表面见腓力二世，然而腓力二世拒绝了他们获得自由的请求。歌剧描绘了马德里的一场对异教徒的公开火刑，处刑时响起了一个天籁般的声音，呼唤着受刑人的灵魂升至天国。宗教法庭的大审判官强烈要求处死奸夫卡洛斯，而查理五世的亡灵却支持卡洛斯。

与此同时，战争的各项成本空前昂贵，并最终引发了严重的债务危机。拖欠贷款的结果包括将负担转移至银行家头上，这还意味着债务的强制重新安排。战争严重扰乱了政府的经济状况、财务系统与贸易。

此外，在腓力二世统治下，西班牙难以将军事成就转变为政治和解。对他而言，向低地国家、不列颠群岛与法国做出妥协太困难了。在他看来，宗教的正统性是由上帝、王朝、政治与他个人共同提出的必然性要求。

与上述情况相反，西、葡共同的天主教信仰帮助腓力二世顺利接管了葡萄牙。一方面，他大肆行贿；另一方面，1580 年，他发动了一次成功的陆海侵略战。在此之前，他在巴达霍斯检阅了即将进攻葡萄牙的军队。人们愿意保持各机构权责分明，维持其独特的习俗与特权，这也有助于腓力的接管。1578 年，葡萄牙国王塞巴斯蒂安在自己发动的愚蠢的摩洛哥侵略战中阵亡。没有了塞巴斯蒂安这个强敌，同时又因腓力二世的母亲是葡萄牙的伊莎贝尔公主，于是他得以顺利地继承了葡萄牙王位，成了葡萄牙国王腓力一世。在这场葡萄牙王位争夺战中，英国支持的候选人安东尼奥缺乏号召力。伊比利亚半岛在 1470 年由四位统治者分而治之，尽管在 1580 年，腓力二世作为统治者一统半岛，但并未直接将西班牙与葡萄牙合二为一。这不仅仅是腓力的审慎之举，也反映出影响统治者与精英阶层的的正统主义思想有多么根深蒂固。腓力随后于 1582—1583 年攻下了亚速尔群岛，但在 1588 年他的海军败于英格兰。尽管西班牙无敌舰队的失败被人视为出于神的干预，但实际上，英国在葡萄牙与加勒比海地区的攻击，对西班牙帝国主体体系的损害并不致命。

然而，英国还是给西班牙带来了不少伤害，其中最突出的是 1596 年的英荷联合军事行动。由 6000 名士兵组成的英国与荷兰联军突袭加的斯，那里的西班牙军舰虽有城中火炮支援，但指挥有力的英荷联军仍奋力攻入了西班牙把守之下的泊地，继而成功突围登陆。随后，英荷联军在猛攻下夺取了缺乏防御工事的加的斯。在这场战役中，英国海军炮手的实力发挥了关键作用。联军从城中及商船上获得战利品的愿望，强有力地驱使着士兵与水手们英勇作战。

埃斯科里亚尔修道院

它是西班牙历史之旅必游之地。埃斯科里亚尔修道院是位于马德里西北 30 英里（合 48 千米）的一处皇室遗址，靠近埃斯科里亚尔镇。遗址的官方名称是圣洛伦索皇家修道院。联合国教科文组织将其列入了"世界遗产名录"。这里曾是皇家宫殿兼修道院，这种结合是出于腓力二世的要求。他选定来自托莱多的胡安·包蒂斯塔（Juan Bautista）担任皇家建筑师，负责整体设计。腓力二世想通过这一地点来展示西班牙作为基督教卫道士的地位。1567 年，皇家建筑师去世后，工程交由胡安·德·埃雷拉（Juan de Herrera）负责。此地后来也成了皇陵。1563 年建筑奠基，1584 年工程完工。

关于建筑的长方形平面设计，众说纷纭。有人说这是为纪念当年在烤架上被活活烤死的圣洛伦索，也有人说这是在模仿所罗门圣殿，因为腓力二世对所罗门极感兴趣。

虽然埃斯科里亚尔修道院主要由灰色花岗岩建造，冷清无趣，但是它十分宏伟壮观，而且还藏有许多艺术杰作。这里的图书馆尤为著名。更符合腓力二世时代人们的品位的是，这座修道院收藏着全世界最多的圣教徒骨殖，共计约 7500 块。1598 年，腓力二世在埃斯科里亚尔去世。

西班牙面临多方面的经济负担，包括黄金生产、赋税与借贷。在黄金生产方面，美洲的地位格外重要，尤其是在今玻利维亚建造的波托西大型白银生产中心。此外，墨西哥也是主要的白银生产中心。在西班牙与西班牙统治下的意大利，尤其是那不勒斯地区，税收负担沉重。事实证明，当时的国际信用制度对西班牙体制的正常运作起到了关键性作用。通过德国与意大利，尤其是奥格斯堡与热那亚的银行家的帮助，西班牙可以发掘出银矿与赋税的潜在财富。事实上，当时一系列区域经济体的合并对帝国的成功而言意义深远。然而，1557年、1596年政府破产，或曰中止债务清偿，使银行家受到了影响。这些情况迫使银行家重新协商贷款。与此同时，债务证券（juros）的出售使更多的人对西班牙政府体制负有责任。

农业与采矿业曾是财富的主要来源，财政与信贷则与贸易相关，对于需要向士兵与承包商支付现金酬劳的统治者来说，信贷与贸易显得尤为关键。但是，西班牙经济并未从黄金的流入中取得巨大收益，因为流入的黄金被用于资助国外其他地方的活动，而非用于西班牙国内。在西班牙工业中，成品的出口这一环节并未得到发展。相反，黄金与羊毛一道作为原材料出口国外。此外，将税收转移给外国银行家的做法削弱了西班牙对征税的控制，同时也降低了征税所能给西班牙国内带来的收益。

回首往事

在这一时期，各机构与团体为宣扬各自的主张，纷纷大量引用历史，特别是延续了中世纪杜撰编年史的惯例。这些作家似乎认为他们的作品可以载入史册。例如，16世纪90年代时备受瞩目的，由朱利安·佩雷斯（Julían Pérez）撰写的虚构编年史明确表示，托莱多的莫扎勒布人持有坚定的基督教立场，同时也使托莱多在西班牙的历史中更加引人关注。

1595—1606 年，在格拉纳达附近的洞穴中，《圣山铅书》（*Lead Books of Sacromonte*）得以出土。这些刻在铅板上的文字也是古为今用的伪造。它明显是想展示在腓力二世的统治下，西班牙基督教徒与异教徒可以共同生活。在 16 世纪的西班牙，舆论对"真正的基督教徒"的强调也许鼓励了人们的造假行为，因为这种伪造可以证明莫扎勒布人与摩里斯科人的特殊处境是合情合理的。

更近些的时代，情况也是如此。佛朗哥政权在回顾西班牙收复失地运动以及费尔南多与伊莎贝拉统治的同时，开始模仿这些君主虔诚的天主教信仰、领土扩张主义与种族主义思想。16 世纪看似是个黄金时代。1949 年，佛朗哥主持修复了当年查理五世颐养天年的尤斯特修道院。在半岛战争中，这座修道院曾被付之一炬。如今，游客可以参观该修道院，包括其中的查理套间。此外，佛朗哥将埃雷拉式建筑①树为标杆。实际上，这种对昔日辉煌的留恋由来已久，关注 1898 年美西战争中西班牙惨败的人就曾对西班牙的今昔进行了一番对比。

---

① 指 16 世纪西班牙文艺复兴时期建筑师胡安·德·埃雷拉发展出的一种建筑风格，以严谨的几何性、无装饰性为典型特征，代表作为埃斯科里亚尔修道院。——编者

生活的真相

当时的生活状况整体上还是颇为严峻的，而且实际生活与文艺复兴时期的价值观有着云泥之别，就像中世纪实际生活离骑士精神相差十万八千里一样。这种情况在整个欧洲都很普遍。实际上，不单单西班牙如此，当时整个世界都是这样。但是，这并不意味着一本谈论西班牙的书应该略过这些细节，相反，这些细节对于人们理解过去西班牙的生活来说十分关键。对大多数人而言，卫生与饮食是主要问题。居住条件，尤其是同床共寝的习惯易导致呼吸道传染病的高发。导致这一问题的直接原因是私人空间的缺乏，而从本质上来讲，原因在于住宅有限。

在文艺复兴时期的西班牙，虱虫的滋生与生活环境的拥挤、洗浴设施的不足，以及不换衣服的习惯有关。清洁指的是穿戴干净的衬衫与亚麻衣物，而不是清洗，但是，能同时做到这两点的人只占少数。无论贫富，人类在面对自然界的各种生物时，无论对方是虱子、臭虫、跳蚤还是绦虫，人几乎毫无招架之力。

清水洗浴的习惯必定受到了很大限制。动物、粪堆距人过近，也带来了问题。与欧洲其他国家一样，西班牙保存而非清除排泄物。人畜粪便被集中起来用作肥料，这是改善土壤地力的重要补给。但是，这种肥料通过污染水源等方式，对人体健康造成了威胁。从无排水设施的厕所与动物棚圈中溢出的污水流过街道，留在地表，渗入地下，透过带孔的墙壁流入室内。斑疹伤寒就是由此引发的。

在这些建于罗马时期的城镇中，街道上没有公共饮水机与公共自来水是一个问题。同时，在西班牙大部分地区，尤其是在没有深水井的沿海地区与低地地区，获取清洁的饮用水也成了问题。河水往往泥泞混浊，而抽出来的水很可能已被污染。这种情况解释了为何在西班牙及欧洲其他区域，发酵饮料的地位如此重要。

这也再次提醒我们，西班牙史在某种程度上就是欧洲史。与其他地区一样，营养不良会降低人体免疫力，使传染病更易传播。此外，营养不良降低了人们的性欲，限制了人类活动，阻碍妇女成功受孕。而且，长期营养不良，人的性成熟时间会被推迟，最终致使女性不孕。食物短缺与食品价格带来的问题导致大多数人即使在食物充足时也无法均衡膳食。日常饮食对城市贫民来说是个突出问题。他们觉得水果、蔬菜价格昂贵，更别提鱼、肉了。他们常常衣衫褴褛。农民很少吃鱼、食肉。

引发疾病的不仅是营养问题。恶劣天气（以寒冬为典型，但不局限于此）会降低人的抵抗力。缺木少薪，再加上大多数住宅既潮湿寒冷，又拥挤肮脏，使情况进一步恶化。

疫病的持续会使得体弱者特别容易患病。真正的婴儿杀手是产褥热，直到19世纪，人们才了解它的成因。但是，在饥荒与疾病中，政治社会因素也影响深远。生存危机不仅仅是食物供不应求造成的，也有西班牙资源明显分配不均，政府作为有限等方面的原因，无论宗教慈善团体在多大程度上弥补了政府的缺失，都无法抹消其造成的损害。

在个体层面上，人们面对着充满敌意、变化无常的环境，只能逆来顺受、听天由命。结果，多年的努力可能在顷刻间就被席卷一空。自力更生与灾难缠身，清贫朴素与一贫如洗之间的界线可能会被轻易、快速地跨越，而且屡见不鲜。大多数人儿无资产，这种情况直至20世纪下半叶才逐渐消失。

文艺复兴时期的艺术并未记录下当时恶劣的工作环境。例如：捕鱼业充满危险；许多生产工艺品的作坊与工厂，包括绘画、手工艺品与建筑生产所涉及的场所，往往又潮又湿、通风不良、采光不好，要不然就是不安全；工人暴露在有害物质（例如铅和水银）之中，这是一个严重的问题，而且建筑工程也十分危险；磨工在布满灰尘、喧嚣嘈杂的环境中工作，时常受到虱子骚扰，多患哮喘、疝气与慢性背部疾病。人们几乎不懂健康与工作场所安全的概念，因此也就无法理解其中的问题。

农业生产深受恶劣天气与疾病之害。改良作物品种很少，且冬季多雨易致作物病变、肿胀，晚霜又会侵害小麦与其他谷物。没有杀虫剂，庄稼的保护与食物的储存困难重重。在当时，这些都是严重的问题。鼠患成灾。此外，动物健康也是个大难题。兽医学还处于原始阶段，当时的惯常做法是屠宰患病动物并限制其活动自由。真实的生活常常笼罩在死亡的阴影中。

与此同时，我们也应注意到西班牙生活的多样性，这种多样性今天依然存在。人们适应了各种环境。例如，在西班牙大部分地区形成了迁移性放牧的主要模式。又如，每年人们都会聚集起来，利用古老的陷阱技术（almadraba）在塔里法与加的斯之间的海滩上捕捞金枪鱼。

文化

在有"黄金世纪"（Siglo de Oro）之称的 16 世纪，西班牙的光辉伟绩在文化上留下了各种烙印。西班牙文化受到了国外的影响，比如，引入了文艺复兴文化的许多方面。同时，西班牙文化也强调本土风格。例如，秩序井然的塞哥维亚主教座堂建筑群中的简化哥特式风格，以及银匠风格（plateresque）。银匠风格是对西班牙化文艺复兴风格的发展，之所以取这个名字，是因为此种风格精美繁复，如银器装饰品一般。此外，西班牙本土风格也见于查理五世统治时期。人们能在萨拉曼卡看到一些本土风格的建筑典范，尤其是学校庭院。这种风格与格拉纳达查理五世王宫中那种更为庄重朴素的意大利式文艺复兴风格形成了鲜明对比。胡安·德·埃雷拉在设计建造埃斯科里亚尔修道院时，推动了西班牙古典主义的发展。

穆德哈尔风格依然占据着重要地位。这种风格体现了人们利用摩尔人艺术装饰的影响。而且，采用这种风格的大多是在基督教徒统治下未改宗的摩尔人。但是，他们按照阿尔摩哈德或纳斯瑞德风格对穆德哈尔风格进行了加工，或者说，他们从内容更为宽泛的阿拉伯风格中汲取灵感，譬如使用了几何图案与花砖（azulejo）等。这种风格在 13 世纪的塞维利亚得到了发展。这些釉彩瓷砖最初是仿照罗马马赛克的形式而来。穆德哈尔风格（该术语发明于 1859 年）在本质上是用摩尔人艺术装饰手段，来美化在较长时间内建成的前后风格迥异的建筑物。游客可以在西班牙各地的修道院与宫殿中看到木质的方格天花板，还可以在塞维利亚的彼拉多官邸中看到同类的瓷砖画花砖。彼拉多官邸是一座文艺复兴时期的宫殿，与意大利的同类建筑截然不同。

由于这些风格依次出现，以及建筑工程耗时过久，导致重要建筑物往往是多种风格的混合体。巴达霍斯地区就出现了这种情况，那里的大教堂是哥特与罗马式风格的典型建筑。

西班牙是外国工匠与艺术家神往的地方，它也为国外的艺术风格提供了展示机会。这些都使西班牙从中受益。例如，埃尔·格列柯（原名多米尼克斯·希奥托科普罗斯，1541—1614 年）自 1577 年起就移居至托莱多，直至去世。意大利的画家以及像埃尔·格列柯这样在意大利工作的人，为西班牙艺术的进化，尤其是风格主义的发展带来了深远影响，使风格主义具备了表达精神感受的能力。埃尔·格列柯使用大量的颜色与形状，创造了一种独特风格。同时，他也对建筑与雕塑感兴趣。人们可以在托莱多的老圣多明各修道院看到他的祭坛画。托莱多的埃尔·格列柯故居博物馆内收藏着《托莱多风景》，还有格列柯创作的同时代人以及圣徒的画像。托莱多大教堂收藏了格列柯的重要作品，尤其是《剥去基督的外衣》，画中的基督被剥去了衣服。普拉多博物馆收藏着他的《圣安德鲁与圣弗朗西斯》。

16世纪，祈祷音乐也有了重要发展，其代表是维多利亚（1548—1611年）的作品。抒情诗、流浪汉小说与戏剧事业蒸蒸日上。戏剧方面以剧作家洛佩·德·维加为代表。他的作品有《羊泉村》（创作于1612—1614年，发表于1619年）。剧中，费尔南多与伊莎贝拉赦免了杀死卡拉特拉瓦骑士团指挥官的村民们，因为这位指挥官胡作非为，强取豪夺。这部戏剧是根据1476年一个卡斯蒂利亚村庄发生的真实事件而创作的。

当时的宗教影响力相对明显，正如人们在阿维拉修女圣特蕾莎（1515—1582年）那些充斥着神秘主义的作品中所看到的那样。这位加尔默罗修会修女的主圣殿是位于阿尔瓦－德托梅斯的圣母领报修道院。她就是在那里去世的。特蕾莎的作品包括《灵心城堡》、她的自传，以及《圣德之路》。《灵心城堡》是一部指导人们修养灵性，并最终实现与上帝的神秘结合的书。

英国戏剧中的西班牙

托马斯·基德（1558—1594年）算不上家喻户晓，但他最广为人知的剧作《西班牙悲剧》还是颇有影响力。剧本首次出版是在1592年，后于1594年、1599年、1602年、1610年、1615年（两次）以及1633年在伦敦再版。1593年和1597年，这部剧在伦敦上演，并成为热门剧目，极为有力地塑造了西班牙在英格兰的形象。1601年和1602年，这部戏剧再度被搬上舞台，还被改编为德语版与荷兰语版。这出复仇悲剧讲述了一个寻求正义受挫，最终以谋杀收场的故事。主线情节是葡萄牙对西班牙的一次反叛，以及西班牙皇室的不公不义。剧中国王的侄子洛伦佐是个背信弃义的杀人犯。《西班牙悲剧》中的戏中戏启发了威廉·莎士比亚，他在《哈姆雷特》中也运用了这种手法。《西班牙悲剧》最终以五人死亡收场，加剧了人们对西班牙王宫的敌意。人们觉得在那里欺骗是底色，谋杀也频繁上演。剧中提及了西班牙无敌舰队。

莎士比亚在他创作的戏剧作品中更多地提及法国，而非西班牙，但也会偶尔提到后者。莎士比亚的《爱的徒劳》大约创作于1594年或1595年，当时正值英格兰与西班牙交战之际。剧中刻画了一位名叫唐·亚马多的求婚者，纳瓦拉国王费尔南多是这样评价这位自命不凡的吹牛大王的：

> 一位举止优雅的西班牙旅人；
> 集世界各地奇腔异调于一身，
> 脑中古怪词语取之不尽；
> 音如和声，舌灿如莲，
> 自觉婉转，沉醉其间；
> 善于折中，对错因势而判；
> 自命不凡的儿男。

在《错中错》里，来自锡拉库扎的德洛米奥以国家为喻，尖酸刻薄地对厨娘内尔评头论足，逐条列记她的缺点，说她"吐出的气热烘烘"如西班牙一般，还说"西印度群岛的奇珍异宝就在她的鼻子里，要派出大批西班牙舰队去装载才行"。

第六章

盛极转衰的帝国统治，塞万提斯早有预言

从某种程度上来说，

《堂吉诃德》恰恰喻指着西班牙的衰落。

历史学家常将堂吉诃德持矛攻击风车的形象作为不切实际的西班牙为追逐荣誉而不自量力的象征。这个引人注目的形象广为人知，小说一再重印，颇具启发性。从某种程度上来说，这部小说恰恰喻指着西班牙的衰落（即使还算不上是崩溃）。人们觉得西班牙王国在1598年建立起来的全球霸业在接下来的一个世纪中被法国、英格兰与荷兰瓦解了。此外，在广大历史学家口中的"17世纪中叶危机"期间，腓力四世（1621—1665年在位）面临着多次动乱，尤其是1640年葡萄牙与加泰罗尼亚的反叛。葡萄牙起义的结果是取得了独立，而西班牙在付出巨大努力后最终重新占领了加泰罗尼亚。随后，西班牙在路易十四统治的法国面前显然相形见绌。此外，人们觉得西班牙无法解决经济、社会与文化领域的权力斗争与现代化问题。

第八章　堂吉诃德英勇战风车奇幻记及其他

此刻，他们看见田野里有三四十架风车。一见风车，堂吉诃德就对侍从说："命运的安排真是出乎意料地好。看那儿，桑乔·潘萨兄，那里有三十多个骇人的巨人。我要与他们决斗，一个活口不留。有了这些战利品，我们可就发财了。这是场正义的战斗，将这些怪胎从地球上清除可是为上帝除害。"

"巨人在哪儿？"桑乔·潘萨问。

"就在那儿，"堂吉诃德回道，"就是那些长臂怪，有的臂长近两里格呢。"

"阁下，您看，"桑乔说，"我们见到的并不是什么巨人，那是风车。而且，那些长得像长臂的东西是风车翼，风转动风车翼之后才能推动石磨。"

堂吉诃德说:"看得出来,在历险方面你还是个门外汉。那些就是巨人。你要是怕了,就靠边祈祷去吧,我要同他们决一死战。"

(米格尔·德·塞万提斯《堂吉诃德》,出版于 1615 年)

堂吉诃德是小说的主人公。这部小说的作者是游历四方的米格尔·德·塞万提斯(生卒年大约为 1547—1616 年),小说于 1605 年、1615 年分两部先后出版。这是西班牙文学史上最重要的作品。1575 年,塞万提斯被柏柏尔族的海盗船俘虏。1597 年,身为税吏的他又因私吞钱财在西班牙锒铛入狱。与这位作家一样,西班牙也面临着许多严重问题。但是,其他国家、社会和作家也有各自的麻烦。比如,如果说西班牙的最后一次大型瘟疫结束于 1685 年的话,那么法国就是在 1720 年,意大利是在 1743 年。如果说西班牙经历了 17 世纪中叶危机,那么英国与法国也未能幸免,它们都在各自国家的内战中吃尽了苦头。西班牙的第一份报纸是在 1618 年发行的,不过在 1627 年,国家颁布法律,规定无政府许可不能私自发行报纸。这种严加管控的趋势在其他地方也能见到。

社会

关于西班牙危机的讨论,更多地聚焦于政治上。因此,从社会制度上切入很有意义。无论是在 17 世纪之内,还是在此前或之后的历史中,西班牙的社会制度都具有相当的连续性。社会分化为不同等级,过去极大地决定了人们现在的权利、地位与势力、财产,尤其是地产。精英阶层对社会的控制是一项不争的政治事实。人们认为继承与稳定是相互交织的，绅士派头与生俱来，而且明显与身份地位及家世有关。社会变迁的速度处于各种手段的严密控制之下，这些手段包括婚姻策略、继承活动与政府赞助。

社会局势紧张，但这并不是说人们对现存的世袭制等级社会普遍不满，也不是说矛盾仅存在于不同阶级之间——同一阶级内部也是矛盾重重。有着千差万别的农民阶级与贵族阶层在法律上通常分属于不同的群体，同时他们也有各自内在的差异性。贵族们为了地方政治权力、社会地位你争我夺，农民在自己的群体内部也会互相倾轧。

相对来说，西班牙的权力与财富集中在少数几个家族手中。社会与占统治地位的政治系统在本质上是世袭的；经济的主体是农业；在社会与经济事务，或者至少是结构变化上，变革普遍缓慢；统治者与由贵族主导的政府在根本上无意挑战贵族阶层的利益，或者说他们不愿撇开贵族独自施政；还有那个时期种种不平等的设定。所有这一切集聚在一起，确保了权力与财富依然集中且长期不变。社会在整体上是稳定的，尤其是因为大多数的财富要么来自继承，要么来自婚姻。限嗣继承使庄园得以完整地留存下来。个别贵族家庭并不是因为本身的阶级属性而失去土地，而主要是因为婚嫁或土地售卖。结果土地所有权又流转到其他贵族或新贵手中。这些情况在欧洲普遍存在。

包括虚构的堂吉诃德在内的大多数西班牙贵族都是贫穷的下级贵族。他们权势不隆，财运不济。但与普罗大众相比，下级贵族在权力与财富上仍具有相对优势。那些拥有权力与财富的人往往生来就是贵族，还享有世袭的家族地位。政府活动要征得有权势的贵族同意。这么做倒不是出于宪法的需要，而是因为政府仰仗贵族，才能在区域内实行有效的行政管理。同时，人们也觉得合作是明智的、必须的，它是合法性与政策落地的基础。成功的政府提案通常是那些得到贵族阶层支持、默许或者至少没有贵族从中作梗的。古老贵族家族的人员增选、非贵族官员册封为贵族，以及在贵族统治中担任重要职务的低阶成员的擢升都有助于维持贵族在中央集权统治中的主导地位。政治组织的议会制会导致延宕，但也确保了贵族在国家统治中有自己的代表，确保贵族拥有非暴力的对抗手段。此外，贵族在地方管理中的主导地位既是君主应对贵族在地区实权的务实之举，也与王国的文化价值和意识形态规范相一致。

贵族，不管是作为一个整体还是个体，对事物的反应均受到多种因素的共同影响，包括先例、特权、个人利益、传统与新奇观点的相互作用以及政治环境。历史界定了贵族与众不同的地位：个体意义上的过去是指贵族的出身与家庭地位，而集体意义上的过去则指服侍君主以换取贵族特权的往事。

贵族阶层的典型表现形式是赞助关系与亲缘关系。这两种关系将宫廷贵族与首都以外的贫穷贵族联系了起来。宫中贵族社会地位高，还能直达天听。除了大贵族外，大多数贵族都是彻头彻尾的地方贵族。对政府与政治而言，贵族对地方事务的管理至关重要，而且这种管理具有两种表现形式：由贵族控制相关职位，以及将许多本会外流至公共领域的职责分配给贵族。贵族之间也存在对君主赞助的争夺，这可能引发严重的世仇，正如在16世纪70年代、80年代阿拉贡两位贵族之间的争斗那样，一方是总理大臣钦琼伯爵，另一方是身份最显贵的比亚埃尔莫萨公爵。王宫与地方都卷入了这场争斗之中。

贵族阶层对农民步步紧逼，致使他们负担沉重。与此同时，社会中还存在着中产阶级。在农村，中产阶级包括地主代理人与佃农，二者往往存在共生关系。中产阶级普遍渴望在有产社会里飞黄腾达。

城镇

中产阶级构成了城市人口的主流。大多数城镇没有经历显著的增长，许多是在经济与人口统计上仍处于静止状态的交易中心。然而，它们有助于商业与财政方面的基础设施的成形，在此基础之上，城镇才有了急剧、持续的发展。

然而，城镇彼此也会竞争，竞争削弱了它们整体的政治力量。城镇之间的争夺是围绕经济与其他利益展开的，它们都想与政府建立合作关系。城镇作为国家行政与宗教管理部门的所在地，是生产、贸易与消费的中心。它们与乡村内地形成了既合作共生，又剑拔弩张的关系。城镇为乡村内地的商品提供了市场，但它们又时常想严格控制这种关系，尤其是在提供贷款方面。而且，在税务的责任分配上，双方也存在分歧。

然而，如果将城镇与乡村简单地看作对手的话，是有失偏颇的。我们也不应把这些冲突断然视为城乡对立。城乡二者之间存在着重要联系。农民涌入城镇，不光是去市场上做生意，他们还进城赶集，参加宗教仪式。

西班牙的城镇与西班牙社会一样，在本质上是不公平的，而且这种不公平也具有世袭性。城镇居民中人数最少的那个群体就是大富大贵的人。在经济和政治层面上，组织与管理社会其他人员的能力既是权贵们的权力表现形式，也是他们权力的来源。他们的势力延伸至乡村内地。在那里，这些人凭借自己的权力获得重大的影响力，同时拥有了高度的信誉。这些富人通常拥有地产，如果他们同时还在做生意，那么往往控制着乡村工业。在城镇里，这群人可能是雇主或地主。但是，更普遍的情况是，基于他们的社会地位以及对城市管理部门的控制，这些人享有政治权力。这个群体中的一部分也许还拥有贵族身份，尽管不同贵族的地位千差万别。大多数人的收入来源是贸易、公职，尤其是司法职务，以及将财富用于土地投资或有息贷款所取得的利润。

城镇中规模最大的群体是穷人。他们在政治上无足轻重，通常甚至都不是法律意义上的镇民。他们的贫穷源于大多数工作朝不保夕以及有效的社会福利体系缺失这双重作用。当时，即使在最富饶的城镇中，工作也是极不稳定的。大多数穷人身无长技，薪资低廉，而且许多人从事着季节性的工作，或者偶尔才有活干。不少人是从农村来的移民。贫穷使他们易受食品价格的影响。此外，他们的生活环境通常拥挤不堪。一些能够胜任工作的人也常遭苛责。

在富人与贫民两个群体之间——尽管二者在经济上的差别并非如此绝对——存在着第三方，他们享受着比穷人更加稳定的固定收入。这个群体中的许多人是工匠。他们的经济利益与社会凝聚力通常是以行会或其他工匠互助会的形式体现出来的。一直以来，社会经济群体中严格实施的内部通婚（族内婚）的模式，使这些工匠难以跻身于商人与地方行政官等精英团体之列。通常而言，工匠相较于零工、仆役与赤贫者而言，融入社会的程度更高，这主要是因为他们在行会与互助会中的成员身份。市政府与军事教团排斥工匠：在加利西亚，制革工无法担任公职，不能加入行会、宗教协会，也无望成为神职人员。因为市民身份往往意味着城市群体中成员的正当性，所以这种种排斥的意义格外重大。

政治

这个可怕的社会强迫人们服从种族纯正性的观点，信奉宗教，尤其强迫人遵循基于"血统纯正"的严格法律规定。1609 年，构成巴伦西亚劳动力大军的摩里斯科人遭到驱逐。种族与宗教上的这种紧张局势始于源远流长的敌对情绪。这种剑拔弩张的局面与更具体的派系斗争有关。例如，1474年，改宗者（改变信仰的犹太人）与大多数老基督教徒在科尔多瓦的街头巷尾展开激战。这场冲突关乎城市与贵族之间的派系斗争。1609年，人们觉得摩里斯科人可能是潜伏的敌方间谍，他们也许会帮助奥斯曼人和北非的柏柏尔诸国。1680年，新墨西哥州的印第安人起义反抗西班牙压迫，起义领袖之前在西班牙镇压印第安宗教的活动中遭受了迫害。这些人的境遇骇人听闻，时人的记录说明了情况，其中有一幅形象生动的绘画，即维森特·卡尔多卓（Vicente Carducho）的《驱逐摩尔人》。

驱逐摩里斯科人是腓力三世（1598—1621年在位）统治时期的一件大事。那是一段艰苦岁月，其中1599年瘟疫肆行时期尤显艰难。同时，那也是西班牙国力强盛的初期。那个时期留下的一个精彩绝伦的形象就是马德里马约尔广场上国王骑马的雕像。在关于西班牙衰弱的记录中，人们常将原因归咎于腓力三世的统治，尤其是他的管理不善。腓力三世不如腓力二世那般勤于政事，他选择向宠臣寻求帮助。这种做法本身无可厚非，但错在腓力三世信任的宠臣并无治国之才。具体而言，这名宠臣就是勒尔马公爵。1618年，勒尔马公爵之子乌塞达公爵取代了他的地位。

腓力四世（1621—1665年在位）的总理大臣是奥利瓦霍斯（Olivares）公爵。他比勒尔马、乌塞达更有才干，但最终，他也没能平息西班牙国内对于一场旷日持久、花费巨大的战争的不满情绪。西班牙在17世纪20年代基本顺风顺水，但是好景不长，这种情况没能持续下去。

1609年，西班牙与荷兰缔结《十二年停战协定》之后，战争的重担有所减轻。局部斗争依旧存在，例如1614年的于利希－克莱沃争端（the

Jülich-Cleves dispute），但无全面冲突。然而，全面冲突在 1621 年出现，西班牙随即陷入接连不断的争斗之中，直到 1668 年才平息下来。这不仅给国家财政带来了压力，行政管理与政治结构和系统也经受着考验。事实上，西班牙的官僚政治显示出了非凡的灵活性、奉献精神与创造力。私人承包商与公务员展开了富有成效的合作。在战舰物资补给方面，森林立法旨在保障原木库存。人们还努力为水手、士兵提供有营养的食物和完善的医疗。同时，战舰上的指挥官与官僚如有过失，将一律受到严惩。

然而，国家财政问题严重。仲裁人、政治家与那些通过写作号召变革的人一道，聚焦财政问题。他们攻击的对象包括操控货币贬值的行为，以及由此导致的通货膨胀。1603 年，西班牙铸造了大量铜币。这不仅干扰了财政，还扰乱了经济大局。1635 年爆发的全面冲突直到 1659 年才结束。法国与西班牙均无法给对方以致命打击，战争处于胶着状态。1636 年，法国挺过了一次西班牙入侵，但西班牙军队远征至法国科尔比。

战争造成的财政负担引发了越来越多的政治问题。西班牙是西欧地区最大的帝国，但是事实证明，在战争压力面前，西班牙的财政、政治与军事体系也是不平等的。1624 年，西班牙试图采用军事联盟，即根据西班牙不同地区的人口数量与面积大小组建军队。但是，这个提案被加泰罗尼亚断然拒绝。而且，1627 年，西班牙政府破产。1637 年，西班牙试图对葡萄牙增税，结果导致葡萄牙起义。1640 年，西班牙支持战争以及试图分摊战争开销的做法引发了危机，最终导致加泰罗尼亚大起义。同年，葡萄牙再度成功发动起义。1641 年，安达卢西亚密谋脱离西班牙，当地人不是试图立梅迪纳·西多尼亚公爵（Duke of Medina Sidonia）为王，就是企图推翻奥利瓦霍斯的总理之位。1648 年，阿拉贡也策划了一次类似的密谋。相比之下，1648—1652 年，法国面对的内乱是来自权力中心内部的投石党运动。法国与西班牙都想利用对方国内的动乱趁火打劫。法国派出部队前往加泰罗尼亚，利用当地的起义趁机占领了两国之间的鲁西永省。1642 年，法国攻陷了鲁西永省省会佩皮尼昂。这次危机以及由此引发的不安感最终导致腓力四世在 1643 年与奥利瓦霍斯分道扬镳：公爵极不情愿地离任了。他的外甥卡皮奥侯爵唐·路易·德·哈罗（Don Luis de Haro）接替了总理大臣一职，并一直执政至1661 年去世。

事实证明，投石党运动为西班牙收复加泰罗尼亚创造了机会。1652年，加泰罗尼亚首府巴塞罗那陷落。在这之前，西班牙围城长达 14 个月，导致本已因瘟疫而虚弱无力的人们又受饥饿之苦。西班牙在敦刻尔克附近的沙丘战役（1658 年）中败于法国后，双方签署了《比利牛斯和约》（1659 年）。和约规定，法国分得鲁西永与阿图瓦。除此之外，年轻的路易十四还赢得了与腓力四世之女的婚约。此举使路易十四有了争夺西班牙王位继承的权力。两国在 1667—1668 年、1673—1678 年、1683—1684 年，以及 1689—1697 年战火纷起。西班牙失去了从勃艮第遗产中获得的重要领地，例如弗朗什－孔泰，法国于 1674 年占领了这里，并迫使西班牙在 1678 年将弗朗什－孔泰割让给自己。不过，在 1697 年的和约中，路易十四将前一年占领的巴塞罗那归还给了西班牙。

西班牙人在与葡萄牙的战争中就没有那么幸运了。葡萄牙在 1640—1668年的战争中取得了独立，把握住了西班牙在 1640—1652 年将注意力转移到加泰罗尼亚的时机。1657—1659 年，以及 17 世纪 60 年代，尽管双方都调遣了大量军力，但是西班牙仍未能重新占领葡萄牙。17 世纪 50 年代末，双方的战争在本质上还是小规模的突袭与洗劫。1657—1659 年，西班牙仍与法国及其新盟友英国对战，但自觉兵力不足。虽然西班牙采取各种方法招兵买马，但政府依赖的是合同制，即个体组成小分队以换取报酬。由于政治与军事危机接连不断，加之战事愈演愈烈、伤亡惨重，这种士兵招募方式不堪重负。合同制募兵的成本迅速上涨，西班牙越来越难派出足够的兵力了。法国则站在葡萄牙一边。

1663 年，腓力四世的敌人只剩下葡萄牙了。他不仅集中兵力，还招募了一切能招募的人（甚至连罪犯也不例外），以扩充兵力，对抗葡萄牙。结果却兵败阿梅西亚尔。在那里，查理二世派出的英格兰援军加入了葡萄牙人一边。查理二世的妻子是一位葡萄牙公主。两年后，西班牙兵败比利亚维西奥萨，重新占领葡萄牙的希望彻底破灭了。

战争给西班牙带来了沉重负担，甚至到了不得不备战以抵御他国入侵的地步。在此前的葡萄牙与西班牙共主联邦时期（1580—1640 年），人们没必要考虑边疆的堡垒，因此，到 1640 年，边境上的大多数堡垒都已年久失修。但是，到 1710 年，经过 30 多年的努力，罗德里戈已成为当时西班牙防御工事最为齐备的城镇之一。1688 年，在另一地，法国使团感叹潘普洛纳堡垒的坚固与现代性。此外，17 世纪最后几十年，已经不存在像 17 世纪中叶时那般激烈的内乱了。而且，在 17 世纪上半叶经常表达不同政见的卡斯蒂利亚议会，在 1665 年已被彻底解散了。于是，西班牙再也无法汇聚不同意见，表达不满了。

探索帝国

新大陆的腹地挑战着西方的理解力。方济会修士与耶稣会修士格外热衷于探索发现。1658—1686 年，曼努埃尔·别德马（Manuel Biedma）考察了秘鲁东北部，包括乌卡亚利河流域在内的地区。1663 年，安东尼奥·德·蒙特沃德（Antonio de Monteverde）探索了奥里诺科河流域。

人们在下加利福尼亚州海岸上建立布道所后，17世纪90年代与18世纪初，开始寻找从墨西哥到加利福尼亚海湾前端的陆路通道。后来，在上加利福尼亚州海岸建立定居点——1761年建立了圣地亚哥，1770年建立蒙特雷，以及1776年建立旧金山——后，更大规模的寻找陆路通道的探索活动开始了。

为宗教而战

政教联系依然紧密，为耶稣而战的传统依旧根深蒂固。而且，人们改变土著宗教信仰的尝试受挫后，便开始对这些异教思想严加监视，且试图将帝国的扩张正当化。1697年，西班牙军队发起猛攻并侵入玛雅部落伊察人（Itzás）的首都诺加佩滕时，时任尤卡坦临时总督的马丁·德·乌苏亚（Martín de Ursúa）命令手下士兵，在伊察人的神庙中立起旗帜，旗上印有代表西班牙王国及其宗教立场的皇家勋章，并宣布"偶像崇拜已经冒犯了上帝的威严"。乌苏亚感谢上帝带来的胜利，然后与士兵和方济会修士一道捣毁了许多"偶像"。如果这些偶像是金制或银制的，就将其熔毁。在西班牙人看来，宗教战争征讨的敌人劣迹斑斑。他们的罪行包括人祭、食人与杀害神父。5年前，当西班牙人在1680年普韦布洛反叛后收复圣菲时，他们也恢复了天主教对那里的控制。方济会修士赦免了当地人的叛教之罪，并为出生于1680年之后的孩子施洗礼，总督还担任了出身显贵的孩子的教父。在为争夺下加利福尼亚州而引发的第一次冲突中，一队装备精良的西班牙传教人马在1697年洛雷托孔乔之战中击退了印第安人的攻击。

在太平洋另一侧，1668年，西班牙调兵遣将在关岛建了一座布道所。西班牙将列岛重新命名为马里亚纳群岛，以显示其宗教作用。在太平洋上再往南的地方，来自菲律宾的西班牙传教士在1710年抵达帕劳群岛，但那里的敌对情绪使刚刚起步的传教活动戛然而止。

宗教矛盾也是西班牙欧洲政策的重要影响因素之一，尤其是到17世纪30年代末，天主教统治下的法国在排挤了新教国家后，成为西班牙的头号敌人。相比之下，在17世纪初与17世纪20年代，荷兰与英国曾是西班牙的主要对手。

宗教对于维护王室的私生活与公共形象而言是必不可少的。通过履行王室的主要职责，即接受宗教教育、参与宗教仪式、从事宗教赞助活动，西班牙王室于公于私均展现出了虔诚的天主教信仰。腓力三世的三子费尔南多虽从未被任命为神父，却成了托莱多红衣大主教（西班牙大主教）。同时，他也是加泰罗尼亚总督、西班牙统治下的荷兰（比利时）总督。而且，1634年西班牙在讷德林根完胜瑞典人时，他还是西班牙军队总指挥。在腓力二世统治期间，马德里新建了17座修道院，腓力三世时是14座。后来腓力四世又在马德里建了17座修道院。

文化

17世纪经历了从古典主义到埃雷拉风格的转向，后者正是大多数17世纪早期作品的基础。例如，巴伦西亚大教堂中殿所采用的风格，渐渐演变为了以萨拉曼卡耶稣会学院塔楼为典型的，17世纪最后几十年间日益流行起来的更加华丽的意大利式巴洛克风格。西班牙式巴洛克风格被称为丘里格拉式（Churrigueresque），该名称取自建筑师荷西·德·丘里格拉（José de Churriguera，1665—1725 年），而他的兄弟也设计了 18 世纪初的重要作品，如萨拉曼卡主广场等。在绘画方面，17 世纪出现了从风格主义向自然主义的表现手法与风格的转变。后一种风格也可见于雕塑之中。

17 世纪的艺术家

迭戈·委拉斯凯兹（1599—1660 年）出生于塞维利亚，父母是信奉新基督教的葡萄牙人。他接受过正规艺术训练。1617 年学徒期满后，迭戈遵照行会规定，通过了考试并获得了独立画师执业资格。他早期的作品大多是宗教题材的，诸如《无原罪受孕》《福音传教士圣约翰》与《基督在马大与马利亚家》。这三幅作品均创作于 1618 年前后，现藏于伦敦的英国国家美术馆。在此阶段，委拉斯凯兹也创作了波德格涅斯风格（bodegones）作品（或曰风俗画），展现当时人们的日常生活，如《煎蛋的老女人》与《卖水的老人》。《酒神巴克斯的胜利》（1628 年）是这种风格的变体。

1623 年，委拉斯凯兹被任命为宫廷画师，之后就开始专注于肖像画的创作，尤其是腓力四世及其家人的肖像。他的一些作品是关于王室离宫斯布恩莱蒂罗宫（Palacio del Buen Retiro）的，另一些则描绘了阿尔卡扎尔宫的变化。画作在很大程度上塑造了王室的形象。1623 年，后来成为英格兰国王的查理一世到西班牙向腓力四世之女求婚未果，在此过程中被西班牙王室的这一形象深深触动。

委拉斯凯兹的《布列塔的投降》（1635 年）庆祝了西班牙的胜利。画作记录了 1625 年西班牙成功包围一个重要的荷兰阵地的事。数次游历意大利使他的画技达到了炉火纯青的境界，尤其是在光线的运用方面。也正是在游览意大利期间，1650年，他绘制了杰出的肖像画《教皇伊诺森西奥十世》。在他著名的宫廷生活画《宫娥》（创作于1656年，收藏于西班牙普拉多美术馆）中，人物经过了精心的布局。

《抓虱子的男孩》并没有选用许多画家最杰出的那批作品的题材，但是画家巴托洛梅·埃斯特班·穆里罗（1618—1682年）的这幅创作于1645年左右的画作，围绕画作名称所代表的主题，淋漓尽致地展现了对光线的灵活运用，以及对儿童的同情心。穆里罗是家中最小的儿子，他的父亲是塞维利亚的一名江湖郎中。穆里罗的绘画题材广泛，从肖像画到宗教题材作品不一而足。他还在《吃水果的少年》（大约创作于1650年）等作品中真实地反映了现实生活。他的许多宗教题材作品均收藏于普拉多美术馆内，例如《埃斯科里亚尔的圣母纯洁受孕》（大约创作于1660—1665年）。其他作品可以在原址上观赏到，例如塞维利亚大教堂内的《帕多瓦的圣安东尼的愿景》。他在为加的斯布遣会教堂绘制主祭坛画时，从脚手架上摔了下来，几个月之后就去世了。

弗朗西斯柯·德·苏巴朗（1598—1664年）的画作明显反映了宗教情怀的影响。这位出生于埃斯特雷马杜拉，在塞维利亚受训的画师曾效力于教堂与修道院。他所塑造的富有表现力的宗教形象在光影之间、人世与天堂之间达到了平衡。他为塞维利亚皇家圣保禄修道院绘制了多幅画作，其中的一部分在当地的玛利亚·玛格达琳娜教堂中保存了下来。而且，塞维利亚博物馆中收藏着他的杰作《圣托马斯·阿奎那的典范》。苏巴朗为塞维利亚的拉梅尔塞尔－卡尔萨达的圣何西修道院所绘的作品可见于许多美术馆中，包括普拉多美术馆与位于马德里的皇家圣费尔南多美术学院。各种宗教题材他均有所涉及。1634—1635 年，苏巴朗应诏来到马德里，为斯布恩莱蒂罗宫作画。他创作了许多战争题材与描绘神话场景的画作，包括《防御英国的加的斯》与《大力神赫拉克勒斯的磨难》。这两幅作品均收藏于普拉多美术馆内。

赫雷兹修道院主祭坛画的主题是宗教历史。这座修道院建于1370 年的一处战场上。在那里，西班牙军队在摩尔人的夜袭中幸免于难，皆因一道奇迹般的亮光让埋伏着的摩尔人无处遁形。画作描绘了那场战争，现藏于纽约的大都会博物馆。苏巴朗为瓜达卢佩修道院所绘的反映 15 世纪修道院生活的画作现仍保存在原址处。17世纪 40 年代，伴随着西班牙的危机，苏巴朗开始为西班牙裔的美洲赞助人作画，完成他们交付的委托任务。然后，在 17 世纪 50 年代与 17 世纪 60 年代初，苏巴朗回归宗教题材作品。他始终保持着自己对形式、光线与肌理间相互影响的掌控能力。

西班牙统治下的美洲

由于保留着对西班牙及其殖民地而言至关重要的越洋海上航道，西班牙仍是新大陆的霸主。与此同时，它也面临着诸多挑战。1607 年，英国在北美洲东海岸的切萨皮克建立了詹姆斯顿殖民地，这被视为对西班牙权益的侵犯，引来了后者的一再抗议。虽然詹姆斯顿的防御工事是为抵御西班牙进攻而建，但西班牙并未进犯：因为弗吉尼亚州离西班牙权力中心太过遥远了。距离该地最近的西班牙据点位于佛罗里达州大西洋海岸上的圣奥古斯丁市。然而，英国、法国与荷兰也在加勒比海地区与南美洲圭亚那海岸上建立起了自己的殖民地。1655年，英国占领了牙买加，而事实证明，人们对占领古巴与伊斯帕尼奥拉岛普遍过于乐观了。

西班牙不得不采取日益复杂与昂贵的手段来保卫自己的殖民地，包括建造防御工事，（如佛罗里达州圣奥古斯丁市的防御工事），以及强化护航制，以保障贸易安全。自相矛盾的是，西班牙开始因加入了联盟体系而受益，尤其是17世纪70年代与90年代，西班牙加入了反法国联盟。当时，荷兰与英国将主要精力放在了攻击法国上，无力顾及西属美洲。另外，17世纪70年代，法国舰队集结起来，支持西西里岛反对西班牙统治的起义，结果这次尝试失败了。相比之下，18世纪，西班牙建立起的反法同盟关系意味着法国易于受到来自英国的攻击。

第七章

王位继承战争与迟滞的工业化进程

"比利牛斯山成了横亘在西班牙与
文明世界之间最明显的屏障。"

托马斯·佩勒姆在西班牙的旅行教育

1775—1776年，出身名门、意气风发的少年托马斯·佩勒姆（1756—1826年）游历了西班牙。他也就是后来的奇切斯特伯爵二世。在这之后不久，随着美国独立战争的扩大化，英国与西班牙在1779年开战了。彼时，西班牙又成了法国的盟友。佩勒姆在马德里逗留了数月。在那里，他受到了自家亲戚——担任英国驻西班牙大使的格兰瑟姆伯爵二世托马斯的热情款待。从马德里出发，佩勒姆又踏上了前往安达卢西亚的旅程，后经格拉纳达、阿利坎特、巴伦西亚与巴塞罗那前往法国。对任何人而言，这都是场不同凡响的旅行，更不要说一个受惠于格兰瑟姆伯爵的社会关系——尤其是在本无膳宿之处安排客人的食宿方面——的英国人了。佩勒姆通过书信向父母描述了旅途见闻。他决定："见识一下西班牙南部。不仅因为那里是罗马历史上诸多重大事件的发生地，留有许多奇珍异宝与文物古迹，还因为它同时也是现代西班牙最富饶的商业地区。"有必要为旅行做足准备：

> 我的床正在修理中。同时，我们还在造一口锅炉，之后会用它来烹制晚餐。锅炉会悬挂在我的轻便马车下面。在这个国家旅行要做好许多预防措施，就好像我将去往阿拉伯半岛一般：里斯本之行教会我预期与现实存在各种不符之处，还告诉我其中的许多不符之处实际上是想象的产物。因为旅行两三天后，你想吃的也许是煮熟的鸡与兔子肉，而不是从法国厨房里端出的各种……蔬菜炖肉。

1776年9月底，佩勒姆开始向科尔多瓦进发。因为担心路上找不到可口的食物，所以他带了许多食物。他还带了一本西班牙语版的《堂吉诃德》以提高自己的西班牙语水平：

我们住宿的旅馆与堂吉诃德在多次冒险旅程中所遇到的一样：现在我写信所在的房间堪称书中所谓的那种城堡——没有窗户，只在墙上留个眼儿，白天好让光照进来，晚上又用一块板子把洞堵住。门普普通通。房子正中间有根大柱子，撑着屋顶。仆人把我们的盔甲放在柱子周围后去铺床。墙壁裸露，只有某个小贩留下的几幅粗陋版画。

佩勒姆觉得安达卢西亚"让人感到十分愉快"，但是在加的斯耽误了行程。因为强降雨天气导致河流水位暴涨，乘船过河变得困难：如欧洲其他地方一样，那里的桥极少。由于同样的原因，他再次滞留在了洛尔卡，然而直布罗陀与卡塔赫纳附近的道路没有给他留下什么印象。佩勒姆性格沉稳，安然接受了西班牙旅行的艰辛：

这真是无法形容，但我决定放空自己，进入到一种清净状态。不问任何问题，无欲无求，尽量不与我的房东来往。不管你给多少钱，他从不满足，而且一有机会就会使诈。我们自己购买食物以及喂给畜生（马匹）的饲料。除了猎物，这里的东西既贵，质量上也根本不及英国的。即便如此，我向您保证，我从未感到过一丁点儿的恼怒与不适。正因为旅馆里有诸多不便，所以我才会更积极地为自己找寻这些便利设施。一旦觅得，这些稀缺之物给我带来的喜悦是双倍的：我永远不会建议一位淑女来西班牙旅行，但是对于一个年轻的旅人来说，这绝对是个不错的开始。

战争与政治

在整个 18 世纪，执政与施政大多都是战争的产物，或者说是为了在战争中表现得更好而产生的。18 世纪伊始，西班牙就陷入了一场凄惨的内战，即西班牙王位继承战争。1700—1715 年，法国波旁王朝与奥地利哈布斯堡王朝就西班牙王位展开了争夺。尽管这次冲突比起后来数次内战——尤其是 1808—1813 年内战、1833—1840 年内战，以及最著名的 1936—1939 年内战——可谓小巫见大巫，但其造成的伤害以及因此引发的政治变革（特别是 18 世纪早期的变革），使得这场王位继承战争意义非凡。

由于卡洛斯二世（1665—1700 年在位）的遗嘱与奥地利王室继承西班牙王位的决心，围绕该问题所展开的战争变得不可避免。作为哈布斯堡王朝的最后一位国王，卡洛斯二世去世时身后无嗣。他立遗嘱将整个西班牙王权交付给了路易十四的第二个外孙——安茹公爵腓力，也就是后来的腓力五世（1700—1746 年在位）。卡洛斯二世的附加条件是：若腓力五世拒绝遗赠，想分割遗产的话，那王位就归腓力的对手——神圣罗马帝国皇帝利奥波德一世的次子查理大公所有。卡洛斯二世这番动作并非意在分割帝国的妥协退让之举，他的真正目的是寻求法国的帮助，维持帝国的正常运作。路易十四不愿将这份厚礼拱手让给奥地利，因此替外孙做主接受了这份遗产，尽管他深知这将招致战祸。

1701 年，利奥波德一世打响了西班牙王位继承战的第一枪。由于与法国的关系明显恶化，英国、荷兰于 1702 年站到了利奥波德一世这边。在这场战争中，英国与荷兰支持奥地利，打算推举查理大公为查理三世。可是，这个计划在西班牙国内便一败涂地。所幸的是，英国的制海权为有地中海诸省支持的查理大公带来了一线希望。多亏英国帮助，陆海两栖部队在 1704 年占领了直布罗陀海峡，在 1705 年夺取了巴塞罗那，在 1706 年攻陷了阿利坎特、马略卡与伊维萨岛。马德里在 1706 年与 1710 年被短时间占据。

但是，卡斯蒂利亚始终忠于安茹公爵腓力，路易十四也派军进行支援。尽管腓力依赖的是法国军队，但他的事业仍被视为一场国家独立战争。1707 年法国军队在阿尔曼萨打败了寡不敌众的亲查理军及其盟友，迫使查理大公退回到加泰罗尼亚，然而，腓力无法乘胜追击，一举结束这场在西班牙的战争。1710 年，查理大公在占领马德里之前，向阿尔梅纳拉与萨拉戈萨地区进军，击退了腓力。但是，没有多少卡斯蒂利亚人支持查理，查理军队间的交通线变得岌岌可危，于是他选择从马德里撤军。由詹姆斯·斯坦厄普伯爵指挥的军队撤退到布里韦加时，受到了敌方攻击并被迫投降。对手是由法国旺多姆公爵率领的一支人数众多的法西联军。至此，查理失去了卡斯蒂利亚。这样一来，就像当初在 1648—1652 年那样，查理在西班牙的主要据点加泰罗尼亚已无法有效抵御来自卡斯蒂利亚的进攻了。

地方舆论并非制胜的唯一要素。斗争过程本身就很重要。查理的盟军在重大战役上的接连失败，在很大程度上是由于法国的干预。而法国军队的出色发挥，部分要归功于贝里克公爵詹姆斯·菲茨詹姆斯（James Fitzjames）的军事指挥才能。他是英国国王詹姆士二世与阿拉贝拉·丘吉尔（马尔伯勒公爵一世约翰·丘吉尔的姐姐）的私生子。得益于杰出将才的领导，法国军队展示出前所未有的惊人实力。贝里克公爵运用的军事策略富有成效，而且对于部队的后勤管理也是得心应手。而在奥地利、英国与荷兰联军一方，众所周知，在更为艰苦的后勤条件与政治环境下，没有哪位英国将军具有马尔伯勒公爵那样的才干。支持查理的加泰罗尼亚继续抵抗，但在经历了一系列围城行动后还是被打败了：1711

年赫罗纳陷落，1714年巴塞罗那被占领。当时，面对势不可当的法西联军的进攻，巴塞罗那人民热情高涨，誓死抵抗。由劳动者组成的民兵守卫在城墙上，成功抵御了数次攻击。宗教信仰助长了民众的激昂情绪，连圣徒遗物都派上了用场。1715年，来自英国海军的保护罩一旦解除，马略卡就陷落了。

1711年，西班牙盟军因欠饷发生哗变，而在英军这边，阿盖尔公爵二世约翰·坎贝尔自己的军队也缺少加农炮与火药，于是他在巴塞罗那写道：

> 艰难之处难以言表。我们终于找到了贷款，这样一来这阵子能使营房里的士兵免受饥饿之苦。在我看来，情况实在是难以为继。自去年起开出的账单到现在都未支付过，此举完全毁掉了女王陛下在这里的信誉。虽然军营里的士兵仍有补给，但这并不能解决问题，因为我们的敌人已经在行动了……因此，如果仍待在营中，我们就会坐以待毙。除非资金到位，否则去年便驻扎于此的全军上下就没有各种必需品，也就无法集结应战了。在比利亚维西奥萨战役（1710年）中，所有将士都没了帐篷、辎重与装备马车。此外，负责用骡子拉火炮弹药、运送面包的承包商无论如何也不愿再为我们效力，除非我们有钱付给他们。

在后勤与财政方面，西班牙的问题比低地国家——英国曾在此展开军事行动——的问题更严重。这不仅仅是因为相较而言，西班牙贫穷、缺少食物、道路条件差，还由于英国的低地国家（荷兰）盟友有实力供养自己的军队，并为盟军的开销提供部分经济支持。这些问题使一个世纪后惠灵顿公爵的成就显得格外突出，他在保持盟军内部凝聚力、给军队提供给养与打胜仗方面都做得更好。

在这场西班牙王位继承战中，战事往往十分残酷。游击战作用显著，所带来的后果也相当骇人听闻。1707年，巴伦西亚小镇哈蒂瓦陷落时，法国人屠杀了幸存者，将教堂之外的建筑全部夷为平地。小镇被更名为圣费利佩。正是出于这一原因，如今，腓力五世的画像被倒挂在了当地的阿尔莫迪博物馆中。

腓力在战争中获胜，他因而有能力限制地方特权。1707年，阿拉贡与巴伦西亚的政治特权被取消。卡斯蒂利亚法律出台，高等法院也按照卡斯蒂利亚模式建立起来。1707年，卡斯蒂利亚税收体系被引入阿拉贡。截至1713年，阿拉贡已开始为西班牙的财政做出可观贡献了。1715年，当腓力从查理手中夺得马略卡后，他在当地建起了一座高等法院。1718年，马略卡民法被取缔。1716年，《新政敕令》禁止加泰罗尼亚政府、法院使用加泰罗尼亚语。加泰罗尼亚习俗与惯例也被一一取缔，取而代之的是卡斯蒂利亚的法律与常规做法。腓力五世打压了6所传统的加泰罗尼亚大学。1717年，腓力在塞尔韦拉新建了一座支持波旁王朝的大学。1715—1718年，巴塞罗那兴建了一座巨大的堡垒。腓力还遵照法国模式，引入了地方行政长官（中央政府的区域代理人）作为中央与地方政府之间的新纽带。中央政府由议会制管理转变为由部长管理的专门部门。

然而，这些规定在实行过程中，似乎并未作为标准加以推广，反之，地方特色得以保存下来。1711年和1716年，西班牙通过了决定：阿拉贡与巴伦西亚的民事案件（除君主介入外），无须遵照卡斯蒂利亚法律进行判决。《新政敕令》规定，在涉及家庭、财产与个人时，加泰罗尼亚法律依然适用。民法与商法依然只遵照加泰罗尼亚法律，而且直到19世纪早期，加泰罗尼亚刑法依然发挥着重要作用。在纳瓦拉与巴斯克地区，地方法律与法院依然存在，因为这些地区在之前的西班牙王位继承战争中支持腓力。此外，通常而言，地方精英有权裁定中央政府的一些方案为非法。正是因为这一权力，此后来自西班牙南部的反对势力阻挠了腓力五世之子卡洛斯三世的农业改革。

政府本身可能就派系林立，党争纷沓。例如，1766—1773 年，阿兰达伯爵佩德罗负责主持卡斯蒂利亚议会，他被视为所谓的"阿拉贡党"（Aragonese Party）的首脑。"阿拉贡党"由一群显贵要人组成。他们对当时政府内出现的过度专制倾向充满敌意。1766 年，发生在马德里的埃斯基拉切骚乱导致前总理大臣埃斯基拉切侯爵垮台。这次骚乱旨在反抗将西班牙传统长斗篷改短的举措，同时骚乱也受食品价格上涨这一社会背景的影响。这起骚乱在某种程度上是由精英阶层中的心生不满者所组织协调的。阿兰达伯爵主持恢复了往日的秩序。弗朗西斯科·戈雅目睹了这一切，旋即以绘画的艺术形式记录下了这次骚乱。

腓力五世将自身的大部分精力投入了战争，至少在 1717—1720 年，西班牙已分别与奥地利、萨伏依－皮埃蒙特、英国及法国交过手。之后，西班牙在 1733—1735 年与奥地利作战，自 1739 年其与英国交战，而它搅入奥地利王位继承战争的时间是 1741 年。此外，腓力五世的军队在 1717 年入侵萨丁尼亚，1718 年入侵西西里岛，并取得了最初的胜利。但是，1719 年，这场战争导致西班牙被入侵。结果是，法国占领了丰特拉维亚与圣塞瓦斯蒂安，而英国则攫取了维哥。与此相对，那年西班牙入侵英国的重要尝试却受到了天气的阻挠，在苏格兰登陆的一支人数较少的西班牙军队也吃了败仗。

1729 年，一个法国外交官自西班牙发来汇报说，腓力五世一直对战争有种"狂热"。他的主要目标是夺回萨丁尼亚、西西里岛、那不勒斯、旧米兰公国领地、直布罗陀海峡与比利时，这些正是在 1713—1714 年西班牙王位继承战争结束时从西班牙帝国割让出去的土地。而且，为实现这一目标，腓力重建了西班牙的陆军和海军。1713—1748 年，军舰开销上涨了 800%。不过，巨额开销带来的压力导致政府分别于 1726 年和 1739 年破产。

军队从西班牙王位继承战期间快节奏的战役中受益，也从当时与法国的联盟中有所收获。此外，结合西班牙王位继承战争的影响，新的波旁王朝需要在部队中重建恩庇网络、反思最佳的处事方式，同时王位继承战争也为上述重建与反思提供了契机。步兵所占比例有所上升。1734 年，由于西班牙从奥地利手中夺回了那不勒斯，腓力下令在卡斯蒂利亚组建一支多达 23,000 人的民兵队伍，以解除意大利常规军的兵役。这支民兵的布防范围不包括阿拉贡与纳瓦拉。陆军、海军也建立了更加有效的新型管理结构。海军重建后被整合成三个部门，总部分别设在加的斯、卡塔赫纳与费罗尔。

腓力五世的长子费尔南多六世（1746—1759 年在位）更加温和，他促成了一项和约的缔结，使意大利自 1752 年起处于和平状态。彼时，费尔南多六世同父异母的弟弟卡洛斯是那不勒斯与西西里国王。他的另一个同父异母的弟弟腓力是帕尔马公爵。之后，西班牙不再强调对意大利的控制，反之，它意在将自己的海军打造成大西洋上的一股重要军事力量。此外，西班牙还尝试改革国家财政状况与殖民政策。

费尔南多同父异母的弟弟卡洛斯在他之后继承了王位，成为卡洛斯三世（1759—1788 年在位）。卡洛斯三世比较好战，在 1762—1763 年与 1779—1783 年两度与英国交战。与之前的冲突如出一辙，战争造成了种种压力，并暴露了西班牙的弱点。1762 年，英国远征军占领了哈瓦那、马尼拉。两地在随后签署的《1763 年和约》中又被归还，然而英国从西班牙手中获得了佛罗里达。此外，失掉哈瓦那对西班牙的声望是一记重击，促使卡洛斯三世大力加强帝国的安保。

1762 年，由法国支持的西班牙对葡萄牙的入侵，由于英国的介入而受到阻碍。起初，西班牙在不堪一击、防御不严的葡萄牙要塞地区——例如米兰达、布拉干萨与查韦斯——横行霸道。西班牙的连胜迫使葡萄牙向英国发出了派遣救兵的紧急请求。英军在英吉利海峡遇到逆风，行程有所延误，不过他们最终帮助葡萄牙扭转了局面，此外，西班牙未能利用战争初期的胜利向波尔图进军也是关键的一点。在这场战役的最后一次重要军事行动中，英国军队如狂风暴雨般攻入筑有战壕的西班牙军营，给西班牙以重创。冬雨伊始，和平在即，英军实力强大，面对这些，西班牙与法国撤军了。

1779—1783 年，在美国独立战争期间，西班牙与法国以及美国的革命者结盟，在 1781 年极为成功地包围了彭萨科拉市之后，占领了西佛罗里达州。但是，西班牙长期围攻直布罗陀未果，重新占领牙买加的希望也破灭了。1779 年，西班牙与法国联合入侵英格兰南部的计划因拖延、疾病以及英国海军方面的原因而宣告破产。英国海军前后三次解除直布罗陀之围，使此处要塞得以成功抵御围攻。直布罗陀戒备森严，防御得当，赶走了进攻者。然而，1782 年梅诺卡岛却在庞大的法西联军长期围攻、英军解围失败，以及驻地内坏血病肆虐的情况下，投降了。1779 年，西班牙在中美洲夺取了圣乔治岛，这里是英国伐木业在伯利兹最重要的港口。由于黄热病造成的巨大人员伤亡，英国在 1780—1781 年远征尼加拉瓜的计划最终搁浅。1782 年，一支西班牙军队占领了巴哈马群岛上重要的新普罗维登斯岛的首都拿骚，但英国在 1783 年又夺回了该地。在《1783 年和约》中，西班牙保住了西佛罗里达州，还重获东佛罗里达州。

1775 年、1784 年，西班牙发动大规模战争，试图夺取阿尔及尔，结果惨败。这两场战争正逐渐被大众所遗忘，但它们提醒了人们宗教冲突所产生的严重后果。尽管最终在 1830 年攻下了阿尔及尔的是法国，但是这场 16—18 世纪争夺地中海西部控制权的斗争与西班牙的收复失地运动是息息相关的，更进一步而言，与 19 世纪中期摩洛哥的扩张主义也有联系。在这一背景下，军队的价值格外重要。

1775 年，西班牙在攻打阿尔及尔时，派出 21000 名士兵与一支由 44 艘军舰、350 艘运输船组成的舰队。受到恶劣天气的影响，军队的征程被耽搁了。登陆战计划不周，乱成一团。海岸上的阿尔及尔炮兵部队用重火力将西班牙军队压制在海滩上，而西班牙的加农炮则因海岸沙地的不便，而迟迟未到。截至下午 3 时左右，西班牙伤亡人数达到 2400 人，却无任何斩获。西班牙军队再次集结，重新登陆，但这造成了彻底的恐慌。最终，西班牙失掉了 9 台加农炮，大约有 3000 人被俘。1784 年，一队阿尔及尔战舰挫败了西班牙人的登岸企图。阿尔及尔甚至能够派遣私掠船攻击地中海北部海岸。与此相对的是，1792 年，西班牙人撤出了他们最后的据点 —— 奥兰。后来，1830 年被法国攻占的一些地区变更为了阿尔及利亚，而奥兰也在其中。

社会文化背景

在西班牙王位继承战争之后，社会逐渐恢复元气，进而有了发展。事实上，社会恢复和发展的速度比 20 世纪 40 年代西班牙内战后的要快得多。最明显的是在人口增长方面。与此同时，与西班牙历史上的大多数情况一样，这一阶段多样性的特征十分明显。因此，虽然在 1770 年后西班牙人口增长速度加快，但是在 18 世纪的大部分时间，人口的增长主要见于国土边缘与临海省份（例如巴伦西亚），而非相对贫穷的梅塞塔高原农业中心区。在梅塞塔地区，盈余的粮食量依然十分有限。

疾病也是一个重要问题。此外，疾病种类也增多了。1730年，一支来自西印度群岛的中队将欧洲首例黄热病带到了加的斯。然而，进步也是有的。自1771年起，国家之友巴斯克学会（the Basque Society of Friends of the Country）就开始为预防天花接种而四处游说。此外，疾病虽然对18世纪90年代的人口增长造成了一定影响，但未能阻挡整个18世纪的人口增长趋势。而且，在由疾病与粮食歉收所导致的全欧洲范围的生存危机中，尤其是在1740—1742年以及1816年，西班牙成功避免了严重的人口死亡高峰。

与此同时，普遍存在的人口增长迫使家中次子与更加贫穷的佃农放弃了成为自耕农的梦想。例如，在意大利南部，以及加泰罗尼亚、马略卡与西班牙南部，人口普遍增长导致零工人数增多，而零工是劳动人口中最易遭受经济重创的群体。人口增加也导致了农村贫困化程度加深。同样是在意大利南部，人口的增加致使人们更专注于谷物生产，尤其是小麦种植。当时，一般来说，人们没有足够精力用于动物养殖，而动物正是肥料的主要来源，鉴于此，农业生产率进一步受到了影响。人口增长带来的诸多问题普遍存在：在城镇中，随着来自贫困农村地区的人迁入，失业与行乞问题愈演愈烈。去西班牙城市旅行的人常对那里乞丐的数量说长道短，大量的乞丐对北欧人的冒犯尤为严重。

生活的艰辛蔓延到了人与兽的对抗中。这种冲突感不仅来自现实生活中的野兽（尤其是狼），还源于虚构的怪兽。普拉多美术馆收藏着一幅由胡安·安东尼奥·德·弗里亚斯·伊·埃斯卡兰特（1630—1670年）创作的栩栩如生的画作《安德罗墨达与怪物》。1718年，在萨拉戈萨附近，有人声称看到了公牛大小的野兽，头似狼，长尾，还长着三根尖角。女巫与其他魔鬼的仆从是邪恶社会的一部分，这个邪恶社会在黑暗之中尤其吓人。人们可以通过戈雅后期的恐怖画作窥见这些魑魅魍魉。

事实上，在一个本质上动荡不安、充满威胁的世界中，对上帝的信仰是人们寻求稳定的重要方式。那些强调现世稍纵即逝，富人面临着重重精神危机的虔信手册、宗教宣传单与布道在当时十分流行，一再重版。圣骨盒、祈祷文、游行与鸣钟都是人们试图获得上帝青睐的方式。

人们通过因果报应来理解充满敌意的生存环境。大众觉得，善行可以使自己获得赦免，无论这种赦免是以宗教仪式的形式实现，还是通过满足神秘的精神世界需求的方式获得。上帝的世界与魔鬼的世界斗争不断，正如 5 世纪时圣奥古斯丁在《上帝之城》中所说的那样。上帝的胜利是克劳迪奥·科埃略（1642—1693 年）与米盖尔·梅伦德斯（1679—1734 年）画作的主题，这些作品现藏于普拉多美术馆。上帝与魔鬼的冲突极为有力地鼓动了当时修建教堂与信奉宗教的热潮。

尽管一些人相信人类进步的可能性，但当时大多数人生活在动荡不安之中。他们对未来充满恐惧，同时也缺乏雄心壮志。这种普遍的保守主义极大地阻碍了政府的革新计划，同时也使得国家政治看似非常微不足道。相反，对大多数人来说，政治实际上局限于当地的一方水土之中。

农业

农业是经济的支柱，收成是个人与集体财富的关键。生产率低下是一个关键的问题，而且会给生活水平带来压力。西班牙的应对之策是内部殖民：不管是通过挖水渠、伐树林还是移石块的方式扩大耕地，在本质上都是劳动密集型活动的产物，而且有利于提高生产率，尽管折算到每公顷耕地上，生产率并未提高多少。

相对而言，加泰罗尼亚地区的农业发展尤为显著。保有土地至关重要，当地许多良田为耕者所有，而他们直接受益于生产率的提高，因此，继承家庭农场的农业人口的代代延续促进了加泰罗尼亚农业的发展。这与西班牙大范围分布的大庄园式农业形成了鲜明对比。在加泰罗尼亚，正如在英格兰与低地国家一样，诸如三叶草、油菜籽与芜菁之类的饲料作物广泛传播，有助于消除休耕的影响，提高农村经济体养殖动物的能力。这些动物是重要的肥料来源，同时也是有价值的资本。因为，数百年间，动物都是经济中最重要的"经济作物"。在可转换的，或曰"变化的"畜牧业中，土地在草场与耕地之间轮流转变。这种畜牧业形式的普及带来了产量的增加。加泰罗尼亚也产葡萄酒与白兰地。

事实证明，在西班牙，提出经济改革方案容易，执行起来却困难得多。如此一来，西班牙农业依然相当传统，也就不足为奇了。其中一个典型的例子就是梅斯塔的羊群在秋天从西班牙中部开阔的夏季草场动身前往低地地区。这场欧洲范围内规模最大的动物迁移，令堂吉诃德迷惑不解。此外，大多数地区的农业发展水平仍只够人们维生而已，农业进步的普及程度十分有限，而且在整合潜在的需求与供应上也做得不够。农业存在许多结构性问题。例如，家畜数量普遍不足，意味着人往往会劳作至精疲力竭；羸弱的牲畜拉着粗制滥造的犁具耕出的苗床效果差强人意；人们不得不亲手拔除杂草；由于农业产量无法满足需求增速，食品价格上涨、营养不良普遍存在。然而，这些问题很少成为画家笔下的主题，现藏于马德里普拉多博物馆中的《夏日寓言》便可证明这一点。马利亚诺·萨尔瓦多·马埃里（1739—1819 年）在这幅画中描绘了一幅引人入胜的收获景象。捕鱼业也伴随着许多艰辛的体力劳动。与此同时，比斯开湾海岸上重要的捕鲸业与鳕鱼渔业有助于人们理解包括毕尔巴鄂在内的港口的繁荣。

工业

由于人们主要将钱用于购买食物，所以手工艺品与工业制品的市场就很有限。此外，大多数产业工业化的程度不高。产品通常销往当地市场，人们的创新能力也不足。一般而言，无论是用机器生产还是以手工制作，工场总是很少，专业化程度也很低。人们对于创造发明普遍不感兴趣。在蒸汽动力的使用上，西班牙远不及英格兰，而且也无意像法国那样试图发展蒸汽动力。西班牙缺乏优质煤源，限制了其蒸汽动力的使用。

国内市场疲软、资本不足、交通设施匮乏、技术落后以及外国竞争激烈均束缚了西班牙工业的发展。从法国将棉布出口到西班牙国内与西班牙殖民地的例子中，我们可以管窥外国贸易竞争之激烈。鉴于此，西班牙政府的主要对策就是限制外国商品的进口。因此，1719年，法律规定军服只能用西班牙本国布料制作。1757年，西班牙禁止进口热那亚纸张与丝绸制品。1786年，由于西班牙的进口禁令，法国南部城市尼姆的长筒丝袜产业陷入萧条。西班牙的自由贸易难觅踪迹。《商业与海事的理论与实践》（1724年出版于马德里）一书的作者杰罗尼莫·德·乌斯塔里兹（Gerônimo de Uztâriz）仰慕路易十四的海军国务大臣让－巴普蒂斯特·柯尔贝尔，因为柯尔贝尔积极倡导国家层面的活动。乌斯塔里兹强调，动用政府力量让西班牙在经济增长竞赛中赶上对手是必要的。他认为海外贸易是国家发展的关键。

坎波马内斯伯爵佩德罗·罗德里格斯（Pedro Rodríguez, 1723—

1802 年）是出生在阿斯图里亚斯的律师和经济学家。18 世纪 70 年代，他大声疾呼国家应支持工业活动。同时，他在 1783—1791 年负责主持了卡斯蒂利亚议会。他支持国家之友经济学会。

尽管坎波马内斯伯爵的许多计划均以失败告终，不过在 18 世纪最后几十年间，包买商制度（putting-out system）仍在西班牙推广开来。工人在农舍中开展了一些工业生产。同时，依赖雇工的新型工业生产方式也开始出现。但是，技术转化仍然是选择性的，而且变化发生得很缓慢。在当时的西班牙，不论是基于蒸汽动力、工厂还是其他因素，英国式的工业革命均未发生。尽管如此，加泰罗尼亚白棉布（人称印花布）仍在新大陆开拓出了重要的市场。此外，西班牙在烟草生产上也成了先驱，还建起了壮观的国有烟草工厂，尤其是塞维利亚的国有烟草工厂。如今，人们在参观塞维利亚大学时，还可以看到已经融为大学一部分的烟草工厂。

基础设施

交通运输与工业发展的情况相似。交通发展有限，但也存在偶发性的改革。交通设施匮乏，极大地放大了空间距离的影响，也给经济带来了沉重负担。事实上，人们对现状的担忧促成了改革计划的提出。腓力五世在位时，开始打造一个星形的马车路网络，从马德里出发，向西班牙的各个海岸辐射开去。修建这些道路是为了巩固中央集权，带来经济效益。政治与经济之间的联系可被视为西班牙政策的一贯特色，这在当今社会也并不鲜见。腓力五世的政策在某种程度上有利于市场一体化，这个进程在 17 世纪末已悄然开始。

为发展西班牙中部的工业活动，卡洛斯三世政府计划修建一系列的运河，将中部与大海连接起来，从而克服地理对经济产生的离心作用。18世纪80年代，人们沿着埃布罗河修建了阿拉贡运河，促进了埃布罗河上游河谷地区工业活动的发展。但是，总体而言，交通设施依然匮乏且拖累了经济发展，而且与法国、英国相比，差距尤为明显。西班牙的情形与意大利南部极为相似。

西班牙财政方面的基础设施也十分薄弱。1749年，西班牙政府计划成立一家普通银行，负责全欧洲汇兑许可证交易，但却遇到了麻烦：商人愿意从银行借贷，但不愿为汇兑许可证埋单。此举使普遍存在的西班牙钱币出口困境进一步恶化。西班牙与法国的贸易逆差使得图卢兹等法国城镇成了西班牙货币交易的重要中心。而更为乐观的一方面是，自1770年起，获得皇家领地地理学家头衔的托马斯·洛佩斯·德·瓦加斯·马舒卡（Tomás López de Vargas Machuca）彻底改变了西班牙的地图绘制。

贵族阶层

西班牙依然是一个由贵族统治的社会，但大多数贵族仍一贫如洗。国家采取措施限制贵族人数，导致这一阶层数量锐减，从1768年的722000人下降到1797年的400000人（占总人口的4%）。1773年，贫穷的西班牙下级贵族接到命令从事体力劳动，但这并不是对现存贵族阶层所进行的攻击。除费尔南多六世外，西班牙国王均计划将相当多的人擢升为高级别贵族，同时，很少有人成为新的下级贵族。阿斯图里亚斯作家、政府官员、《农业法报告》（1795年）的作者加斯帕·梅尔乔·德·霍韦亚诺斯（Gaspar Melchor de Jovellanos，1744—1811 年）迫切要求进行农业改革，尤其是拆分大庄园以及进行教堂私有地的世俗化。同时，他希望贵族阶层能够转变为官僚精英。最后一项也是俄国的彼得大帝的目标。

然而，西班牙贵族觉得，他们没有理由改变自己命中注定的角色。贵族特权依然强大。封建领主司法也没有被取缔，一如 1790 年的葡萄牙。此外，封建制度的重担并不是均衡地分布在每个人身上的。封建社会中巴伦西亚农奴的处境尤为恶劣。与这种不平衡的状况相比，西班牙的其他一些方面可谓取得了相当大的进步。

城镇

较之于贵族，城镇的影响力与特权可能会受到打击。在对巴塞罗那的围攻取得胜利之后，腓力五世没收了该市所有的财政收入并限制了该市特权。直至今日，加泰罗尼亚的分裂分子仍对此事耿耿于怀。对西班牙城镇整体而言，由于腓力在西班牙王位继承战争之后起用了代表王权的地方行政长官，市政的自主权就减弱了。1766 年，控制着洛尔卡许多市政职位的该地精英反对总督贯彻王室改革。为驱逐总督，夺取政权，他们还利用并加深了民众对谷物价格的担忧。对此，政府予以果断而坚决的打压。

城镇力图控制乡村地区的经济，这可能给乡村带来严重问题。1761年，耶稣会修士佩德罗·德·卡拉塔尤德（Pedro de Calatayud）抨击毕尔巴鄂商人在购买羊毛用于出口时，对农村小牧羊主进行了剥削，迫使小牧羊主签下了高利贷合同。事实上，他批评的是所有商人。

在当时的西班牙，全社会都相当抵制政府实行改革计划。1783 年，卡洛斯三世发布法令称工匠同样适合担任市政职务，他们的职业是"诚实、高尚的"。国家对传统荣誉等级制度的调整收效甚微，市政府依然由地主操控。1781—1794 年，奥尔切的市政部门公然违抗了选举制造商担任公职的圣旨。

相较于 16 世纪、17 世纪，以及随后的 19 世纪与 20 世纪，在 18 世纪，城市社会秩序没有那么动荡不安。然而，1766 年马德里的缺粮骚动仍被朝臣利用，他们急于推翻主张改革的大臣。

社会问题

人口增长使诸多社会问题更加严重。收容乞丐与流浪汉的感化院在 1750 年后激增。这些感化院的资金源于宗教协会的捐赠。截至 1798 年，已有 25 个城镇建有感化院。但是，感化院的数量仍然不足，而且其中的大多数缺乏推进扶贫项目所必需的足量财政资源。

卡洛斯三世急于寻找解决之策。1775 年，通过征兵制，他强制规定 17—26 岁的男性无业游民服兵役。那些在大街上睡觉、被父母斥责为懒散的年轻人以及放着本职工作不做的工匠都在服兵役之列。但是，加泰罗尼亚与巴斯克两省享有地区兵役免除权，因为当地有民兵。与此同时，西班牙还颁布了针对吉卜赛人、流动推销商，以及所有无明显生计者的法令。1774 年，卡洛斯三世下令在加利西亚、阿斯图里亚斯建立学校，教人在家纺织亚麻。1786 年，一道一般法令规定，西班牙王国内所有城镇与村庄应设立纺织学校。人们并未采用节省人力的机器。

宗教

宗教身份依然至关重要。1732年占领奥兰之后，英国使者汇报说："几乎所有西班牙人都觉得，只要这次战胜了（摩尔人），自己在救赎之路上就成功了一半。"

宗教裁判所针对的是新教徒、所谓的犹太人与秘密的摩尔人。18世纪20年代，在格拉纳达有250人被宗教裁判所判为秘密的摩尔人。然而，腓力五世并未在宗教裁判所遇到经济困难时伸出援手，而且这个机构自18世纪中期起就日益显得冗余。

天主教会影响依然巨大。在卡斯蒂利亚，教会拥有大约七分之一的牧场与农田。农产品价格与农田租金的上涨均使神职人员的财富居高不下。没有什么能够妨碍法国出现的日益加深的宗教宽容与去基督教化在西班牙境内上演。然而，西班牙仍效仿葡萄牙与法国，在1767年驱逐了耶稣会修士，因为正是他们造成了前一年的马德里骚乱。

神职人员担任政府要职的传统由来已久。1700—1751年，负责主持卡斯蒂利亚政府事务的12人中，有9位是神职人员，而阿拉贡与加泰罗尼亚在18世纪都出现过由神职人员担任总督的情况。然而，政府对教会的控制有所加强。教皇本笃十四世于1753年签订的协议使费尔南多六世对教会拥有了更多的控制权。卡洛斯三世迫使教团成员臣服于自己的权威，创办了西班牙宗教委员会，正如1783年的天主教加尔都西会教士那样。西班牙还尝试减少修士人数。僧侣与修士对西班牙来说尤为重要，这是由教区结构的陈腐以及大量堂区在职神职人员的匮乏所造成的。

当时，有人倡导世俗化教育。而且，1766年，坎波马内斯提出了一项大学整体改革计划。除大学内部的多项改革外，西班牙在1771年还发布了一项针对萨拉曼卡大学学科的新方案。政府开始直接干预学校内部管理中的诸多事务。

尽管特伦托会议（1545—1563 年）要求每位主教建立一座神学院，但是西班牙的情况仍不尽如人意。然而，在 1766 年卡洛斯三世发布的改革命令的要求下，西班牙建立了新的神学院，整改了已建成的神学院。虽然在 1747 年西班牙就有 28 所神学院，但 50 年后又新建了 18 所。

1765 年，瑞典使者古斯塔夫·菲利普·克雷伊茨（Gustaf Philip Creutz）观察道："比利牛斯山成了横亘在西班牙与文明世界之间最明显的屏障。从我来到此地起（1763 年），我就觉得这里的人仿佛落后了一千年。"这种刻薄的观点几乎完全否定了卡洛斯三世的努力。实际上，在接下来的几十年间，西班牙国内与政府官员相关的世俗知识活动明显增加了，坎波马内斯与霍韦亚诺斯等官员就是例证。然而，西班牙缺乏有教养的大众读者群体，也没有法国那么多的非官方文化机构。此外，与法国、德国的神职人员相比，西班牙教会对新思想满怀敌意。一些西班牙传教士中的领袖仍强烈谴责新思想。

教会对文化事务影响巨大。宗教裁判所积极致力于阻止有伤风化的作品流通，尤其是法国书籍。此外，神职人员成功地在马德里以外地区限制了剧院的扩张。1706 年、1731 年格拉纳达与塞维利亚地区分别禁止戏剧演出。此外，神职人员在 18 世纪中叶提出的种种禁令遭到了人们的指责，包括禁止女演员穿裤子的规定。

教会也是主要的艺术赞助者。弗朗西斯科·戈雅（1746—1828 年）便因作品《基督在十字架上》（1780 年）而进入了圣费尔南多美术学院。如今，这幅给人留下深刻印象的画作收藏于普拉多美术馆内，尽管根据现代的审美偏好，它不如戈雅的非宗教题材作品那般引人入胜。在当时，宗教主题作品的价值更受人认可。例如，宗教文献的印刷对西班牙出版业而言一直意义重大。坎波马内斯曾试图通过印刷出版来传播新作品，尤其是经济与科技上的进步思想，但是这些出版物的流通范围并不广。任何社会阶层的读者都更爱阅读年鉴。

弗朗西斯科·德·戈雅

戈雅是一名相当活跃的画家，他的创作风格与创作主题的变化巨大，从18世纪60年代的晚期洛可可风格到19世纪初的浪漫主义风格，后又演变为后期作品中的阴暗沉郁。戈雅的父亲是一位熟练的镀金工。戈雅在萨拉戈萨接受了教育，1774—1792年在马德里为皇宫壁毯绘制大幅油画。自18世纪80年代起，他在肖像画上取得了成功。1786年，他还被任命为宫廷画师。自18世纪90年代中期起，随着社会评论与讽刺画的流行，戈雅的创作内容也变得更加广泛，其画作常常描绘巫术与疯癫状态。与此同时，他依然绘制了不少宗教画与肖像画。1814年，戈雅以1808年5月的起义为主题，绘制了两幅伟大的作品。绘制这两幅画的部分原因是给自己在法国占领西班牙期间的行为进行辩护。如今，它们都被收藏在普拉多美术馆内。他绘制的82幅版画的合集《战争的灾难》（1810—1820年）是半岛战争的产物。由于1823年宪政主义的压迫，戈雅在1824年离开了西班牙，后来死于法国波尔多。他是一个精力充沛、富于创造力的画家。人们可以在普拉多美术馆看到许多戈雅的作品，其他地方，例如桑坦德美术馆，也藏有戈雅的画作。戈雅由早期绘画大师变为现代主义先驱的轨迹格外引人关注。

科学的发展备受阻碍。迭戈·德·托雷斯·比利亚罗埃尔（Diego de Torres Villarroel，1694—1770年）自1726年起担任萨拉曼卡大学的数学教授。1770 年，坎波马内斯批评道："他认为他的职责就是编写年鉴与预言。"托雷斯自 1719 年起就从事年鉴与预言的写作，且对魔法与超自然现象兴趣深厚。他还为星象学的价值辩护。托雷斯将自己的数学与天文学知识用于年鉴写作，同时也用这些知识反驳其他自然科学教育。托雷斯否认现代医学的价值，支持传统学说，认为人体是由四种体液构成的。

相对地，医生加斯帕·卡萨尔（Gaspar Casal，1679—1770 年）将现代的、实证的、症状性的疾病概念引入了西班牙。他用这种方法来描述糙皮病，将它与疥疮及麻网病区别开来。此外，成立于 1734 年的马德里医学院致力于通过观察与经验研究医药、手术。卡洛斯三世在马德里建立了一座皇家植物园，并自 1777 年起，派遣科学远征队前往西属美洲地区，寻找具有药用价值和经济价值的植物。这是西班牙长期以来试图理解、利用帝国天然产物的过程中的一环。

文化

巴洛克式主题依然具有重要影响力，尤其是在 18 世纪头几十年里。由于安达卢西亚式巴洛克风格的影响，许多建筑物都有波浪式的立面。人们也可以在其他地方看到建有扭形柱的巴洛克立面，例如巴伦西亚圣母马利亚大教堂。意大利建筑师贡献突出，如费利佩·尤瓦拉在马德里设计建造了新古典主义皇宫。这座宫殿取代了 1734 年被焚毁的哈布斯堡王宫。为腓力五世设计的花园，例如拉格兰哈宫花园，同样展示了巴洛克式风格的影响。

18 世纪下半叶，西班牙与欧洲其他地区一样，开始重视新古典主义风格。文图拉·罗德里格斯（Ventura Rodríguez）与胡安·德·维拉努埃瓦（Juan de Villanueva）的作品均遵循此风格，尤其是前者设计的潘普洛纳大教堂立面。在绘画领域，西班牙受到了鲜明的意大利风格之影响。此外，如欧洲其他地方一样，西班牙文化中的异国风格被内化为了独特的民族特色。

西班牙统治下的美洲

18世纪频繁的战争未能给西班牙带来多少好处。但至少，西班牙保全了帝国的大部分疆域。事实上，它也因这种整体性而受益。委内瑞拉出口的可可、烟草、棉花、咖啡、糖与靛蓝，拉普拉塔河河口地区出口的兽皮，古巴出口的烟草、糖与兽皮，墨西哥出口的糖、染料、可可，特别是白银，均为帝国带来了丰厚收益。墨西哥银矿的工作环境十分严峻。1717年，加的斯成为与新大陆进行贸易往来的唯一港口，实现了垄断。

此外，拉丁美洲内部的商业网也发达起来，尤其是食品与纺织品交易网络，这也促进了经济专门化。但是，拉丁美洲内部商业的发展会对商品销往西班牙的主流趋势构成挑战。拉丁美洲经济的活力对当地社会结构产生了影响，尤其是促进了地方精英阶层的崛起。他们将在争取独立的运动中发挥重要作用。

与此同时，西班牙与世界上其他地区一样，存在着阻碍经济发展的巨大壁垒。其中就包括大众可支配收入匮乏以及环境方面的限制性因素，特别是交通不便，以及固有的保守主义。这种保守主义倾向会与社会改革牵引力的缺失相互作用。在交通方面，西班牙境内河流的河面上一般没有架桥，而浅滩与渡轮又易受到春季洪水的影响。

自 16 世纪起，随着欧洲移民与非洲奴隶来到美洲，加之疾病的影响，印第安人人口规模相对减少。在墨西哥中部，1646 年，印第安人占总人口的比重为 87.2%，而西班牙人达到 8%，其中既包括西班牙移民，又包括出生在墨西哥的西班牙人。梅斯蒂索人（混血儿）占 1.1%，巴多人（完全或部分为黑人）占 3.7%。与 16 世纪 60 年代相比，除印第安人外，每个人种所占的比例均有所上升，尤其是梅斯蒂索人。这一趋势延续了下去。到了 18 世纪 40 年代中期，印第安人占总人口的比重为 74%，而西班牙人为 9%。就墨西哥整体而言，1810 年，据推算人口为 6121000，其中 3676000 人为印第安人，西班牙人数量为 1107000，梅斯蒂索人数量为 704000，巴多人数量是 634000。就西属美洲整体而言，1800 年，据推算总人口为 1690 万，其中 750 万为印第安人，610 万是梅斯蒂索人或巴多人，330 万为西班牙人。这些数据易受质疑，不仅仅是在计数方面。由于没有考虑跨种族结合的程度与影响，种群分类也存在问题。许多被列为西班牙人的人体内还流淌着一些印第安人的血液。巴多人的情况也是如此。

提到西班牙，特别是在 1000—1609 年，殖民人口的种族构成变化很大。这对于塑造某些殖民地与领地的特性和文化而言至关重要。例如，相较于中美洲或新格拉纳达（现在的哥伦比亚与厄瓜多尔），墨西哥中部与秘鲁地区的西班牙人所占人口比例更高。在那时，种族构成的动态变化对社会结构与人的观念均产生了影响。对于日益增多的混血儿而言，外貌决定了所受的待遇，这在一些殖民地尤为突出。那些具有欧洲人面孔的人比看起来像非洲人或印第安人的群体更易受到优待。这种现象被称为肤色政治主义，由此衍生出了对一些种族结合的特别产物的称呼，例如，卡斯蒂索人是西班牙男人与梅斯蒂索（西班牙与印第安人混血儿）

女人的孩子。

半岛贵族（西班牙本土人）与克里奥尔人（出生在美洲大陆的西班牙人）之间的长期矛盾被卡洛斯三世的改革所激化。改革主要意在加强中央集权，增强安防，增加财政收入。这些改革常常无视克里奥尔人的经济和政治抱负，让半岛贵族担任主要的高级官员职务。政府重组产生了新的领土分区。1739 年、1776 年，西班牙先后建立了新格拉纳达与拉普拉塔河总督区，其行政中心分别设在波哥大与布宜诺斯艾利斯。新格拉纳达的设立加强了西班牙对南美洲西北部地区的控制。以往，西班牙很难从遥远的行政中心——墨西哥城与利马对这一地区实行有效的管理。拉普拉塔河总督区的设立，反映了该流域日益重要的经济地位。自 1778 年起，拉普拉塔河流域获准直接与西班牙交易，这也是西班牙针对葡萄牙在巴西的扩张主义所采取的对策。此后，葡萄牙与西班牙经常在该区打打停停。

尽管拉丁美洲独立战争在很大程度上源于 1808 年拿破仑对西班牙的占领，但是分裂主义的情绪早在 18 世纪时已开始在西属美洲酝酿。菲律宾并未出现这种状况，在那里定居的西班牙人要少得多。菲律宾与其他西属殖民地的差异在很大程度上是由气候、菲律宾缺乏黄金，以及帝国将重心放在了美洲大陆多重因素所导致的。

扬帆太平洋

在一百多年有限的探索活动之后，18 世纪末，西班牙对太平洋的探索再度兴起。西班牙人对英国、俄国在北美洲西北海岸的行动感到忧心忡忡，而早期试图封锁消息的政策早已失效。1790 年，在努特卡湾危机中，英国与西班牙险些兵戎相见，起因是西班牙试图践行之前宣称的对该海岸的贸易垄断权。

法国最初支持西班牙，但由于法国大革命所引发的日益严重的危机，法国撤出了，最终导致西班牙与英国达成和解。西班牙的探索也反映出卡洛斯三世壮大帝国的决心。1775年，布鲁诺·德·埃塞塔在一次航海探索中发现了哥伦比亚河河口。由于河道问题以及当地印第安人的敌意，18世纪90年代，西班牙未能在那里建立定居点，也无法进一步向上游挺进。18世纪90年代初的一些其他远征活动也表明，自大西洋经太平洋通往美洲大陆北部的西北向适航航道尚不存在。

1782—1784年、1790—1793年，亚历杭德罗·马拉斯皮纳（Alejandro Malaspina）两次跨越太平洋，并在太平洋周边地区的更大范围内航行，彰显出了西班牙对航海发现的旺盛精力，但这些活动却因法国大革命戛然而止。亚历杭德罗死于1810年，他的远征大多被人遗忘。同样，18世纪70年代，西班牙修士曾探索了美洲大片地区，即如今的亚利桑那州、科罗拉多州与犹他州。

第八章

拿破仑战争：被支配的恐惧

被侵略的厄运，将再一次笼罩西班牙。

1788 年，卡洛斯三世去世后，其子卡洛斯四世（1788—1808 年在位）继位。没有迹象表明在接下来的 40 年间西班牙将经历翻天覆地的变化，然而变化程度之巨，除 710—719 年的变革外，无能出其右者。

波旁王朝的秩序与教会不可撼动的地位即将被战争一扫而光，这无异于重写西班牙历史。被侵略的厄运，将再一次笼罩西班牙。这次侵略并不像人们所看到的第一次侵略那样。1793 年，西班牙加入了一个强大的反法联盟，与大多数欧洲国家一道对抗法国大革命。但是，这个联盟命途多舛，西班牙与其盟国皆深受其害。起初，西班牙入侵了鲁西永并取得节节胜利，但未能攻陷佩皮尼昂。反倒在 1794 年，法国将西班牙赶出了鲁西永，并乘势攻入了加泰罗尼亚，取得了黑山战役的胜利。法国乘胜追击，包围了罗塞斯，并于 1795 年攻陷该城。在比利牛斯山西部，自 1794 年起，法军捷报频传，先后占领了圣塞瓦斯蒂安（1794 年）与毕尔巴鄂（1795 年）。法军夺取了食物，又摧毁了工厂。西班牙政府担心巴斯克地区倒戈，害怕当地人会宣誓效忠法国，以换取法国对巴斯克传统法律与天主教信仰的认可。1794 年，西班牙也确实就此与法国展开交涉。西班牙接受了《巴塞尔和约》（1795 年）中的条款，然后根据《第二次圣伊尔德丰索条约》（1796 年）的规定，与法国一道对抗英国。

然而，这次参战使西班牙本土及帝国其他地区暴露于英国海军的威力之下。1797 年，西班牙舰队在圣维森特角战役中败北。也是在这次战役中，英国海军将领纳尔逊脱颖而出。与此同时，特立尼达岛不敌英国攻击而陷落。英国对大西洋两岸贸易的封锁严重打击了反英政府的财政，导致后者债台高筑，不断借贷。1802 年根据《亚眠条约》的规定，特立尼达岛被割让给英国。然而，和平稍纵即逝。1804 年，灾难性的战争再度席卷而来，其中，最为惨烈的当属法国与西班牙的联合舰队在特拉法尔加海角险被英军全歼（1805 年）。不过，1807 年，英国攻打布宜诺斯艾利斯，最终铩羽而归。

在西班牙国内，尤其是在 1803—1804 年，农作物歉收导致食品价格上涨，人民营养不良，骚乱四起。1807 年，西班牙与法国一道，成功入侵英国的盟友葡萄牙的领土。西班牙王室内部，卡洛斯四世与其子费尔南多之间的嫌隙尽人皆知，通过出版物而广为人知。费尔南多获得了上层贵族与教会的大力支持。王室内斗最终在 1808 年以"阿兰胡埃斯骚乱"（Tumult of Aranjuez）的形式收场。费尔南多在这次宫廷政变中取代了不受欢迎的卡洛斯四世，成为费尔南多七世。他还驱逐了卡洛斯遭人嫌恶的首相曼努埃尔·戈多伊（Manuel Godoy）。但随后，拿破仑迫使卡洛斯四世与费尔南多七世在巴约讷与他会面，并胁迫二人将王位传给自己。拿破仑又封他的哥哥约瑟夫·波拿巴为西班牙国王约瑟夫一世（1808—1813 年在位），结果招致以费尔南多之名发起的起义，其中以马德里的反抗尤为激烈。这就是如今人们所说的西班牙独立战争的开始。

这次起义利用了从自由主义到保守主义的各种信仰与倾向，但其后秉持着一个共同的信念：反对法国势力的干涉。事实上，西班牙民族身份的界定在很大程度上就是在与法国的对抗中逐渐清晰起来的。各省军政府在夺权时都将民愤对准了法国，这提供了一种缓解政治和社会矛盾的方式。如此一来，在不需要做什么便能加入起义军的情况下，起义者要获取支持就变得十分容易了。

反抗法国的起义军既非抢夺财物的强盗，也不仅仅是为君主、教会与国家而战的爱国者，但这两方面的确构成了一定的动机。就像纳瓦拉地区的情况一样，起义军是由拥有土地的农民组成的，他们为自己的利益而战，整个社会与他们同仇敌忾。拿破仑统治下的法国取消了纳瓦拉的特权，还试图推进社会改革，再加上法国人的巧取豪夺，所有这一切都引起了西班牙社会极大的敌意，而这正是法国侵略者强加在西班牙身上的敌意。与此同时，一如往昔，地理肌理深深印刻在了西班牙政治之中。纳瓦拉北部以拥有土地的农民居多，但是纳瓦拉省南部地区则有更多的零工，社会关系也不那么和谐，人们对教会怨声载道。于是相较纳瓦拉南部，反对拿破仑的声音在纳瓦拉北部地区更加响亮。

此外，时间维度也很重要。随着战事的推进，人们需要付出更多努力，战斗也日趋艰难。因此，人们对抗战的批评也多了起来。一方面，许多人不愿打仗，逃兵显著增多。在此基础之上，出现了盗匪劫掠与游击活动。事实上，这一时期的骚乱比单纯的反法斗争更加突出。这场骚乱预示着政治、社会体系的部分瓦解。另一方面，这次骚乱既反映了政府的衰弱，又进一步加速了政府的垮台。由此，骚乱确保了在强制力的作用下建立起来的新秩序，反过来又会被这种推动其产生的强力所克制。由于局面难以预料，实现这个目标并非易事。

起先，1808 年 7 月 16 日—19 日，法国在拜伦战役中吃了败仗，约有 1.8 万名士兵向西班牙军队投降。之前，西班牙军方在安达卢西亚集结，力挫暴露无遗、指挥不力的法国军队。这是拿破仑军队在战场上的首次失败。随后，西班牙境内的法国军队撤到了埃布罗河附近。

然而，11 月，拿破仑率领大部队卷土重来，重新占领了马德里。12 月，西班牙对位于巴塞罗那的法军驻地的包围也被解除了。最高中央治理军政府（The Supreme Central and Governing Junta），即反抗法国统治的西班牙政府首脑，先是退至塞维利亚，后来又撤到加的斯——在那里他们能得到英国战舰的策应。西班牙国内的英军则撤退到了拉科鲁尼亚，并从那里撤离。

约翰·摩尔爵士：英勇的失败

如今，比斯开湾最知名的港口就是桑坦德，这是英国从朴茨茅斯至普利茅斯的渡船的目的地。排在桑坦德之后的便是以美术馆闻名于世的毕尔巴鄂。相较之下，19世纪，比斯开湾最著名的港口是科伦纳，1809年那场史诗般的大撤退正是在此地发生。

1808年秋，由约翰·摩尔爵士指挥的驻葡萄牙英军接到命令，驰援刚与法国开战的西班牙政府。11月11日，摩尔的军队进入西班牙，两日后抵达萨拉曼卡。因为没有看到西班牙之前许诺的接应部队，摩尔下令撤退，结果又收到西班牙紧急求救的信号。他不得不仓促命令部队继续前进，以破坏法国的交通线。尽管一支法国骑兵队在萨阿贡被击败，但听闻法军实力后的摩尔仍决定撤退。由于拿破仑坐镇马德里，法军会威胁到摩尔与葡萄牙的联系，于是摩尔被迫向科伦纳港口撤退。在这一过程中，摩尔需要面对冬季恶劣的环境以及势不可当的法军。英军撤退时，先头部队纪律涣散，溃不成军，但是训练有素的后方部队保持了队形并抵挡住了追击的法军。

1809年1月1日，拿破仑放弃了追击，并将后续工作交给了在科伦纳港的登船口追赶上了英军的尼古拉斯·让·德迪乌·苏尔特元帅。1月16日，英军击退法军。苏尔特所率军队人数并没有比摩尔的多多少，而且那里的地形也限制了法国骑兵的发挥。摩尔处于守势，防备着苏尔特的一举一动，从容应对着敌军预备军的拦截。

次日，英军成功撤离。但是，摩尔在之前的战斗中牺牲，这使他成了一位英雄人物。查尔斯·沃尔夫所作的《约翰·摩尔爵士的葬礼》一诗以"没有一声战鼓"开篇，是19世纪文学与英语教学的经典之作。摩尔被葬于科伦纳。

西班牙陆军与非正规军因装备不良、补给不足、训练不力，屡屡败于法军之手，1809年11月的奥卡尼亚战役便是典型例证。西班牙向马德里进军的意图引发了这次战争。虽然名义上的指挥官是已成为国王的约瑟夫一世，但实际上，指挥着人数较少的法军的是苏尔特元帅。法国仰仗强大的火炮赢得了骑兵战，西班牙步兵被击溃。法军伤亡2000人，西班牙伤亡18000人，14000人被俘。随后，法国借助阿尔瓦－德托梅斯（Alba de Tormes）大捷，入侵安达卢西亚。惠灵顿公爵对西班牙军队的屡次受挫与法军的节节胜利感到失望透顶。法国在1810年占领了安达卢西亚（加的斯除外），1811年攻陷埃斯特雷马杜拉，1811—1812年夺取了加泰罗尼亚与巴伦西亚。法军所到之处生灵涂炭。1812年，位于加泰罗尼亚的蒙塞拉特本笃会修道院被法军洗劫一空。

然而，从驻地情况与伤亡人数上来看，法国承受着与西班牙军队作战的巨大压力：法军在西班牙的伤亡人数超过了大多数拿破仑的战役所造成的死伤。在与法国的正式交锋中，西班牙常常败下阵来，而英军将领则发挥了重要的领导才能。但是，西班牙正规军与游击队的作战使法国无法控制乡村地区。而且，西军极大地破坏了法军的交通与后勤。在1810—1811年的对法作战中，陆海协同作战是西军的一个突出特征。大批西班牙远征军被多次派往安达卢西亚各处海岸，然后向内陆挺进，向法军发起进攻。多亏了西班牙的抵抗，法国才无法将优势兵力集结，进而将矛头对准惠灵顿公爵——一旦法军击溃了西班牙人，他们就能这么做。要不是拿破仑在1812年入侵俄国，这种情况就极有可能发生。

1809—1811 年，在进入西班牙之前，惠灵顿公爵率领的英葡联军成功地抵挡了法国的进攻，守卫了葡萄牙。1812 年，惠灵顿公爵终于占领了位于西班牙边境上的两处要塞——罗德里戈城与巴达霍斯。在夺取了这两处天堑后，他率军继续向西班牙北部挺进，在萨拉曼卡打败法军后又占领了马德里。同时，英国陆海两栖军队突袭了比斯开湾。然而，惠灵顿公爵面对一大批即将向他袭来的法军，选择在 1812 年秋撤退，以免出现敌众我寡的局面。

1812 年萨拉曼卡战役

西班牙保存最完好的战场位于萨拉曼卡以南，阿拉皮莱斯附近的群山之中。原因有二：一是此处战场不易到达；二是如今的这一地区与当初的相比，几乎没什么变化。阅读罗里·缪尔（Rory Muir）的《萨拉曼卡：1812 年》（2001 年出版）是了解这场战役的不二之选。1812 年早些时候，惠灵顿公爵攻陷了罗德里戈城与巴达霍斯。随后，他率英、葡、西三国联军入侵西班牙北部，并于 7 月 22 日在萨拉曼卡战役中击败法军。法国奥古斯特·马尔蒙元帅喜好大张旗鼓的性格使惠灵顿公爵有机会将法国军队逐个击破。惠灵顿公爵注意到法军扩张过度，战线拉得过长，因此迅速且有效地转守为攻。在他的得力指挥下，联合起来的步兵与骑兵摧毁了三支法国军队，其中有一队法军是被冲锋的英国骑兵的马蹄踏破的。多达52000 人的联军中伤亡人数是 5173 人，其中英国或葡萄牙士兵的伤亡人数为 6 人；一队西班牙士兵奉命严阵以待，阻断法军逃亡路线，然而并未遇到敌人。法军伤亡人数为 13000 人，其中有 7000 人被俘。第 51 团列兵威廉·惠勒记录下了战场上的艰难处境：

我们接到支援右线的命令后，就开始加速前进。行军速度极快，尘土飞扬，加之白天温度正高，差点把人给闷死。现在大家开始感到严重缺水。水壶里有水的那些人情况也不比没水的好到哪儿去。因为天热再加上水壶剧烈晃动，里面的水已经完全变质了。喝水的人刚喝一口就马上吐出来了。我们前进时，炮火更猛了。大家都完全汗湿了……灰尘实在是大，弄得我们满脸、全身都是，以至于几乎认不出彼此。事实上，我们更像是一群扫烟灰的人或者说是清洁工。当我们终于抵达右线指定位置时，大家都累得要死；我们面前是一座山，敌人已在山上一字排开。他们放了16炮，又投了几枚榴弹炮欢迎我们的到来。

经此一战，法国放弃了安达卢西亚。

1813 年，尽管在法军来犯之际，英国两栖部队放弃了对塔拉戈纳的围攻，但惠灵顿公爵再次率军进入西班牙。随后，约瑟夫·波拿巴为阻止英军进犯法国，逃离了马德里。法军主力在纳瓦拉与巴斯克地区对战西班牙游击队，约瑟夫的军队因与法军主力脱节，力量被削弱了。

惠灵顿公爵率领英、葡、西联军取得了决定性的维多利亚战役的胜利（6 月 21 日）。此后，该城中心竖起了一座大型纪念碑以纪念这次胜利。在这场战役中，法军伤亡人数为 8000 人，他们的火炮悉数被缴或被毁，辎重也被没收。战利品包括约瑟夫收藏的重要画作。惠灵顿公爵乘胜追击，攻下了圣塞瓦斯蒂安与潘普洛纳。除一些要塞外，法国在西班牙的统治已经告终。约瑟夫退位并回到了法国。拿破仑战争之后，他于1817—1832 年流亡美国，后返回欧洲，并于 1844 年在意大利佛罗伦萨辞世。

虽然冲突仍在继续，但政治变革还是发生了。约瑟夫通过取缔隐修制度与宗教裁判所等举措，试图扮演明君的角色。但是，由于对不受欢迎的法国军队的依赖，约瑟夫的事业受到了损害，他作为共济会总导师的身份也引发了西班牙的众怒。另外，自1810年起，加的斯成为西班牙议会的召集地，成为包括西班牙殖民地民众在内的全体西班牙人主权的象征。1812年，议会发布宪法，将公民放在首位，极大地限制了王权。此外，议会还决定取消封建领主权力，推行免费初等教育。

这段插曲勾画了西班牙历史上一段本可能发生的伟大变革的背景，也极为有力地塑造了人们的观念：战争见证了立宪政体的发展，这一政体的核心在于将西班牙看作一个国家整体，而非强调地方自由权利。此外，立宪政体还为人们评价随后复辟的波旁王朝体制提供了参照系。与此同时，这种评价实则弱化了教会在对抗约瑟夫的无神论世俗支持者时所起的作用。实际上，在全欧洲的反法斗争中，宗教往往相当重要。

一旦战争彻底扫除了法国对西班牙的统治，费尔南多七世便迅速在1813年12月与法国签署了《瓦朗赛条约》并复辟。费尔南多执政至1833年离世。他无意做个英国式的立宪君主，因此在1814年拒绝了议会及其发布的宪法。自由派人士遭到清洗，曾效力于约瑟夫的人被当成罪犯。与卡洛斯四世一样，费尔南多也依赖上层贵族与教会的支持。

经历法国统治

法国的统治是残酷、花销巨大且具有破坏性的。收藏在普拉多美术馆的戈雅油画为人们提供了最鲜活的记忆。但是，能够唤醒人们对这段往事回忆的并不只有这些油画而已。塞维利亚与其他地方的多处教堂遭到破坏、洗劫，其中就有塞维利亚圣母马利亚十字修道院。法国人抢走了塞维利亚慈善医院小教堂里几幅穆里罗的画作，只留下了 7 幅。1808年，法国在巴塞罗那维持社会秩序的方式就是射杀所有嫌犯，没收富人与教会的财产。他们还以没收与强制性捐赠的方式将地方财富洗劫一空。与此同时，黑市交易繁荣。同年，法国袭取、劫掠了科尔多瓦。1808—1809 年，法国围攻萨拉戈萨，激战导致数千平民丧生。1812 年，格拉纳达的阿尔罕布拉宫被法军损毁。从宏观上来看，西班牙的经济、社会、文化、政治均处于重压之下；目无法纪与腐败堕落的问题日益加深。随时到来的威胁与不可预测性让人们生活在动荡不安之中，而这对法国统治的接受度与合法性均提出了挑战。

西班牙统治下的美洲

费尔南多七世拒绝立宪政体的做法加速了西属美洲统治的瓦解。早些时候，为反抗法国在 1808 年对西班牙的占领，西班牙统治下的美洲地区出现过独立的情况。例如，1809 年与1810 年，当地军政府以费尔南多七世之名武装夺权，他们对约瑟夫一世的反抗凸显了皇权的契约精神与民心向背。同时，这也使当地精英阶层获得了梦寐以求的权威性。他们所领导的社会正在发生方方面面的变化，在人口结构、经济与政治上均是如此。这一切让曾经的历史看起来越发有问题。

费尔南多重掌西班牙后，马上想要再度实行对西属美洲地区的控制，于是在 1815 年派出了一支军队。这次尝试起先是成功的。皇权得以复辟，而且，除遥远的拉普拉塔河流域外，其他地区的独立运动都被镇压下去了。

但是，费尔南多的事业面临着重重困难。拉丁美洲的保皇党内部分歧严重，而他们的分裂又与西班牙国内不连贯的政策所导致的前后矛盾产生了相互作用。民政与军事当局冲突不断，而大主教辖区与外省行政机构之间也经常剑拔弩张。因此，在新格拉纳达（今哥伦比亚），总督与总司令是死对头。此外，资金的短缺迫使保皇军靠没收当地补给与强迫性贷款度日。事实证明，这给当地居民带来了沉重的负担，让他们对西班牙统治产生了敌对情绪。同时，从西班牙派遣的保皇军也受到疾病，尤其是黄热病与痢疾的重击，因此，他们不得不从当地招募士兵，这又引发了新的政治问题。1815 年，新格拉纳达整体上对来自西班牙的皇家军队持欢迎的态度，但是到 1819 年时，人们普遍支持哥伦比亚独立。

此外，与 16 世纪初西班牙征服者所拥有的技术相比，此时的西班牙不再具备相当的优势。当地反抗者从美国的军火商那里得到了一些补给。与之相比，西班牙政府为美洲军队配备的武器较少，保皇党使用的武器大多是从当地获得的。若要论及差异的话，反抗者反而在武器方面略占优势。

然而，战争的过程并不会按预先设定的那样发展下去。就像其他许多解放战争一样，殖民者取得的成功比人们普遍期待的要多。这种成功既指当地人对西班牙的普遍支持，也指西班牙在战场上取得的胜利。在瓜基（1811 年）与锡佩锡佩（1815 年）取得的胜利促使西班牙重新夺取了上秘鲁（玻利维亚），而兰卡瓜大捷（1814 年）帮助西班牙收复了智利。在 1806 年与 1812 年，西班牙人先后两次镇压了弗朗西斯科·德·米兰达领导的委内瑞拉起义。革命者并未得到广泛的支持且资金短缺，这些对西班牙来说都是取胜的助力。尽管起义军将领心中洋溢着革命的热情，但是大部分应征入伍的农民并非如此。他们薪水低，补给、装备差，训练不足。

战争的走向摇摆不定。米兰达曾经的下属西蒙·玻利瓦尔逃到了新格拉纳达，招募了一支志愿军，并于 1813 年进入委内瑞拉。他赢得了许多战役，但委内瑞拉共和国缺乏广泛的支持，部队也缺少资金与武器。玻利瓦尔逃往牙买加，后再度回到委内瑞拉。但是，1816 年他从海地开始的远征未能赢得支持，最后也就半途而废了。玻利瓦尔将远征的起点选在海地，是因为法国对海地的殖民统治在 1803—1804 年结束了。玻利瓦尔的另一次远征于 1818 年以失败告终。

美洲的西班牙人因西班牙国内的衰弱而受到牵连，还因独立军甘愿通过远征鼓舞其他地方的斗争而遭殃。与美国独立战争相比，拉丁美洲的独立战争战场要大得多（从墨西哥到智利），且缺乏前者所具有的那种军事与政治的协调统一（因为没有类似大陆会议或大陆军的组织）。因此，拉丁美洲独立战争的形势瞬息万变，实在难以描述。大型山脉与疾病（如出现在墨西哥东海岸的黄热病）带来的问题，加剧了军事行动的困难。正如在美国独立战争中一样，革命军的胜利并非必然，而且在战斗方面他们并非天生就比对手技高一筹。相反，双方都不得不在广阔的空间内去适应冲突带来的各种困难。成功来之不易，或者说，组织起后勤支援并非易事。这些问题使得地方与区域的维度变得至关重要。结果正如在墨西哥出现的情况一样，暴动变得碎片化。参与镇压起义的西班牙军队也是四分五裂。由于缺乏中央监管，西班牙军队的众指挥官试图建立地方权力中心。无论是西班牙军队，还是起义军，都因后勤需要而变得不那么受人欢迎。双方皆征用、掠夺物资以获取给养，给社会造成了巨大伤害。

此外，西班牙国内政策的转向拉开了保皇党与其拉丁美洲支持者之间的距离，使保皇党遭受重创。事实上，改变后的政策最终导致了 1823

年西班牙内战的爆发。与此同时，独立军的作战能力与指挥才干——特别是1817—1818年何塞·德·圣马丁在智利，以及1813—1825年西蒙·玻利瓦尔在南美洲北部与安第斯山脉的艰苦卓绝的战争中所展现出的指挥领导才能——有效地消磨了日益孤立的保皇军的镇压。

从全球的层面上来看待问题颇为关键。事实上，我们不应将这些独立战争视为欧洲强国的失败。更妥帖的做法是将它们看作西方社会内部权力转移的一个方面，即大英帝国非官方层面的重要扩张。长期以来，英国都表现出了对拉丁美洲商业渗透的兴趣，显露出支持拉丁美洲独立于西班牙的意愿。英国的志愿者以及外交、海军方面的援助在这场独立战争中作用显著，阻断了法国打着西班牙的旗号介入战争的可能。拉丁美洲国家一独立，就与英国建立起了密切的贸易关系，并成为英国投资的主要地区。而此前这些国家仍是殖民地的时候，殖民国家将它们排除在贸易网络之外，使它们无法与英国直接进行贸易往来。

种族问题也使拉丁美洲独立战争变得复杂。暴动得到了梅斯蒂索人（混血人种）的广泛支持，这被视为对克里奥尔人的威胁。克里奥尔人担心种族战争一触即发，而这种观点又导致古巴、墨西哥与秘鲁的克里奥尔精英站在了西班牙一边。因此，保皇党能够调动当地民兵对抗起义者。相反，在起义军一边，玻利瓦尔处决了著名的梅斯蒂索领袖。据说他这么做不仅是为了宣扬种族战争，也是为了保持对战争的控制权。

保皇党捷报频传，他们通过轻骑兵纵队克敌制胜。1815年，一批活跃的保皇党将领从西班牙来到拉丁美洲，他们在之前抗击法国的暴动冲突中积累了经验。在他们的帮助下，保皇党研发出了镇压起义的新手法。1812年，墨西哥韦拉克鲁斯州附近的帕潘特拉地区曾爆发起义。1818年，保皇军虽然重新占领了那里的城镇，但暴动并未平息，反而演变成了游击战。驻扎在城镇中的保皇军无法控制农村腹地。1820年夏，在新指挥官何塞·林孔的领导下，保皇军调整了过去的做法，改变了战争的节奏。之前，雨季是战争的间歇期，这给了起义军休养生息的机会，而林孔决意取消这种战斗间隙。他在攻打科尤斯基胡伊（Coyusquihui）要塞的战役中，用堡垒将该地区团团围住，不停攻城，打击敌人。同时，保皇军饱受疾病之苦。当年，双方达成和解。

尽管保皇军屡屡得胜，包括1806年、1812年、1816年与1818年在委内瑞拉的胜利，1811年与1815年在玻利维亚的胜利，1814年在智利的成功，以及1815年在墨西哥的告捷，但要想结束这场斗争仍是十分困难的。起义军撤离到更加偏远的地方，在那里继续反抗。保皇军未能想出有效的和解之策，而他们对镇压的偏重最终起到了反效果。在委内瑞拉，平民被迫迁移至临时营地。19世纪90年代，古巴也出现了这种强行安置。在拉丁美洲，革命军指挥官利用双方关系破裂之机的能力，以及迎难而上、持续战斗的能力至关重要。最终，1824年12月9日，在保皇主义的堡垒秘鲁所进行的阿亚库乔战役中，保皇军败下阵来。事实证明，这一战役具有决定性意义。安东尼奥·何塞·苏克雷率领了一支5780人的军队，先打反击战，再调动步兵与骑兵后备役突破敌军包围，最终打败了总督何塞·德·拉塞尔纳指挥的9300人的部队。在这次战役中，保皇军损失了包括被擒总督在内的多名高级指挥官，保皇党群龙无首。

墨西哥的情形则大不相同。1810年暴动到了1811—1812年以及1815年遭受了沉重打击，而游击战到1820年已基本结束。然而，保皇军的努力被1820年西班牙国内自由派的宪政改革削弱了。这与英国在北美洲的努力被英国政府1782年的改革所破坏一样。克里奥尔保守主义者与西班牙掌权派不愿看到这样的事态发展，但这次宪政改革最终提出了独立宣言。1821年，保皇军总指挥阿古斯丁·德·伊图尔维德试图与叛军达成共识作为解决对策，于是就独立宣言与叛军达成了一致。事实证明，独立宣言具有广泛的认可度。迫于其他地方施加的巨大压力，西班牙在那一年正式承认墨西哥独立。

结果表明，西班牙未能控制住事态的发展。一方面，它要应对西属美洲地区内部持续的反抗；另一方面，因海上霸主英国乐意向叛军提供援助，尤其是英国通过贸易与认可主权的方式对叛军给予帮助，西班牙常常受创。截至1825年年底，西班牙对美洲本土的控制已结束。西班牙殖民帝国的版图已经缩减至只剩一些岛屿：加那利群岛、古巴、波多黎各、菲律宾、马里亚纳群岛、加罗林群岛，以及类似海岛的飞地西属摩洛哥。

19世纪20年代西班牙危机

在西班牙国内，由失去西属美洲地区引发的政治、经济与财政危机加深了法国大革命与拿破仑战争带来的威胁。阴谋与意识形态分歧相伴而生。

1815年，由自由主义军队领袖所策划的政变在加利西亚被挫败，又于1817年在加泰罗尼亚被打压。但是，1820年，一场自由主义革命席卷皇宫，迫使费尔南多七世在1821年认可1812年宪法。保守主义者仍拒绝接受并诉诸暴力。他们在1822年发动了一场失败的政变，在1823年煽动了一场大规模的法国军事干预。

1823年，反对派西班牙自由主义军队因缺少补给，领不到薪水，且受到大范围逃兵的影响而撤退了。自主主义者内部四分五裂，预示着1936—1939年的西班牙内战。他们反对教会干预政治的措施引起普遍的反感，尤其是在农民中间。此外，自由主义政权因施行现金经济，特别是采取逐项记数的现金支付来代替什一税的做法，在农村地区变得很不受欢迎。这项措施是加重农民经济负担的名目，它导致自由党政权在1823年迅速垮台。

法军虽受糟糕后勤工作的拖累，但不需要打什么仗。抵抗仍然存在，尤其是在加泰罗尼亚。拿破仑战争仍在那里回荡着：加泰罗尼亚曾被邦·阿德里安·让诺·德·蒙塞（Bon Adrien Jeannot de Moncey）率领的第四兵团占领，此人之前被拿破仑封为元帅。巴塞罗那被困数月后，蒙塞元帅与弗朗西斯科·埃斯波斯·伊·米纳（Francisco Espoz y Mina）交锋，后者在半岛战争中成功地指挥了游击战，并于1812年击败了法国军队。弗朗西斯科·巴列斯特罗斯（Francisco Ballesteros）指挥了纳瓦拉与阿拉贡的自由派反抗军。1810—1812年，他在安达卢西亚的反法军事行动中起到了重要作用。

法国将攻势对准了西班牙首都马德里，并于5月23日攻入该城。接着，法军经由科尔多瓦向自由派议会逃窜的目的地——加的斯进军。在半岛战争期间，法军围攻加的斯的行动惨败，部分原因在于当时英国海军的作用。如今，不同之处在于法军从陆上将加的斯团团围住，同时也从海上将它封锁起来。10月1日，加的斯投降。战斗在其他地方也如火如荼地进行着。但是，法军一一取得了成功，反对派诸将相继投降：加利西亚的巴勃罗·莫里约（Pablo Morillo）于7月10日投降，安达卢西亚的巴列斯特罗斯在8月21日缴械投降。

费尔南多七世重掌绝对权力后，处决、囚禁、清洗了自由派人士。也有像巴列斯特罗斯与莫里约那样选择亡命天涯的自由派。但是，秩序并未因此得到恢复。1827年，发生在加泰罗尼亚群山之间的"愤愤不平者的起义"（Revolt of the Aggrieved）反对那些被视作费尔南多身边佞臣的人。起义得到了被清洗官员的支持，但很快就被镇压下去了。至此，加泰罗尼亚再一次成了反抗卡斯蒂利亚王国的主力。

探索西班牙

英国人深受西班牙陆上风光的吸引，前往西班牙旅游的人越来越多。社会风潮有转向一种浪漫主义情怀的趋势。1784 年，在这种新情绪的感召下，亨利·里德沉迷于西班牙北部风景："这次旅行比我预期的更令人愉快。比斯开湾的乡村与群山富有浪漫情怀，风景变化多端，实在悦人耳目。"两年后，身为医生与牧师的约瑟夫·汤森德（1739—1816 年）骑马从莱昂奔赴奥维耶多："越过了人们所能想象到的最原始、最浪漫的乡间。这里有奇山异石、秀木丽水。"他后来又出版了《1786—1787 年穿越西班牙之旅》（1791 年出版）。这本书吸引了许多空想旅行家。

另一位旅者托马斯·哈代（不是那位小说家）在 1786 年颇具前瞻性地发现了另一个旅行的理由。他在马拉加写道："（身体欠佳使我）逃离了我们北方的寒冬，前往地中海岸上寻找夏天……这里南部海岸的气候在欧洲范围内称得上得天独厚。我很奇怪那些被送到法国南部或者里斯本养病，结果冻得直哆嗦的病弱者居然没考虑过到这儿来。"由于自 1808 年以来英国与法国军队在西班牙的军事投入，这里变得更为外人所知，对他们也就更具有吸引力了。

解读西班牙

约瑟夫·布兰科·怀特（1775—1841 年）本名何塞·布兰科·伊·克

雷斯波，是一名具有爱尔兰血统的西班牙人。他在成为罗马天主教神父后去了英格兰。在那里，他担任了《埃斯帕西诺》（*El Español*，意为"西班牙人"）月刊的编辑。这本在伦敦出版的西班牙语月刊支持西属美洲的独立事业。他写作了《西班牙来信》（1822 年），其中部分内容之前曾发表在《新月刊杂志》上。《西班牙来信》对西班牙的描述有些负面。该书前言提及"西班牙的偏执"以及"由宗教所引发的腐坏，得到了政治改良的滋养"。这本书中更为积极的一面是对公共礼仪的引导。例如：

> 午饭后睡觉的习惯叫午睡（siesta）。午睡在夏天很普遍，尤其是在安达卢西亚，这儿的酷暑让人无精打采、昏昏欲睡。冬天在午饭后散步十分普遍。许多先生在下午散步前常去咖啡厅——如今这俨然已成为一种时尚。
>
> 几乎所有具备一定规模的西班牙城镇都建有公共步道，下午那里聚集了散步的上层阶级人士。
>
> 早餐并非家庭中固定的一餐。它通常由巧克力、黄油吐司或者被称为小圆面包的松饼构成。这里多食用爱尔兰盐味黄油；酷热的天气让乳制品成了奢侈享受，它只在北方多山的大片土地上比较普遍。

第九章

工业革命：西班牙人懒惰被动吗

"西班牙的政治冒险……人性的阴暗面。"

对大多数局外人来说，19 世纪的西班牙史显得尤为晦涩难懂，明显不合逻辑，尤其是在 1825—1898 年。卡洛斯战争纷繁复杂，政治叙事无足轻重，而且也很难对其进行清算和概述。西班牙在经济增长、社会转型、政治发展与国际影响上，与其他许多欧洲国家相比，更是相形见绌。但是，这远非全部事实，也没能把握住这个时期对后世的重要意义。事实上，这一时期与此前一段时期之间具有延续性，比如，它延续了自由派人士与保守主义者之间在意识形态上的分歧。1825—1898 年与随后即将发生的众多事件关联紧密。19 世纪的影响毫无疑问波及了 1936—1939 年的西班牙独立战争，甚至延伸至佛朗哥执政期（1939—1975 年）。

社会经济变革

政治冲突以社会经济变革为背景。虽然西班牙几乎没有经历过法国那种广度与速度的经济发展及社会变革，更别提英国、德国了，但是西班牙发生的实实在在的变化仍具有重大意义。首先，尽管西班牙存在着食物短缺、疾病与大规模的移民出境现象，但它仍拥有了比此前多得多的人口。西班牙人口数量从 1830 年的 1100 万左右，上升到 1930 年的 2350 万。这是由年龄结构变化导致的。随着婴儿死亡率下降，平均寿命有所上升。因此，尽管年轻人的数量有所增加，但西班牙人的平均年龄更大了。

鉴于长期存在的土壤贫瘠与干旱等问题，养活这么多人对西班牙来说，是一个巨大的挑战。政府补偿性投资不足，还要面对来自新大陆的竞争。那里的土壤更加肥沃，铁路、汽船与投资使新大陆的小麦出口变得更为便捷。1891 年，西班牙对进口小麦征收高额关税，使地主受益，却沉重打击了城市消费者。这正是英国反对此类关税的原因。土地所有者主要是拥有堪称封建统治权的传统地主，以及走向上层社会的中产阶级。相比之下，农业劳动者干了大部分的工作，所得报酬却少得可怜。事实上，他们还受到了过高的食品价格的冲击。

迟到的工业革命

尽管工业变革此前被长期以来由农业占主导的经济所遮蔽了，但现在它将带来更加翻天覆地的变化。发生变化的主要领域是纺织、冶金、矿物生产与铁路。加泰罗尼亚使用了蒸汽动力驱动纺织制造，从而确保了自 19 世纪 30 年代起的纺织业飞速发展。纺织制造业的发展创造了就业机会，产生了可用于投资的资本，还打造了劳力与资本所活跃的重要工业世界。巴斯克地区诸省的冶金业也是如此，尤其是在比斯开省，那里的冶铁工业是炼钢与造船的基础产业。在西班牙其他地方，矿物生产量有了显著增长，铜、水银与锌的产量增长尤为突出。外国资本起到了重要作用，例如，在《1855 年铁路法案》发布后，正是资本促进了铁路修建取得突飞猛进的发展。铁路既象征着也实现了整合与汇集。主要的火车站都由壮观的建筑物构成，如马德里火车站。铁路促成了更高整合度的经济。

工业产出、外国贸易以及人均实质性收入均有所上升。然而，西班牙的数据在与英国、法国、德国的相比时，情况并不乐观。这一部分是由投资资本的缺乏造成的，一部分是因为西班牙国内市场相对疲软，还有一部分也许是国内政治动荡所付出的代价。经济增长虽不是导致政治动荡的唯一原因，但也确实产生了影响，因为它加深了发展缓慢、移民外迁严重的中央地区与更具活力的边缘地带之间的差异。加泰罗尼亚的工厂数量全国首屈一指。马德里则把重心放在了车间上。资源也相当重要，尤其是西班牙相对缺乏的煤炭资源。1905 年，西班牙煤炭产量为3202000 吨，而比利时是 21775280 吨，英国是 236128936 吨。

由经济增长——更确切地说是工业化——所引发的社会变革造成了政治上的影响。工会意识增强。乡村地区人口迁移促进了城市化发展，以马德里为典型。住房短缺，意味着棚户区兴起。然而，1900 年，仅有2 万余人住在城镇，他们占总人口的 21%。这个比例远低于法国，更低于英国。因此，与这两个国家相比，西班牙的中产阶级政治文化相对薄弱。

政治冲突

对经济、社会与政治变革的抵制助长了保守主义团体卡洛斯派（Carlists）的气焰。这一团体之所以被称为卡洛斯派，是因为支持唐·卡洛斯（Don Carlos）在其兄费尔南多七世 1833 年去世后对西班牙王位继承的主张。唐·卡洛斯是卡洛斯四世的次子，也是其假定继承人。卡洛斯派的据点位于西班牙北部农村地区，那里的文化动力来自根深蒂固的天主教信仰。费尔南多七世死后，他的幼女即继承人伊莎贝拉二世（1833—1868 年在位）登基，由其母玛丽娅·克里斯蒂娜摄政。与费尔南多七世不同，他的寡妻转向了温和派，这是一群自由派精英，他们愿意在 1834 年皇家法令中搁置 1812 年宪法的一些方面，例如，男性普选权与无限制的议会权威。宗教裁判所受到了打压。1833 年，为了结束旧王国时代，西班牙依照法国的模式，以省作为行政区划。事实上，所有的中世纪王国都被细分为省，而每一个省都以与省同名的城市为中心。

这正是宪政自由主义。但是，这并不能使由中产阶级组成的进步派感到心满意足。1836年，他们促成了教会地产的拍卖，不过买下土地的大多是本已大富大贵之人，而非小地主。当初公共用地的拍卖情况大抵相同。教会地产的出售遵循了撤销不动产限嗣继承的法律，致使大多数修道院解散。这正中约瑟夫一世（约瑟夫·波拿巴）下怀。同时，出售教会地产使城市有机会大兴土木，建造新建筑。但是，土地"改革"在农村地区普遍不受欢迎，因为它威胁到现有土地的使用。1837年宪法只把选举权扩大了一点儿，没有做出重大的改革。

第一次卡洛斯战争

这一时期，发生在西班牙的历时最久的一次冲突再次被大多数军事史权威著作所忽视。对这场战争视而不见是错误的，因为它向人们暗示了内战中政治运动的本质。1833—1840年，在第一次卡洛斯战争中，"卡洛斯五世"唐·卡洛斯拒绝接受由年幼的侄女伊莎贝拉二世继承王位，而这正是伊莎贝拉的父亲、卡洛斯的哥哥费尔南多七世的遗愿。卡洛斯拒不接受女君主，对伊莎贝拉的支持者所主张的宪政改革，以及更普遍意义上的自由主义，均持敌对态度。王朝会受到具体的社会与地理环境的影响。恰如葡萄牙的米格尔主义一样，卡洛斯主义是一场利用了农民对自由派政府不满情绪的保守主义运动。因此，它不仅反映了之前拿破仑时期的紧张局势，还反映了人们对18世纪末启蒙运动时期改革的抵触。

由于政府与军队（这和1936年的情况不同）表示继续忠于伊莎贝拉二世，卡洛斯不得不组建自己的军队。卡洛斯在战场上最初取得的胜利主要归功于托马斯·德·祖马拉卡勒圭（Tomás de

Zumalacárregui，1788—1835 年）。他是卡洛斯军队在巴斯克 - 纳瓦拉地区的指挥官。作为一名巴斯克地区的老兵，他曾参与反对拿破仑的斗争。这确实为强调地方自由权利的卡洛斯派提供了一个重要的榜样。祖马拉卡勒圭使卡洛斯派的军事行动变得连贯统一起来，这是一直以来的反抗斗争不可或缺的一大要素。为掌握战争主动权，祖马拉卡勒圭还组建了一支游击队。他们充分利用了困难的地形并取得了成功。这支军队纵横于正规军罕至的西班牙北部山区，这里正是卡洛斯派支持者的聚集地。但是，当这支军队离开群山，想要去占领城市时，就没那么成功了，不过他们仍在 1836 年短暂攻占了科尔多瓦。包括北部的毕尔巴鄂与潘普洛纳在内的城市主要由自由派控制。常见的老式堡垒散布于大型城镇与交通要道周围。在卡洛斯派的进军之路上，这些地方接连沦为战场。另外，自1834 年起，克里斯蒂诺派（人们对伊莎贝拉及其母玛丽娅·克里斯蒂娜的支持者的称号）遵照半岛战争时期法国在阿拉贡修筑的防御工事的样式，沿埃布罗河在巴斯克 - 纳瓦拉 - 拉里奥哈地区建起了一系列碉堡，修筑了重要的防御工事。卡洛斯派以其人之道还治其人之身。不久之后，他们就在蜿蜒于密林蔽日的山坡上的前线建起了座座堡垒。1835 年、1836 年，毕尔巴鄂先后两次遭到卡洛斯派的围攻。作为防守工作的一部分，克里斯蒂诺派在山坡偏远的建筑物上建造了防御工事。

国际时局对伊莎贝拉二世的助益，是战争的另一个重要因素，而错误地相信游击战策略与战术的人们往往低估了国际环境的重要性。伊莎贝拉二世得到了英国、法国的支持，而且米格尔一世一被打败，葡萄牙也站在了她这边。尽管 19 世纪 30 年代的战争无法与1936—1939 年的西班牙内战相匹敌，因为在后来的那场战争中，交战双方都得到了竞争对手的武力支援，但事实表明，坚强的国际后盾对伊莎贝拉来说至关重要。伊莎贝拉所获得的支持，加之卡洛斯派执着于传统战争而暴露出的弱点，共同导致了后者最终的失败。1835年，在围攻毕尔巴鄂失败后，祖马拉卡勒圭战死。1837年，在唐·卡洛斯率领下，卡洛斯派向马德里发起进攻，但他们未能推翻伊莎贝拉的政权。

战争中的许多战役都不为人所知，例如拉维加隘口之战（1835年）、德斯卡加之战（1835年）、门迪戈里亚之战（1835年）、埃尔纳尼之战（1836年）、马哈塞特河战役（1836年）、卢查纳战役（1836年）、奇瓦战役（1837年）、纳瓦罗斯村战役（1837年）、阿兰苏埃克之战（1837年）以及莫雷利亚之战（1838年）。对这些战役的忽视歪曲了对这一时期战争的整体性描述。事实上，这些战役及与之相关的军事行动表明了这一时期及其他时期克敌制胜的关键。在战斗中，士气、经验、突袭、地形与人数都非常重要。就算它们不比有效的战术更关键，至少也与后者同等重要。战斗没给人们留下多少进行复杂运作规划的空间，也不能通过严密的编队执行精密的战术。在拉维加隘口战役与德斯卡加战役中，人数较多的政府军在突袭战中被卡洛斯派击溃。突袭同样对阿兰苏埃克战役中卡洛斯派的惨败起到了关键作用。这一战役标志着1837年他们在西班牙中部地区军事行动的结束。相比之下，门迪戈里亚的恶战源于祖马拉卡勒圭的继任者比森特·冈萨雷斯·莫雷诺（Vicente González Moren）的决心。他想给政府军以致命打击，但他的选择委实糟糕。卡洛斯派不习惯处于守势。面对政府军进攻的压力，他们最后不得不撤退。卡洛斯派损失了约2000人。这对他们而言是个重大的打击，这也意味着祖马拉卡勒圭之前的节节胜利被中断了。

然而，政府军也面临着严峻的考验，其中，欠饷与补给不足的问题尤为严重。与其他内战相同，策略、士气与军事指挥才能均与政治考量相关。例如，卡洛斯派的内部分歧削弱了他们的行动，并最终促使第一次卡洛斯战争走向终结。1839年，卡洛斯派的总司令拉斐尔·马罗托（Rafael Maroto）在与政府军指挥官巴尔多梅罗·埃斯帕特罗将军（General Baldomero Espartero）协商签订《维加拉公约》之前，拘捕、射杀了5名来自敌对派系的将军。那些拒绝接受这项协议的卡洛斯派在拉蒙·卡布雷拉（Ramón Cabrera）的带领下，继续在阿拉贡与加泰罗尼亚进行战斗。失败后，他们在1840年逃亡法国。尽管卡布雷拉返回西班牙，领导卡洛斯派游击队参与了1846—1849年的另一场战斗，但是战场也仅限于加泰罗尼亚地区。

　　因战胜卡洛斯派而声名远播的将军们在温和派与进步派之间的竞争中越发举足轻重，同时，也使两大阵营的对抗变得更加复杂。战争促进了军队的政治化与政治的军事化。将军们采取了"公告"（pronunciamientos）政策，公布了自己的要求。1836年，富有见地的美国外交家亚瑟·米德尔顿评价道："首都无疑任由众将处置。只要这些将军手下有四五千人的军队可供驱使，他们就能对首都发号施令。因此，如今看来，问题就是谁将实施专政。"巴尔多梅罗·埃斯帕特罗将军（1793—1879年）身经百战。他参与过自1809年起的反法作战，以及后来对1815—1826年西属美洲动乱的平定，还主导了自1840年起进步派的统治。他在1836年卢查纳战役中，大举击溃了卡洛斯派，名声大振。1841年，他开始摄政，并于当年挫败了一场计划中的政变。

　　另外，1843年，保守派将军拉蒙·纳瓦埃斯将军（General Ramón

Narváez）打败埃斯帕特罗后，推翻了后者的统治。纳瓦埃斯将军经历过卡洛斯战争。在他的带领下，温和派在马德里城外的托雷洪－德阿尔多斯打败敌军残部，并重新掌权。1842—1846年，华盛顿·欧文担任美国驻西班牙大使，他在1844年5月写道："这个国家令人不快的政治让我感到疲倦，有时还让我觉得沮丧……西班牙的政治冒险……人性的阴暗面。"

温和派限制了选举权，并于1844年成立了国民警卫队，还镇压了古巴的反抗。依据1845年宪法，温和派加强了君权与中央政府的职权。他们还基于卡洛斯三世任用开明大臣的模式，试图通过改革使西班牙走向现代化。改革的许多主题（如教育）并不新鲜。但是，统一的税收制度在当时是一项重要创新。

废除奴隶制

18世纪末与19世纪初，西班牙并没有什么废奴主义运动。自由派议会甚至还于1811年与1813年两度拒绝采取废奴主义措施。1814年，西班牙顶住了来自英国的压力，拒不限制奴隶贸易。1817年，当西班牙就英国施压做出回应时，也没为履行条约做出多少努力。直到19世纪30年代，一场货真价实的废奴主义运动才在西班牙拉开帷幕。对于以单一栽培产糖作物为主的西班牙经济而言，奴隶制依然至关重要。古巴经济依赖于美国的投资市场与技术。1837年，西班牙国内废除奴隶制，波多黎各则是在1873年，古巴是在1886年。自1874年起，在西班牙执政的历届自由派政府均实行了一些重要措施。1890年，他们还在西班牙实行了男性普选制。1862年，第一代罗素伯爵、英国外交大臣约翰以典型的英式自由党风格抨击了当年的情况："对英国人来说，宗教迫害与奴隶贸易都是龌龊的。可是，在西班牙人看来，它们却弥足珍贵。这使西班牙人处境更加糟糕了。"

1854 年，社会动荡与军事反抗导致温和派被推翻，埃斯帕特罗与进步派卷土重来。新成立的民主党想要进行更激进的变革，包括普选权与农业方面的改革，结果，他们没有取得任何进展。这是因为变革的呼声引发了食品价格上涨，致使埃斯帕特罗政权在 1856 年被推翻了。与此相呼应的是莱奥波尔多·奥唐纳将军（General Leopoldo O'Donnell）发布的以武力为支撑的"公告"——这位具有爱尔兰血统的将军呼吁重组政府。

大国西班牙

19 世纪 40 年代，为了快速运输军队，以及在镇压暴乱、平定海盗的远征行动中提供陆海作战支援，西班牙海军开始使用蒸汽动力。相较其他船型，汽轮的优先级更高，因为军队满意它提供的部队机动性。1849 年，西班牙派出 9000 人的援军，与法国军队一道恢复教皇在罗马的统治。尽管西班牙背负着巨额国债，但其军队在莱奥波尔多·奥唐纳将军（1809—1867 年）的指挥下，还是自 1859 年起参与了一系列帝国大事件。这么做是为了获取公众支持，同时也反映出西班牙想被当作一个大国的心愿，还让人觉得西班牙仍有意参与拉丁美洲事务。奥唐纳将军在 1856 年、1858—1863 年与 1864—1866 年执掌西班牙大权。他是一个干涉主义者，很喜欢在国际舞台上张牙舞爪。

西班牙加入了法国领导的对越南与墨西哥的军事干涉。同时，为应对法国在阿尔及利亚的扩张主义，1859—1860年，西班牙自行在摩洛哥开战。结果，它在1860年占领了得士安与伊夫尼，并在1861年恢复了对圣多明各（今多米尼加共和国）的控制。然而，西班牙在1843年占领的西非的姆比尼（Rio Muni），以及后来的伊夫尼都没有成为其进一步扩张的大本营。此外，1866年，来自美国的压力迫使西班牙结束了对秘鲁与智利的海上军事行动。同时，由于当地人的反对，西班牙也放弃了控制多米尼加共和国的尝试。这最终成了一次无益的投入。

奥唐纳的自由联盟政党（Unión Liberal）希望寻求更广泛的支持。但是，1863年，他被排挤出局。随后，伊莎贝拉女王成立了一个保守主义政府，首相最初由米拉弗洛雷斯侯爵担任，随后是纳瓦埃斯。奥唐纳后来再度掌权。1866年，进步派人士胡安·普里姆（Juan Prim）将军试图掌权，但这场革命被奥唐纳镇压了下去。

政府的不受欢迎与经济压力引发了1868年起义，这是又一次的"公告"。弗朗西斯科·塞拉诺（Francisco Serrano）领导的革命军在阿尔科莱阿取得了胜利。不够老练世故的伊莎贝拉二世在耗尽了她的个人与政治资本后被推翻，开始了流亡生涯。这次所谓的光荣革命不仅改组了内阁，还推翻了君主统治。

随后，众所周知的"六年革命岁月"见证了宪政实验、政治分歧、西班牙与古巴的起义，还有包括1870年任首相的普里姆在马德里遇刺在内的一系列刺杀活动，以及对于可行君主的搜寻。塞拉诺作为一名参与过卡洛斯战争的将军，在19世纪40年代初的军事政治中起到了关键性作用。同时，他也是奥唐纳的盟友。1867年奥唐纳死后，他接替了奥唐纳的职务，成为自由联盟政党领袖。1868 年，塞拉诺成为革命军指挥官，后来他担任了首相，最后成了摄政王。

19 世纪西班牙史：古巴视角

1959 年，在古巴掌权的政权隆重地纪念了 19 世纪两次重要的反西班牙统治的暴动。发生在 1868 年的第一次暴动与西班牙国内推翻伊莎贝拉二世统治后所产生的危机有关。西班牙人在试图镇压古巴起义时，发现山地作战困难重重，但是古巴人内部在种族、地理与团体之间的分歧让他们有机可乘。而且，在某种程度上，正是由于古巴人内部的各种不和才使得许多人愿意支持西班牙。尤其是自 1870 年起，古巴白人将起义看作是一场由黑人领导的反奴隶制革命，因而抵触情绪日益强烈。西班牙军队也采取了严厉措施，包括杀害起义军家属，强制命令农村人口搬迁从而开辟出自由开火区，这都使起义者无法获取平民援助。1876 年，西班牙内战一结束，25000 人的军队就被派往古巴。1878 年，西班牙恢复了对古巴的控制。古巴失败的独立战争为暴动地区争取到了奴隶制的部分废除，促使日后奴隶制在古巴全岛范围内逐渐被废止。

1895 年左右，暴乱再起。西班牙军队虽取得了重大胜利，但受到了游击战、疾病、恶劣天气与雨季的影响。为此，西班牙军队强迫古巴人民从乡村搬往城市。在那里，人们被围在带刺的铁丝网内。疾病与食物短缺为他们带来了深重的磨难，尤其是黄热病，它夺去了营地中 150000 至 170000 名古巴人的生命。1898 年，美国成功介入，结束了西班牙在古巴的统治。

宗教改革是一个重要因素。事实证明，革命者反对教权，因此他们自然而然地寻求扩大宗教自由。这也预示着西班牙第二共和国在1931—1936年的境况。开明的1869年西班牙宪法倡导宗教自由：它仍认可天主教的国教地位，但容许其他宗教的存在。这一点在许多天主教徒看来是无法接受的。他们同样不认可世俗婚礼与反对教会鸣钟的措施。这些政策明显与西班牙的"深层历史"——西班牙的民族身份与传统——发生了冲突。在城镇中，摧毁修道院为修建新街道让路的行为具有象征性意义，也引来了人们的愤怒。教会利益与宗教问题被高度政治化了。这一状况将在20世纪30年代重现。

在经历了艰难而又漫长的选择之后，1870年11月，意大利国王维托里奥·埃马努埃莱二世的次子，西班牙萨伏伊王朝的阿玛迪奥被选举为西班牙国王阿玛迪奥一世。时事多艰，阿玛迪奥未能守住自己的王位，尽管他大难不死，挺过了1872年的一次重大的暗杀行动——当时，皇家马车在马德里阿维纳尔路遭遇枪击。时事之艰难还包括军队哗变，这是军队表达政治信仰的标准做法。阿玛迪奥的统治没能像1516哈布斯堡王朝那样，带来新的盛世。更显而易见的是，它也不像1700年的波旁王朝。

阿玛迪奥发现自己与大臣们合不来，尤其是塞拉诺。于是，1873年2月，阿玛迪奥退位，一个共和国宣布成立。这与法国的情况一致。1848年法国国王路易·菲利普一世被推翻，以及1870年拿破仑三世被打败后，法国先后宣布成立了一系列的共和国。但是，此时西班牙共和国的成立既违背了西班牙历史的规律，也不符合这一时期欧洲统治的本质。阿玛迪奥对国会说，西班牙人民无法管教。他回到了意大利，继续做他的奥斯塔公爵去了。

共和国采取了联邦制，古巴、波多黎各与太平洋群岛也被包含在其版图之内。但是，共和国并未终止社会的无序状态，其中就包括 1873 年宣告成立的一些自治"区"。这些极端反对中央集权的地方分裂主义者，因内部不和以及对民兵的依赖，实力有所削弱。除卡塔赫纳外，各处的地方分裂主义者都很快被镇压下去了。卡塔赫纳直到 1874 年经历了陆海围困后才陷落。在巴伦西亚南部的阿尔科伊，1873 年爆发了"石油革命"。之所以叫这个名字，是因为起义工人们手举浸着石油的火炬。工人们控制了阿尔科伊，并宣布独立，不过随后就被军队镇压了。这是无政府主义者与掌握军权的西班牙共和党人之间一次重要的关系破裂。

另外，1872 年，另一次卡洛斯战争爆发了。如果不将 1846—1849 年的卡洛斯战争看作一场战争的话，1872 年的这场就是第二次卡洛斯战争；如果将其看作一场单独的战争的话，那 1872 年发生的就是第三次卡洛斯战争。这次的卡洛斯战争远没有第一次严重，因为此时对卡洛斯派的支持仅限于西班牙北部，尤其是纳瓦拉与加泰罗尼亚高地，尽管卡洛斯派在其他地方也制造了麻烦。他们自己也受到了内部不和的影响，还遭遇了主要城镇的抵抗、供应基地的缺乏或行政管理不足，以及外国援助的缺乏与有才干的指挥官的缺失。1874 年是战争中关键性的一年，卡洛斯派围攻毕尔巴鄂，但围困最终被解除。1875 年，加泰罗尼亚被平定下来。卡洛斯派也被驱逐至纳瓦拉与巴斯克省。据估计，当时卡洛斯派有 35000 名志愿军，而西班牙军队是 155000 人。1876 年，卡洛斯派的最后一支野战军在蒙特胡拉山被击溃，战争就此结束。如今，当地人仍会在原址举行一年一度的卡洛斯派庆祝活动。

许多人，尤其是军人，将共和主义等同于无政府主义，认为它理所当然会走向政治失败。1874 年 12 月，军事领袖们发动了一场政变。他们先是强制推行保守主义，接着又确立了波旁王朝式的君主政体，具体形式就是拥立伊莎贝拉二世之子阿方索十二世为西班牙国王（1857—1885

年，1874—1885 年在位）。他曾在英国的桑德赫斯特接受教育。对社会稳定的普遍渴望促使人们对这一解决方案表示支持，并在某种程度上使这一政权维持了较长时间。君主立宪政体似乎是最佳方案。阿方索十二世参与了 1876 年对阵卡洛斯派的战斗。这场关键性的战役导致了卡洛斯派最终的失败。在此前的 1870 年，伊莎贝拉已让位于阿方索。随后，她在享乐与争吵中度过了平淡无奇、波澜不惊的流亡生活，并于 1904 年在巴黎逝世。

西班牙的形象：卡门

乔治·比才的《卡门》是最受欢迎的歌剧之一。它大体上是基于法国作家普罗斯佩·梅里美 1845 年的同名小说所作。梅里美在 1830 年广泛游历了西班牙，他也许就是在那儿听到了这个故事。歌剧故事发生的背景是 1820 年左右的塞维利亚及其周边山区。第一幕发生在一家 18 世纪大型烟草工厂外，卡门和许多女工都在那儿卷雪茄烟务工。如今，人们可以参观那家存留至今的工厂以及当地的塞维利亚大学。最后一幕发生在斗牛场外。人们同样可以前往斗牛场参观。歌剧中的西班牙人情感充沛，目无法纪。比才还描绘了小酒馆中的打斗，刻画了走私犯、占卜师，以及平衡这一切的斗牛的声音。小说与歌剧所使用的语言均为法语。它反映了外界所勾勒的西班牙形象，尤其是通过蛇蝎美人卡门这个人物展示的西班牙风貌。《卡门》在英国、美国与俄国的首演都是在 1878 年。1881 年，《卡门》的西班牙首次演出于巴塞罗那举行，取得了巨大成功。

游览西班牙

多亏了画家大卫·罗伯茨在 19 世纪 30 年代初的西班牙旅行，英国的艺术家与普罗大众才开始了解西班牙。罗伯茨（1796—1864 年）的杰作是《塞维利亚大教堂内部》。1835—1836 年，他还绘制了一系列西班牙插图，并于 1837 年结集出版了《西班牙风景素描》（*Picturesque Sketches in Spain*）一书。他的高端版画选集使西班牙的形象得以流传开来。大卫·威尔基（1785—1841 年）也是一位重要的画家。他受到了 1827—1828 年的西班牙之旅以及在那里看到的画作的影响，因此，其后期作品色调更加浓艳，色彩运用更加大胆，对于历史题材也更为关注。1830 年，威尔基受封成为威廉四世国王的宫廷画师。他的西班牙题材画作包括：《萨拉戈萨女仆》《西班牙旅馆》《游击队军事会议》《游击队员告别家人》《游击队员回家团聚》《两名来自托雷多的西班牙修道士》与《哥伦布在拉比达修》。

19 世纪中叶，艺术家约翰·伯吉斯（1829—1897 年）与约翰·菲利普（1817—1867 年）使多姿多彩、充满异域风情的西班牙概念深入人心。自 1858 年起，伯吉斯定期前往西班牙旅行。他对西班牙的农民很感兴趣。《好样儿的，斗牛！》（1865 年）是他的第一部大作，之后的作品有《西班牙吉卜赛小女孩》（1868 年）与《西班牙发放乞讨许可证》（1877 年）。有"西班牙菲利普"之称的菲利普在 1851 年游历西班牙后，创作了许多关于西班牙生活的画作。1856 年、1860 年，菲利普再访西班牙。他更为人所知的作品包括《塞维利亚写信人》（1859 年）、《祈祷》（1859 年）、《散步》（1859 年）、《穆里罗早期职业生涯》（1864 年）与《升天：西班牙守灵》（1864 年）。菲利普在画作《监狱窗户》（1857 年）中将爱与西班牙的监禁和宗教一起呈现在观众面前。

阿尔罕布里摩风尚（Alhambrismo）在艺术领域一触即发。这是受到了华盛顿·欧文的游记随笔集《阿尔罕布拉》的影响。该书1832年发行的第一版题为《阿尔罕布拉：摩尔人与西班牙人的系列故事与素描》，该书创作于欧文1829年在当地居住期间。欧文（1783—1859年）在1842—1846年是美国驻西班牙大使。1826—1829年，他第一次到访西班牙。1829年，欧文在阿尔罕布拉生活。他是西班牙的重要阐释者，先后写作了《克里斯托弗·哥伦布传》（1828年）、《攻克格拉纳达》（1829年）与《哥伦布的生平和航行》（1831年）。

另一位重要人物是威尔士建筑家欧文·琼斯（1809—1874年）。19世纪30年代初，他细致地研究了阿尔罕布拉宫的装饰。这对他的创作起到了至关重要的作用。在此基础上，他还写作了《阿尔罕布拉宫的平面、立面、截面与装饰细部》（1836—1845年）一书。该作取得了一项重大技术进步：将彩色石印术用于彩印。琼斯是1851年伦敦万国工业博览会的建筑工程总监之一。他从阿尔罕布拉宫汲取灵感，设计了建筑内部铁制品的配色方案。而且，在伦敦南部的锡德纳姆重新建起水晶宫时，琼斯还在其中的阿尔罕布拉展馆中重建了阿尔罕布拉宫。他的著作《装饰法则》（1856年）也采用了从阿尔罕布拉宫汲取的灵感。阿尔罕布拉宫的风格同样见于琼斯设计的壁纸、纺织品、地毯、马赛克与棋盘格形状的人行道中。

巴塞罗那

18世纪，巴塞罗那人口过度拥挤的问题得到了缓解。因为，人们在城市的中世纪时代原址上，开垦了沼泽地，建了一个叫作"巴塞罗内塔"（La Barceloneta）的住宅开发区。这是旧港沙嘴处的一块三角形土地。工业时代带来了巨大的空间压力。1859年，人们推倒墙壁以促进城市扩张。工程师伊迪芬斯·塞尔达受命设计城市扩建平面图。他用几何网格模型设计了"埃西安普尔花园城市"（Eixample Garden City），给巴塞罗那人提供了公共交通网络与公共空间。"埃西安普尔"意为"延长"或"扩张"。如今，人们能够轻易辨识出该区域，它就在人口稠密的老城区之外，北邻巴塞罗那大街（如今的对角线大道）漫长的大道。正是在这个现代展区内，加泰罗尼亚新艺术运动建筑师，比如安东尼奥·高迪（1852—1926年），将设计变成了现实，尽管当初设想的绿地空间并未建成。巴塞罗那城中的这一部分依然焕发着来自不同街区的迷人色彩。

新型政治秩序

新首相安东尼奥·卡诺瓦斯·德尔·卡斯蒂略（Antonio Cánovas del Castillo）的走马上任全凭个人功绩、精力与决心。他想用稳定的政党体系代替军队干预与人民革命导致的社会动荡不安。这种政党体系基于英国模式，由自由党与保守党在叫作"和平流转"（turno pacífico）的体系中自愿轮流掌权，接受另一政党的执政。这种君主立宪政体意在杜绝激进分子。而且，像意大利一样，它通过对选举过程与政治体系的操控，尤其是对现存恩庇网络的利用，而得以实际运转下去。和意大利一样，西班牙的君主也责任重大。持续施行到1923年的1876年宪法建立了国王与议会的共同执政体系。国王有权决定何时更换政府，但必须任命对议会负责的大臣。同英国一样，国王对立法拥有否决权，但一般不会行使这项权利。1881年，当阿方索十二世拒绝通过一项规定大臣在固定任期内可以执政的法律时，安东尼奥·德尔·卡斯蒂略辞职了。自由党领袖普拉克塞德斯·马特奥·萨加斯塔（Práxedes Mateo Sagasta）接替了他的位置。随后，在"和平流转"体系的规定下，卡斯蒂略与普拉克塞德斯轮流掌权，直到前者在1897年被一名无政府主义者刺杀身亡为止。

政治稳定极大地促进了经济发展，而经济发展又巩固了政治稳定。卡斯蒂利亚薄弱的农业限制了城市扩张的潜能。直到19世纪，技术变革才克服了这个困难。在后来的几十年里，卡斯蒂利亚的经济状况有所好转。例如，毕尔巴鄂及其周边地区基于铁矿石资源，取得了冶金业的重大发展。

批 评

绝大多数欧洲国家都给西班牙贴上了消极、被动的标签。这种批评基于长期以来它们对西班牙存有的偏见，而并未虑及种种艰苦背景，也没考虑到西班牙的改革尝试。鉴于此，伦敦大律师爱德华·奎恩（1794—1828年）在其死后出版的《历史地图集》（1830年）中是这样描述拉丁美洲的：

> "这些美丽的国家终于从暴政与西班牙可耻的统治中挣脱出来了。但是，那里的大多数人由于长期以来习惯了压迫，常与偏执、无知为伍，无法享受突降自由的福气，也无法迅速跻身于文明世界稳定群体之伍。"

通过 1890 年施行的男性普选权，西班牙也尝试扩大民众对政治体系的支持。但是，与意大利一样，全民整体参与度有限，政治常被视为派系活动。与此同时，政治代表了地方利益，而且主要维护了有产阶级的利益。这既促进了稳定，又滋生了自上而下的操控与腐败。这些因素在地方政治中尤为明显。

人们抨击西班牙与意大利在那个时期施行的议会民主制缺乏人民支持，换句话说，缺乏与民众的关联。在某种程度上，后来发展起来的关于民众参与的一系列假定催生了这种批评。在当时，这种参与的基础十分有限。此外，这种支持的缺乏与墨索里尼的崛起或佛朗哥的成功之间并不存在必然性联系，反之，影响民心向背的关键因素是重大事件。在意大利，发挥作用的是第一次世界大战后人们的失败感与幻灭感；而在西班牙，发挥重要作用的是帝国在殖民地遭遇的失败——在政治、经济与心理上都是如此。

在美国的干预下，古巴与菲律宾的大动乱引发了惊天巨变。在随后的 1898 年美西战争中，西班牙被彻底打败，而且是迅速地败下阵来。西班牙失败的主要原因在于海军指挥不力。然而，驻扎在古巴的西班牙军队也失败了，这在很大程度上是因为他们未能阻止美国在圣地亚哥附近登陆。西班牙军队状况不佳。数十年间，它经历了高度的政治化，影响了指挥的质量与数量：军官实在太多了。军队决定限制开支，结果导致部队缺乏训练。与美军一样，西班牙军队近期也无战事经验的积累。古巴的气候与地形给美国人带来了不少麻烦。幸运的是，美国人不仅占据重要的人数优势，还有良枪好炮。而西班牙人在作战时打得一团糟；他们退至圣地亚哥附近的防守带内，也不攻击美军的交通线。7 月 17 日，圣地亚哥投降了。根据 1898 年签订的《巴黎和约》，波多黎各、菲律宾与关岛让给美国，古巴作为美国的附属国宣布独立。1899 年，西班牙将位于太平洋上的加罗林群岛与马里亚纳群岛卖给了德国。

在被称为"那场灾难"（El Desastre）的事件①中，西班牙的声望荡然无存，人们开始呼唤民族复兴。20世纪到来时，西班牙成了一个弱国，其政治、文化与思想刚刚开始升温。站在许多人的角度，尤其是站在"1898年的一代人"的角度，他们试图掀起一场根本性的变革，其广度远超战前所涉及的那些方面。"西班牙败于美国"这件事让人们将"真正作为国家的"西班牙与批评家口中没有真正的独立国地位的西班牙进行了对比。对于一些批评家来说，这是君主制与天主教所造成的恶果；对另一些人来说，则是地方主义使国家精力衰竭。有人觉得国家太强大了，又有人觉得它太弱了，或者认为它既强大又羸弱。

西班牙的帝国意识形态在彼时看来成了一种多余，尽管它还试图在摩洛哥坚守其帝国统治。事实上，西班牙也确实在摩洛哥加强了这种意识形态。从某些方面而言，随后的西班牙历史就是它努力适应其后帝国时代身份的过程，是探寻一道问题之答案的过程——如何处理已无明确职责，也失去了获得尊荣的方式的人们（以为西班牙效力的军队与社会群体为典型）。这种转型比1945年后英国的转型更加困难，因为在当时还不存在广泛的全球性殖民地自治化。但是，与英国在第二次世界大战中取胜而获得了慰藉不同，西班牙并没有获得这种抚慰。事实上，更确切地说，19世纪末，在全世界范围内，帝国主义在政治、经济与文化上依然十分重要，而帝国主义正是自15世纪以来对西班牙的命运起到关键作用的因素。相形之下，西班牙的失败看起来就更加惊人，来得也比别国要快。

此外，西班牙人对民族复兴的呼吁似乎更有必要。无论是这种呼声，

---

① 指的就是西班牙在美西战争中的彻底失利。——编者

还是更广义的政治活动，都与人们对于过去的某些描述有关。比如，西班牙人倾向于宣称，要回归他们眼中腓力二世统治时期团结稳定的社会中的优良传统。然而，这再次重申了一个长期以来存在的论点：西班牙本质上一直以基督教身份存在。在处境险恶时，这种身份被外在的压迫与内在的挑战抑制住了。事实上，这种说法极为贴合信奉基督教的卡斯蒂利亚人，对于其他西班牙人则不太适用。

普拉萨-多罗公爵

在威廉·施文克·吉尔伯特与亚瑟·沙利文相当成功的轻歌剧《船夫》（1889 年）中，最让人印象深刻的人物是一位西班牙大公。这部歌剧由吉尔伯特作词，刻画了一位骄傲又自负，还破了产的懦夫。他对自己的社会地位关注有加：

> 涉及军事行动，
> 战争不论大小，
> 他都在军团后面指挥
> （他觉得这样没那么惊心动魄）。
> 但是，军团逃跑时，
> 他又是一马当先，啊——
> ……
> 在那勇者之师中无人
> 隐蔽得有他一半好。
> 战争自始至终他都躲藏着，
> ……

当他们得知每个人都会吃枪子儿

除非退役时，

……

他递交上辞呈，

全军第一个，啊！

　　这出歌剧意在嘲讽英国与西班牙的贵族阶层，但是对西班牙大公的揶揄则反映了当时欧洲普遍存在的对西班牙之自负做作的不屑一顾。

第十章

君主制的终结与"1898 年一代"的改革愿景

君主在议会政治的垮台中扮演了重要角色，

却很少有君主意识到，

议会政治早已成为君主立宪制的保障。

1898 年西班牙在美西战争中的惨败，导致社会上与政治领域内各种呼唤改革的声音骤起：从对现代性的反抗，到普遍的对历史使命的摒弃，再到要求主张工人权利的民主共和主义的建立。但是，说到对改革的渴求，任何地方也比不上巴塞罗那这样的工业化城市。巴塞罗那的卡萨莫罗纳纺织厂（1911 年建立）作为该时期的遗存保留了下来。参观加泰罗尼亚科技博物馆有助于人们理解那个时期，博物馆本身位于塔拉萨的一个现代主义蒸汽机厂（1909 年建立）。

　　地方民族主义也在加泰罗尼亚积聚起了力量。1901 年，"地区联盟党"在那里成立。它意在为加泰罗尼亚赢得独立，然后复兴西班牙。1894 年，巴斯克民族主义党成立。1879 年，西班牙工人社会党成立。然而，意图推翻资本主义的西班牙无政府主义者定下了一个更加暴力的基调。1906 年的马德里，发生了一场相当可怕的袭击。在阿方索十三世（1886—1931 年在位）与维多利亚女王的外孙女维多利亚·尤金尼亚的婚礼当天，24 人被炸死。新娘也被溅得一身是血，所幸她与丈夫都没有遇害。

　　巴塞罗那的暴力倾向十分明显。这里的经济增长提高了它在政治上的重要性。1893 年，一名无政府主义者在歌剧院演出期间扔了两枚炸弹，导致 20 人死亡。1909 年，为反对政府征召预备役军人去摩洛哥服兵役，工人示威游行演化为暴力行动，随后遭到军队的血腥镇压。早在 19 世纪 90 年代，加泰罗尼亚的矿工罢工也是被政府用这种方式镇压下去的。在"悲剧周"（Tragic Week）①中，巴塞罗那的教堂被烧毁，最终导致 1909 年保守党首相安东尼奥·毛拉遭到罢免。

　　与意大利的乔瓦尼·乔利蒂所做的努力一样，自由党的何赛·卡纳

---

① 指的是 1909 年 7 月 26 日至 8 月 2 日。在此期间，加泰罗尼亚城市工人以巴塞罗那为中心发起暴动，并与军队产生了暴力冲突，导致 70 多人丧生，数万人受伤，数千人被捕。——编者

列哈斯（José Canalejas）也试图缓和社会分歧，将矛盾视为"自上而下的革命"的一部分。但是，1912 年，他被一名无政府主义者刺杀身亡。西班牙的领导层随着这位政坛才俊的陨落而大大受损，这在很大程度上是因为卡纳列哈斯与毛拉一样是现代主义者。毛拉同样致力于民族复兴大业，不过人们对"民族复兴"这个概念与执行程度的认识千差万别。

由于保守主义者与自由党人之间的分歧，以及新的政治运动，还有共和主义者、社会主义者与地方主义者所制造的难题，西班牙政治变得更加不稳定，更为艰难。共和主义者、社会主义者与地方主义者都破坏了西班牙政治体制的合法性，部分原因在于他们指责西班牙政治体制为精英主义腐败政治。

西班牙在第一次世界大战期间（1914—1918 年）的中立带来了经济发展的机遇，对加泰罗尼亚的纺织厂和西班牙农业而言更是如此。同时，西班牙木材出口国外，为西线英法联军的战壕提供支柱，同时也造成了森林过度砍伐。西班牙通过火车从陆上把商品运往法国，避开了德国的潜水艇攻击，这一点很重要。此外，从巴塞罗那到马赛的海上航线也基本上是安全的。中立意味着分裂：爱德华多·达托（Eduardo Dato）领导下的保守主义者支持德国，而自由党人，尤其是阿尔瓦罗·德·菲格罗亚（Álvaro de Figueroa）与同盟国更加亲密。爱德华多·达托在 1913—1915 年及 1917 年任西班牙首相。

然而，结果表明，出口商品的激增引发了通货膨胀，工人因此要求加薪。1917 年大罢工被军方镇压下去了，但军方自身反而受到了民众不满情绪的影响。1917 年俄国布尔什维克革命是个充满争议的例子，它煽动人们，尤其是巴塞罗那人，以暴力手段进行抗争。在安达卢西亚，没有土地的农民迫切要求改变，许多人因此转向无政府主义。

第一次世界大战后，西班牙国内局势日趋紧张。1918—1921 年，军队与国民警卫队被大量用于镇压罢工者与无政府主义者，而雇主也组织起了自己的武装力量。加泰罗尼亚通过罢工要求独立，但受到了西班牙政府的抵制。联合政府无法带来社会稳定，更不要说激起人们的热情了。此外，早期或明或暗的两党统治的约定也开始出现问题。1921年3月，达托首相被3名加泰罗尼亚无政府主义者刺杀身亡。

长久以来的惯例依然在延续。例如，大众展现出的对宗教的忠诚导致在1918—1920年，人们"目睹"了多次基督显形现象。林皮亚斯是圣迹显现的主要场所，这里看来会成为西班牙的卢尔德，朝圣者开始向此处会聚，阿方索十三世与西班牙首相安东尼奥·毛拉也莅临参观。这些宗教幻影既是人们对经济动荡的即时反应，也指明了宗教朝圣之所。它们作为西班牙生活的一方面，不应被删去。教会在20世纪头几十年里试图使人民"重新成为天主教徒"。但是，天主教激进主义不仅采取了反现代的立场，还不愿接受自由主义，也不能动员除少数工人阶级之外的大众，尤其是城市工人阶级。反之，后来的历史证明，教会的虔敬文化在保守的中产阶级中更加有效。这种差异预示了佛朗哥执政时期的情景。

与此相对，新技术，尤其是电力，带来了巨大的发展。电力的普及影响了基础设施，尤其是马德里的公共交通。1898年，马德里的有轨车通电了。西班牙城市经历了基础设施的扩建，特别是一些主要的公共建筑与游乐园。此外，在中产阶级家庭中，消费品成了舒适生活的具体表现形式。

然而，正如1898年败于美国之手的西班牙那样，事实证明军事失败会给政治带来重创。1921年，在安瓦尔，摩洛哥力挫一支西班牙大军。两年后，巴塞罗那总司令米格尔·普里莫·德里维拉将军（General Miguel Primo de Rivera）发布"公告"。为此，阿方索十三世解散了议会，任命普里莫为军事指挥部首长。这暴露了自由议会实践的缺陷，表明了阿方索对事态的默许。正如前一年维托里奥·埃马努埃莱二世在意大利对贝尼托·墨索里尼的纵容一样，君主在议会政治的垮台中扮演了重要角色，却很少有君主意识到，议会政治早已成为君主立宪制的保障。萨拉戈萨与巴伦西亚发动了军事行动，对普里莫表示支持，但是大部分军队并未做出有利于他的举动。当然，这些人也没有阻止他。

普里莫用祖国、教会、王权一类的说辞蛊惑人心，又将这些说法归结于传统的民族主义。他试图通过独裁主义重振西班牙。这种对快速变动形势的应对，尤其是在快速现代化的时代面对大众政治的挑战做出的回应，把握住了人们企求强化国家和家庭二元独裁统治，且有意在一个变化无常的世界中恢复这种独裁统治的心理。西班牙废除了共产党与加泰罗尼亚地区政府，禁止罢工，暂时中止了 1876 年宪法，限制了政治界与新闻界活动，在经济领域采取中央集权的方法，加大公共投资，征收高额进口关税，实行国家垄断。

成功是多方面的。西班牙通过墨索里尼式改革引入了社会福利。第一次世界大战后，随着世界经济的恢复，西班牙经济也有了一定程度的增长。1925—1926 年，它与法国一道结束了摩洛哥的里夫战争。西班牙使用了大量的芥子毒气，不加区分地空投在平民与战士身上，导致伤亡惨重。西班牙对胡塞马海湾的陆海两栖进攻也意义重大。弗朗西斯科·佛朗哥带领一支兵团率先登陆上岸，他记录并发表了第一手的军事行动实况。不过，实际上在应对摩洛哥反抗的过程中，法国的援助比佛朗哥的军事行动更有价值。

事实证明，在西班牙，不论当权派提出何种政治方案，在野党都不会接受。而且，军队内部的不满情绪也日渐增强。这是因为普里莫试图按照功绩而非资历提拔军官，并且要在将多兵少的部队中裁掉一些冗余军官。1926 年，一场反对普里莫的政变险些爆发。无论如何，加泰罗尼亚依旧是抵制运动的中心。不论是 1919—1929 年位于巴塞罗那的，为阿方索十三世而建的佩德拉尔韦斯王宫，还是 1929 年在巴塞罗那蒙特惠奇山地区举办的世界博览会，抑或是西班牙广场及其新古典主义风格的喷泉所留下的一处让人印象深刻的历史遗迹，都无法掩盖当时的困境。更普遍地说，阿方索十三世不仅担心由他任命的大臣越来越不受欢迎，也担忧自己日渐下滑的受欢迎度。他已将人们对他的支持挥霍一空。1930 年，预感到另一场政变即将到来的阿方索，将筋疲力尽的普里莫排挤出局。

普里莫的继任者也是一名将军。他叫达马索·贝伦格尔（Dámaso Berenguer），在 1919—1922 年曾担任西属摩洛哥的最高委员会主席，1923 年成了皇室军事首脑。他试图在宪法中寻找解决方案。然而，他意识到，摒弃普里莫不得人心的政策尚不足以帮他在一个四分五裂的社会中赢得支持。他废止了普里莫实行的一些颇具压迫性的措施。与普里莫相比，贝伦格尔政府被称作温和的独裁政府。政治问题妨碍了可行的、深得人心的政府的组建，而固有的分歧又给这一进程带来了困难。此外，1929 年的经济衰落及随后的大萧条造成了巨大的经济压力，给人们以沉重的打击。

1931 年 2 月，贝伦格尔辞职。接替他的是海军上将胡安·鲍蒂斯塔·阿斯纳尔－卡宾纳斯（Juan Bautista Aznar-Cabañas）。与此同时，在政治领域，共和主义日益强大，而政府则被瓜分为专制主义者与君主立宪主义者两派，后者未能与共和党人达成共识。1931 年 4 月，随着共和党派在市政选举中的胜利，阿方索十三世面对着马德里街头聚集的人群，不得不宣布退位。这是一次和平的权力移交。在西班牙历史的关键时刻，皇室开始了流亡生涯。军方并未反对这一事态走向。西班牙旧有秩序的某些方面走到了尽头，军事修会也在当年 4 月被解散。

损害君主政体的，与其说是不可避免的冲突，不如说是偶发事件与个人因素相互作用的结果。阿方索十三世明显的能力不足是一个重要因素。有人指出，支持君主政体的人很少。就算这种说法正确，人们在某种程度上也忽视了一个问题：大多数的宪政体系与政治部署均是应者寥寥。但显然，君主政体确实不太受人欢迎。

第二共和国宣告成立，尼塞托·阿尔卡拉－萨莫拉（Niceto Alcala-Zamora）成为首相。在1931年6月的议会选举中，共和党－社会党联合政府大获全胜。然而，由大萧条引发的严重经济问题妨碍了社会改革。同时，执政联盟的内部分歧使人们对社会改革的期待落空了。1931年12月发布的新宪法旨在确立民主政体，还承认了女性选举权，并宣布实行完全的宗教自由。此外，薪酬水平也有所上涨。

新成立的共和国并未有效地促进社会稳定。新政府与宪法中的反教权主义，尤其是主张教会与国家分离的倾向，可能会导致宗教体制瓦解，这激怒了虔诚的教徒。事实上，这也导致已被选为总统的阿尔卡拉－萨莫拉辞去了相位。不论是反教权主义，还是势力强大的社会党不愿走宪法程序使政策落地的这一行径，均疏远了右派，迫使右派人士活跃起来，同时也引发了大众的共识：政府对精英阶层经济利益的攻击力有不逮。右派还对政府支持加泰罗尼亚自治的行为感到十分恼火。

1933年，何塞·安东尼奥·普里莫·德里维拉（José Antonio Primo de Rivera，1903—1936年）创立了长枪党（The Falange Party），他是独裁者米格尔·普里莫·德里维拉的长子。长枪党愿意诉诸武力，坚决反对地方分裂主义，并意图重新占有葡萄牙与直布罗陀海峡。1935年，长枪党攻击了犹太人经营的百货商店。

同一时间，天主教牧师施礼华（Josemaría Escrivá de Balaguer）在马德里目睹异象后，创办了旨在促进天主教神圣信仰的主业团。这是当时各种思想涌动、新组织迅速崛起的体现。佛朗哥政权对主业团运动给予了极大帮助。

右派的威胁与日俱增，于是激进左派也向政府施压，呼吁进行更加极端的社会改革。他们想在不寻求天主教支持的情况下发起社会革命。事实表明，农业改革尤具争议性，引发了巨大的分歧，并激化了无政府工团主义者与国民警卫队之间的冲突。国民警卫队在20世纪30年代初广泛活跃于西班牙各地。1931年7月，在镇压塞维利亚的无政府主义者罢工时，大炮派上了用场。

1933年11月，由何塞·马利亚·吉尔－罗珀斯（José María Gill-Robles）领导的西班牙右翼自治组织联合会（Confederación Española de Derechas Autónomas，缩写为CEDA）与中间派的激进共和党在大选中获胜，而社会党与左翼共和党落败了。激进共和党组建了新政府，但左翼分子拒绝与之合作。反教权立法被废除，1934年6月的大罢工遭到暴力镇压。1934年10月，西班牙右翼自治组织联合会参与执政。

作为回应，当加泰罗尼亚地区政府宣布独立时，左翼分子发动了一次大罢工。但是，西班牙政府动用武力保持了对局势的控制。加泰罗尼亚总统刘易斯·孔帕尼斯（Lluis Companys）被判入狱30年。

在阿斯图里亚斯，煤矿工人团结起来，从补给站与兵工厂中夺取武器，打败了当地警察。随之而来的是残忍的军事镇压，镇压行动由佛朗哥策划。空军对起义军控制的城镇与阵地进行了轰炸和低空扫射，打击了缺乏防空力量的守军士气。"自由号"（Libertad）巡洋舰炮轰希洪市。政府派遣了由26000名士兵组成的军队，对抗10000—12000名起义军。虽然起义军拼死抵抗，但是听凭佛朗哥调遣的西班牙外籍军团是一支训练有素、士气高昂的劲旅。在夺回奥维耶多的室内战争①中，高昂的士气是必不可少的。叛乱被镇压后，城市也变得千疮百孔。随后就是大肆劫

---

① room-to-room fighting，根据奥维耶多战役的史实，这里指的是逐个房间剿灭敌人、近身搏斗。——译者

掠与大规模屠囚，大批平民惨遭杀害。

1934 年一系列事件所带来的影响在 1935 年逐渐被人们消化，而局势的紧张则越发明显，以致社会各阶层走向了彼此对立。1936 年 2 月，共和国的一次关键选举验证了西班牙的两极分化。在这种日趋分化与日益暴力化的氛围里，在各种持不同政见的人当中，极少有政客与评论家愿意接受真正的民主：坦然接受有利于对手的结果。反之，暴力变得更加根深蒂固，暴力的威胁也更为普遍。

生活水平

对于大多数西班牙人来说，不论是在城市还是在农村，他们都生活在贫困之中。通常来说，住房过度拥挤、潮湿且不卫生。工资低廉且不说，政府还要对消费品课税。而且，自 19 世纪 90 年代末起，商品价格与各类租金的上涨也使低工资的问题进一步恶化。因此，人们的生活面临巨大的压力。社会福利十分有限，周期性失业或不充分就业的问题严重。始于 1929 年的全球性大萧条给人们造成了严重打击，这使本已低下的生活水平进一步恶化。这种情况在西班牙尤为突出。因为在 1910—1919 年西班牙经济增长之后，在宽松信贷背景下的 20 世纪 20 年代，西班牙吸引了大量外国投资。大萧条切掉了这一信贷来源，阻断了投资活动。

光明的世界：索罗拉博物馆

在马德里的一派富丽堂皇之中，参观一座画作均沐浴在光线之中、充满温馨气氛的博物馆，无疑是件美好的事。华金·索罗拉

（Joaquín Sorolla）的许多画作就陈列在这座 1910 年为他而建的令人愉快的房子里。房前是一座遵照格拉纳达样式建造的迷人花园。索罗拉（1863—1923 年）出生于巴伦西亚。与其说他属于印象派，不如说他是个风格多变的画家。索罗拉幼年时父母双亡，他的父亲是一位商人。索罗拉在服兵役并在罗马与巴黎受训前，从普拉多博物馆的画作中得到了启发。他的绘画题材十分广泛，尤其擅长东方主义主题与肖像画。他那幅栩栩如生的《悲伤的遗产》（1899 年）描绘了在巴伦西亚（该地区早前受小儿麻痹症侵袭）海边，一群因小儿麻痹症致残的儿童在一名传教士的监督下，在海中沐浴的场景。

索罗拉在巴黎获奖后，受邀分别于 1909 年、1911 年在美国举办画展。他还绘制了一系列的肖像画，其中一张是美国总统塔夫脱。1910—1919 年，他的主要作品是以"西班牙诸省"为题的 14 幅大型壁画。这些画作陈列于西班牙美洲协会曼哈顿总部内。

索罗拉还绘制了印象派风格的海滩场景，画作显示了他在色彩研究方面的高超技艺。绘画作品出色展现了流体的形态与色彩的变化，极富魅力。这种表现力在索罗拉博物馆内存有大量明证，其中包括《海边漫步》（1909 年）与《马的海浴》（1909 年）。《花园中我的妻子与两个女儿》（1910 年）精妙地融合了他对肖像画艺术与光线的研究兴趣。这家颇具魅力的博物馆是博物馆云集、艺术荟萃的马德里城市中一处绝妙的点缀。

第十一章

西班牙内战：双方同样残酷

英国外交官 G. H. 汤普森发现，
交战双方"同样残酷，同样恐怖"。

1936 年，一群自称"国民军"（Nationalists）的高级军官试图夺权。他们的起义始于 7 月 17 日的西属摩洛哥，7 月 18 日至 19 日扩大到西班牙本土。他们反对左翼共和国政府的现代化改革政策。此前在 1936 年 2 月 16 日的激烈选举中，左翼党派联盟组成的"人民阵线"（Frente Popular）以微弱的优势取胜。国民军因此担心共产主义可能会以人民阵线的形式夺取政权。军队对政治的态度在很大程度上解释了这些起义发生的原因。国民军宣称政府已失控（实际上，正是右翼与左翼的暴力行为造成了政府的失控），他们实际上反对的是共和国及与之相关的民主与自由。

但是，在 1936 年，国民军只取得了部分胜利。他们显然未能控制马德里，更不要提巴塞罗那了。此外，他们未曾尝试与政府商定任何协议，这引发了激烈的内战。激战直到 1939 年 3 月 28 日国民军占领马德里时才结束。

西班牙内战通常被视为第二次世界大战的前奏，内战双方在意识形态上的分歧相当突出。其中，十分强调宗教的国民军将共和党人刻画成反基督者的仆从。人们在将西班牙内战看作世界大战的先兆时，须慎之又慎，因为意识形态层面的斗争实在是老生常谈的话题：这种意识形态斗争在 1808—1813 年半岛战争的内战中也发挥了作用，在卡洛斯战争中更是如此。

虽然西班牙内战涉及了海战，但主战场仍在西班牙本土。由于 19 世纪西班牙帝国失去了大部分海外领土，所以发生在海外的暴动极少，但最初的起义是在西属摩洛哥打响的，在拉腊什市，西班牙共和军进行了一番顽强抵抗后才被国民军打败。

在陆战方面，西班牙内战不同于第一次世界大战中的西线，也异于第二次世界大战中最初的一些战役。与第一次世界大战中的西线战事相

211

比，西班牙内战没有密集的防御阵地，其前线作为一个高度发达的体系，由多个部分独立组成。如此一来，交战双方攻破彼此不连贯的前线就变得相对容易。但是，与1939—1941年德国的屡次获胜不同，事实证明，在西班牙内战中很难形成并保持进攻的势头。因此，如第一次世界大战那样，西班牙内战也未能充分把握战机。共和军在布鲁内特（1937年）、贝尔奇特（1937年）、特鲁埃尔（1937—1938年）、埃布罗河河谷（1938年）多次战役的进攻过程都重演了这一情景，国民军在哈拉马战役（1937年）与瓜达拉哈拉战役（1937年）的进攻也是如此。

这种失败是由共和军与国民军的本质所决定的。他们训练不足，补给匮乏，同时作战不精，尤其是计划不周。这种缺陷使战争具有了消耗性。在有些情况下，部队的快速调动并不会带来消耗，如20世纪20年代，俄国与中国在各自的内战中均出现了部队的迅速调遣。然而，与俄国相对平坦、开阔的地形形成鲜明对比的是，西班牙大部分都是山地。在俄国的地形上，前线部队可以快速移动；而在西班牙，交通运输基础设施相对来说十分有限。此外，俄国广阔的国土面积本身也意味着部队密度相对较低，队列人数因此比较稀少。如此一来，一旦防线被攻破，就很难重组。

西班牙战争（包括外国给予的援助）的消耗性本质突出了资源的重要性，它还意味着能够更好地调控经济、维持士气、保持政治凝聚力的一方就会增值。在以上三个方面，国民军的做法都更见成效。就战争时机而言，共和党人显得尤为不幸。因为，假如西班牙内战爆发在第二次世界大战期间，西方同盟国也许就会向他们伸出援手，以对抗支持国民军的德国。

然而，在西班牙内战爆发之时，英国不愿帮助共和党人，法国的军事援助也是小规模的。1937年，美国国会甚至发布命令，禁止向西班牙交战双方出售军火。英国政府不希望看到法国三面都被右翼独裁统治包围，但又不清楚要怎么做才能不使英国的国际地位受损。英国政府不仅是由保守主义者主导的，而且很担心西班牙会成为战争物资的供应者苏联的战略合作伙伴。因此，英国政府试图阻止英国志愿军参战。此举损害了共和党人的利益，因为为他们提供了最多帮助的正是这些志愿军。西班牙内战也激化了英国社会中左翼、右翼意识形态的较量。

在某些地区，国民军最初的起义获得了成功。但是，在其他地方，尤其是马德里、加泰罗尼亚与巴伦西亚，由工人组成的民兵或效忠于政府的常规军守住了共和党的阵地。政治上的意识形态是划分立场的重要决定性因素，不过个人主义也同样重要。这涉及军官个体、部队与平民的反应。叛变政府的国民军将领未能令全军上下信服。

1936 年 7 月，在突击卫队试图镇压当地反抗时，内战双方所控制的区域都得到了巩固。这次镇压涉及大规模暴力，不被镇压者所接受的人全遭到了谋杀。在共和党控制区，这场镇压具有准革命的特点，这点在对神职人员的杀害上体现得尤为明显。在西班牙内战爆发的头一年里，马德里至少有 8000 名平民被处决。所有人民阵线团体都参与了杀戮与镇压。长枪党领袖普里莫·德里维拉在阿利坎特被共和党人处决，共和党就这样替佛朗哥解决掉了一个他鄙视的对手。国民军则遵照自己所认为的秩序杀人，而且，他们的做法没共和党人那么杂乱无章。英国外交官 G. H. 汤普森发现，交战双方"同样残酷，同样恐怖"。

事实上，双方都犯下了可怕的罪行，执行了恐怖政策，他们针对所谓敌人的暴力行为实则只是获取控制权的方式而已。胜者将有更大的机会通过暴力方式在血泊中建立起新秩序。与葡萄牙和拉丁美洲一样，19 世纪的西班牙早早确立了军事暴力行为。在某种程度上，这是由 1808 年拿破仑占领西班牙引发的社会动荡所造成的。在这一背景之下，20 世纪重申了过去的主题与方式。巴尔干半岛也见证了军事暴力场景。1936年国民军在塞维利亚的所作所为亦是如此，战争中出现了为实现具体目标而采取的不计代价且不必要的极度暴力。弗朗西斯科·佛朗哥将军指挥的非洲军团尤以暴力著称。而且，在某地被占领后，他们会调动具有压倒性优势的兵力前往该地继续进行镇压。事实上，这些镇压在战争结束后才发生。

截至1936年7月，西班牙分裂成了两个区域。一边是共和党人控制的首都马德里，这里有占全国大多数的人口与工业，得到了来自海军与大部分空军的支持；另一边是国民军控制的大片农村地区，其支持者是大多数的陆军作战部队。国民军的非洲军团在摩洛哥的军事行动中经受了历练，作战经验尤为丰富。此外，德国介入西班牙内战后所发挥的作用也相当重要。自7月29日起，德国帮助佛朗哥从摩洛哥空运了接近14000名士兵，由此，西班牙海军的封锁被解除了。国民军也在所到之处尽可能地招募预备役，并将右翼民兵纳入部队编制。

随着第二共和国的解体，共和军发现，组织起一支有效的部队变得更难了。部分原因在于政治分歧，但更多的是由于共和军自身，尤其是他们的民兵，缺乏事先策划好的必要的组织与纪律。军中仍效忠于共和军的人受到了社会主义者、无政府主义者、地方及其他民兵志愿军的挑战，军事叛变、工人武装革命及民兵发挥的作用共同导致了这一局面的产生。这些问题破坏了共和军的军事训练，影响了其作战水平。此外，民兵也缺乏武器装备。对此，共和党人倾向于采取一种集权式的做法——将民兵编入正规军。

1937年5月，发生了一起有时被称为"五月事件"（the May Events）的动乱。在该事件过程中，共和党内部的矛盾趋于白热化。共和党阵营内部就无政府主义者的立场问题，在加泰罗尼亚，尤其是巴塞罗那发生了争斗，并致使教堂内部设施被破坏。在这次事件中，无政府主义者遭到共和党人与加泰罗尼亚民族主义者联盟的残酷镇压。

共和军因为面临重重困难，尤其是战斗部队的缺乏，而在1936年战争初始阶段便失去了主动权。而且，他们也未能充分利用国民军早期面临的一些问题。反之，佛朗哥指挥非洲军团在安达卢西亚西部横冲直撞，并与较北边的国民军连成一线。8月14日，他们对巴达霍斯城发动了猛烈进攻。由工人组织起来的未受过训练的民兵无力进行有效的抵抗。佛朗哥的胜利使他在军队同僚中获得了压倒性优势。9月21日，他成了国民军大元帅；10月1日，他又升为国家元首。

尽管到1936年11月初，佛朗哥一路打到了马德里附近，但他于11月8日发动的攻击被阻截下来。成功阻挡他的是首都及其周边地区敌军的力量与决心。佛朗哥通过随后的一系列正面进攻夺下了城市的部分地区，但遇到了抵抗，止步于此。11月23日，佛朗哥放弃了攻击。这次挫败导致两方的战斗时间被拉长，战事的激烈程度也普遍加深。以上种种均意味着外国援助对双方来说更具价值了。与此同时，这也迫切地要求西班牙战士具有适应能力。迫于必须面对的压力，交战双方都显示出了对环境的适应性。佛朗哥在向马德里发动进攻时，成功利用之前截获的公用汽车与卡车来运送部队，这种机动性使国民军有机会从侧翼包抄占据人数优势的共和军。

然而，与上述假设相反，9月底，佛朗哥决定先发制人，为受困于托莱多的阿尔卡扎尔（要塞）的国民军解围。共和军趁机临时发动了一场有效的马德里保卫战。凭借军队的人数优势、枪支与装甲部队，共和军成功阻止了国民军的进攻，随后又迫使过度扩张的佛朗哥与他疲惫不堪的部队在11月底放弃了马德里。由于当时苏联飞机参战，共和军掌握了制空权。

尽管空军有其局限性，但仍然十分重要，因为飞机是大炮的有力替代品。

尽管佛朗哥未能占领马德里，德国与意大利还是在 11 月 18 日认可了佛朗哥政府的地位，此举促使两国为西班牙国民军的胜利贡献力量。在国际社会应对矛盾冲突之时，意识形态问题开始发挥明显作用。11月，希特勒派出 12000 名士兵以及一些坦克与飞机参战，但他不愿投入更多。12 月，墨索里尼同意派遣两个旅的部队。最终，墨索里尼派出的部队有 80000 人，而希特勒派出的兵力则不足 19000 人。德国与意大利对西班牙的共同支援极大地促进了其联盟关系的发展。因此，截至 1936 年年底，墨索里尼已开始谈及罗马－柏林轴心国了。如今，一些西班牙评论家将这场战争视为第二次世界大战的第一阶段。

德国与意大利通过在西班牙发起的军事行动来彻底检验它们的武器、战术与军事理论，尤其是在突袭方面的策略。当时对城市的恐怖性爆炸袭击规模骇人，其中最可怕的当属德国与意大利飞机对马德里（1938年）、格尔尼卡（1937 年）、巴塞罗那（1938 年）与卡塔赫纳（1936 年和 1939 年）的轰炸。这些轰炸的攻击目标都是平民，但受害者远不止于此：对卡塔赫纳与巴塞罗那这两座港口城市的攻击，是国民军意图阻止共和军进口武器所做的一部分尝试。1937 年 4 月 26 日，德国摧毁了格尔尼卡，目的是击垮巴斯克共和党人的士气，进而削弱他们对国民军进攻的抵抗。德国与西班牙国民军担心国际社会会对他们炮轰格尔尼卡予以强烈谴责，因此拒绝对此负责。当国民军继续向前挺进，在 6 月占领毕尔巴鄂时，他们炮轰城市的做法或许也影响了对方组织起来的反抗力量。轰炸难民——尤其是那些在 1937 年 2 月从马拉加逃出的难民，以及在1938—1939 年冬天逃往巴塞罗那的难民——成了意大利人的专长。意大利派出了 759 架飞机前往西班牙，德国派出了大约 700 架，而苏联派出的飞机是 623 架。

天才遇害：洛尔卡的被杀

费德里戈·加西亚·洛尔卡（1898—1936 年）是一名杰出的诗人、剧作家。他是"27 年一代"——一个深谙现代主义，具有世界性文化倾向的群体的一员。他的作品《吉卜赛谣曲集》（1928 年）基于流行的安达卢西亚歌谣创作而成，给他带来了巨大的声誉。他的主要歌剧，诸如《贝尔纳达·阿尔瓦之家》，对业已存在的社会规范表示怀疑。这出戏剧完成于 1936 年，但是直到 1945 年才在布宜诺斯艾利斯首演。故事讲述了一个只关心公众声誉、传统与贞操的无情女家长的种种压迫人的手段以及对家庭的控制。这出戏剧对西班牙社会持批判态度。洛尔卡是一名社会主义者，也是个同性恋者。1936 年 8 月，他死于西班牙国民军民兵的枪口下。

瓦尔特·冯·赖歇瑙（Walter von Reichnau）中将曾对 1938 年的一次纳粹领导会议进行了叙述：

> 西班牙战争的经历使我们更易抛弃在坦克战方面走过的错误道路。在阿比西尼亚战役中，阿比西尼亚（意大利在 1935—1936 年占领了那里）不具备任何对抗坦克的手段。这场战役树立了轻型坦克的声望……我们忽视了重型装甲坦克的制造。结果表明，在西班牙战场上，只有装配着装甲钢板的重型坦克才更有用。

一旦失去作战的机动性，国民军在面对人数众多的敌人时就发现了阵地战实际上非常棘手。1936 年 11 月，国民军试图通过从侧面包抄马德里来恢复机动性，结果过度延伸的布局使自己暴露于对方的攻击之下。1937年2月，佛朗哥通过切断马德里到巴伦西亚的这条重要补给线，再次尝试激活部队的机动性。但是，共和军仗着人多势众，在哈拉马战役中挫败了他的企图。

这场战争的本质引起了相当多来自外国的关注。人们将其视为战争变化特征的一个判例案件——以当代人J. F. C.富勒的说法，它是"埃布罗河上的奥尔德肖特"。他所说的奥尔德肖特在当时意指英军受训之地。当时，富勒是一名退休的英国少将兼报社通讯员。他表现出了对佛朗哥明确的同情，但这无损其军事观察的价值。他在参观过佛朗哥的军队后，于1937年3月向英国军情局发回一份报告，其中指出了佛朗哥军队的各种缺陷：

> 这绝不是一场伟大的战争，不是堑壕战，甚至也不是游击战……城市战……红色分子的主力在城镇……佛朗哥如果有一支高度组织化的部队与充足的运输工具的话，他本能够拿下马德里。但是，他没有这些东西。例如，贡萨洛·奎波·德利亚诺将军（一位著名的国民军将领）亲口告诉我，当他发动对马拉加的攻击战时，他当时只有28辆卡车……人力远远未被动员起来。事实上，根本不可能动用全部人力，因为军事组织无法消化更多人。

富勒也关注了作战范围，及其与战争缓慢的节奏之间的关系：

> 尽管名义上的前线是无边无际的……驻防地极小……完全不同于（第一次）世界大战的前线。这不仅是因为前线绝非绵延不绝的，还因为，一般而言，人们很难发现它。在旅途中，据我所知，

有时我可能进入了红色分子的领地……通常来说，村庄是天然的屏障，周围一般都有围墙。不管是哪一方占据了这些村镇，也就"占据"了前线中间的缺口。在紧临着马德里西边的地方——当然还有别处——确实有战壕存在。我去过马德里的战壕，它们实在是粗劣不堪……尽管我在此处前线待了一个半小时，但红色分子只发射了两枚炮弹，我只听到几声步枪射击。

富勒对坦克战颇感兴趣，因此对他所看到的场景感到失望：

> 我没看到几辆坦克：对于佛朗哥一方而言，意大利轻型坦克是无关紧要、漫无目的的机器……只有在没有坦克的情况下，人们才能意识到坦克战术的价值。坦克通常是单独作战的。如果大量使用坦克，那么它们往往会分布在广阔前线上的不同地方。结果是，坦克会遭遇密集的火力攻击……事实上，根本就毫无战术可言，也不存在恰当的训练与维护。佛朗哥军队的一名军官告诉我，到目前为止，单次战役使用过的坦克最多也就15辆！我认为我们不需要学习此战中运用坦克或者反坦克的手段。因为，战术的基础是训练，而这次参战的大多是未经训练之人以及极少数的外国雇佣兵。

富勒的观点过于严苛，实际上，在西班牙军队中不乏经验丰富之人。但是，他对步兵的强调也有他的道理，此外，他也正确地指出在时间、训练与资源不足的情况下，有效地组建起一支庞大军队所面临的重重困难。这些问题与第一次世界大战期间的英国在1915—1916年、美国在1918年遇到的问题有许多相似之处。但是，与英、美相比，西班牙内战的背景使得国民军和共和军双方面临着更大的困难。这不仅是因为当时

219

资源匮乏、前线铺得过开，也是由于双方都没有形成一个具有凝聚力的有效的国家机构。

未能迅速取得胜利的国民军一方提出了各种不同的应对策略。彼时，意大利在西班牙投入了5万兵力和一些飞机。意大利提出让国民军效仿他们1936年春征服埃塞俄比亚时的成功模式，采取快速进攻战克敌。具体做法是从马拉加（2月8日攻下）与特鲁埃尔集合兵力，攻击共和政府所在地巴伦西亚。如此一来，就能快速将共和党控制的地带分成若干小区。胜利后，意大利即可重新调遣部队寻求其他机会。正如意大利所预料到的那样，德国也想速战速决，因此，德国也支持这一作战计划。可是，该计划却遭到了佛朗哥的反对。他更想将战略与军事行动纳入一个体系之中，谨慎行事。佛朗哥宣称，他的方法会一点点磨损对方的势力，他想要以此摧毁共和军。

在英国与德国看来，意大利不知该如何使用机动化部队。1937年3月，意大利的这一缺陷暴露了出来。当时，马德里以东的一支向瓜达拉哈拉市进军的意大利军队过于依赖该区仅有的几条道路。他们士气全无，在恶劣的天气中失去了后勤支持。最终，在3月18日共和军的一次成功的反击战中，这支意大利机动化部队被击退了。佛朗哥未能向意大利军队提供必要的支援。他反对意大利军队像占领马拉加、进攻瓜达拉哈拉时那样单打独斗。瓜达拉哈拉进攻战的结果促使佛朗哥下决心放弃对马德里的继续攻击。

佛朗哥继而将注意力转向北方。他占领了坎塔布里亚沿海地区，攫取了当地的工业资源，并于1937年6月19日占领了毕尔巴鄂港口。北方四分五裂、指挥不利的共和军不仅训练不足，而且没有空军力量。共和军为解除北方面临的压力，在中部地区发起反攻，例如，7月6日在马德里以西发动的布鲁内特战役。共和军突破了薄弱的国民军防线，但是佛朗哥派出了包括德国与意大利空军在内的援兵。共和军未能保持住他们的冲劲，这是其军事行动中的一个通病。此番战役，共和军损失更为惨重，布鲁内特战役暴露出了其不足，尤其是各军种之间的不协调，以及与此相关的一个问题：无法熟练运用已有的大炮与坦克。

战争的棘手迫使佛朗哥在1937年8月迫切寻求意大利援助，阻止苏联将武器运送给共和军。墨索里尼迅速在地中海做出反应，不久后就发动了潜水艇战。

共和军在布鲁内特败北之后，无力阻止国民军在8月26日占领北部海岸上的桑坦德港口，而圣塞瓦斯蒂安也于9月13日陷落。失掉港口降低了共和军获取外国物资的可能性，而且也降低了他们的国际影响力。类似地，8月底，共和军在萨拉戈萨附近发动的攻势再次暴露出了他们在布鲁内特战役中出现的问题。结果是，共和军未能阻止10月国民军在阿斯图里亚斯高歌猛进。10月的这次胜利使国民军获得了一个重要的工业区，他们的军队与战舰也不必四处对抗四分五裂的共和军了。正如苏俄内战时的情况一样，前线双方关系立即变得清晰起来。同时，人们也显而易见地看到，胜利实际上是由一点点优势累积起来的。

共和军想要掌握战争主动权的心情可以理解，但是一而再，再而三的进攻已经削弱了共和军的力量。接下来，他们在1937年12月15日发动了又一次进攻，效果一样，共和军占领了特鲁埃尔。但是，这次胜利并未带来人们所期盼的和谈。国民军有效的反攻使他们在1938年2月22日重新夺回了这座城市。而且，在寒冬的激战中，国民军重创了共和军。

外国评论家一直对西班牙作战的特点与水平持批判态度，这可不是西班牙国内所喜闻乐见的。1938年4月，英国驻法国副武官在参观国民军统治下的西班牙地区后评价道：

即使参观十分短暂，我也已经清楚地看到这次战争的一些独特之处。首先，在这次战争中，大多数的参与者几乎未受过任何训练；其次，相对而言，规模较小的部队要在极长的前线上连成一线；再次，战争中使用了现代化武器，但水平却称不上现代；最后，因暗杀遇害的人比战死沙场的还要多……考虑到这些独特之处——一些小聪明，而且人们可以用这股聪明劲儿去"证明"任何先入为主的理论——很显然，当我们从这场战争中推演普适性的教训时，一定要慎之又慎……对于任何一个经历过第一次世界大战的人来说，参观前线全部三处防区后，几乎看不到任何战事，实在是一件惊人的事……看上去，战斗只是间歇性地爆发在前线很小的一部分。在几百英里的前线上，敌人甚至不在步枪射击范围内……双方都没想去打扰对方的生活与供给……当战事打响时，大炮又不够了……很快，一场紧张的战斗平息下来；而且，结果要么是双方在相同的阵地中继续僵持，要么是快速的进攻战。

副武官继而将最近国民军节节胜利的主因归于"他们能够秘密聚集起具有绝对优势的野战炮兵，用于他们选定为突破口的防区"。他注意到，通常而言，战术"主要基于第一次世界大战中的理论"，以暗中建造堰坝与战壕为主。他也对国民军的缺陷进行了点评，包括"不完整的、临时成立的组织"，交通运输设备与公路不够完善，以及用"完全随意的方式"进行战争指挥。

这些指责过于严厉了。佛朗哥在特鲁埃尔战役中摧毁了共和军主力。他乘胜追击，横扫阿拉贡地区并一路向地中海攻去。1938 年 4 月 15 日，佛朗哥军队抵达地中海。国民军在大炮与飞机的数量上具有优势，这使他们获益匪浅。整体而言，不管何时何地，只要国民军有需要，德国与意大利就会向他们提供大炮与飞机。共和军控制下的西班牙地区现在被一分为二，而且他们的士气十分低落。然而，尽管德国催促佛朗哥趁机攻打巴塞罗那，他却并未把握战机。佛朗哥一方面担心法国可能支持共和军，另一方面对于力克对手，他举棋不定。

佛朗哥的耽搁让本已四分五裂的对手有机会重组。事实上，1938 年7 月，共和军在埃布罗河上的突击反攻战中，明确展示出了他们集结、调遣大批军队的能力。但是，这次军事行动也暗示了突围战存在的问题，因为共和军最初所取得的胜利被国民军的增援部队抑制住了。共和军缺乏从早期成功中获益的技巧。最终，更好的后勤供给与飞机、大炮补给让佛朗哥占据了优势。

这场消耗战持续到 11 月，双方均损失惨重。对共和军来说，问题更严重，因为他们不太容易获得武器补给，尤其是重炮。相比之下，德国与意大利给国民军提供了大量补给。

1938 年 12 月底，国民军凭借巨大的装备与人员优势对加泰罗尼亚发起进攻。起初，他们的进攻受到了短暂的抵抗。但是，随着共和军前线的崩溃，国民军具备了进行快速进攻的可能性。许多共和军越过前线，逃往法国。1939 年 1 月 26 日，巴塞罗那未做多少抵抗就陷落了。2 月 27 日，英国与法国承认国民军政府的合法地位。

3 月 5 日，共和党中央军队指挥官西吉斯蒙德·卡萨多·洛佩斯（Segismundo Casado López）获得了著名的右翼社会主义者胡利安·贝斯特罗（Julián Besteiro）的支持，在衰弱的共和政府内部发动了一场政变。他们宣称胡安·内格宁（Juan Negrln）首相当时正在策划让共产主义者接管事务。这次政变导致马德里上演了数日的战斗。政变领导人决心与佛朗哥谈判到底，但是佛朗哥坚持让他们无条件投降。3 月底，国民军在未遇到多少抵抗的情况下，横扫剩下的共和军占领区。马德里于 3 月

28 日陷落，宣告了共和国的灭亡。至少有 30 万西班牙人在这次战争中丧生。许多人逃亡海外，内格宁去了法国，而卡萨多则逃往委内瑞拉。战争造成了许多伤害，其中格尔尼卡的损失格外惨重。西班牙全境的城市与定居地都遭了殃，例如，锡古恩萨主教座堂与托莱多的阿尔卡扎尔宫。

共和党人虽然有国家机器，但他们无法养活人民，无法增加财政收入，也无法抑制通货膨胀。这影响了军队后勤，结果导致部队缺粮。这与苏俄战争形成了鲜明对照，在西班牙内战中，占据中心位置的一方输了，获得更多外援且军事经验丰富的一方赢了。这种对比告诫我们，在分析战胜原因时要格外谨慎。

质疑西班牙内战

鉴于内战双方在战争中都凶残无比，战后，得胜方继续复仇。此外，对佛朗哥政权而言，这场战争的纪念活动至关重要。佛朗哥历时 20 载，耗资约 2 亿英镑，在烈士谷建造了一座天主教会巴西利亚教堂，这也是佛朗哥墓地之所在。他还在烈士谷修建了一座修道院，并建有一个高高耸立的十字架。这座建筑极为雄伟，在 30 英里（约 48 千米）外都能一眼看到，它旨在纪念西班牙内战中的国民军阵亡者，且代表着"整个国家的赎罪"。佛朗哥宣称："立起的石块须像历史悠久的纪念碑那样气派宏伟，它要能够经受住时间的考验，让人们永远铭记。"一些西班牙共和国政治犯被迫劳动，在严酷的环境中从事建筑工作，最终死于非命。纪念碑于 1959 年正式落成，这是靠近马德里的纪念性构景工程的一部分。纪念碑的设计旨在复兴腓力二世统治时期胡安·德·埃雷拉的建筑风格，就像在埃斯科里亚尔所见到的那些建筑那样。

佛朗哥禁止人们对西班牙内战置喙。因此，乔治·斯蒂尔所作的《格尔尼卡之树：现代战争实地研究》（1938年出版）的巴斯克语版，只能由流亡在委内瑞拉加拉加斯市的西班牙人于1963年在当地出版。

西班牙在20世纪30年代所经受的创伤依然是一个问题。它仍在严重困扰着人们对于过去的集体描述。那些自认为是战士后裔的人互相指责，尤其是就战争暴行，以及当时的奋斗事业是否正义展开了争辩。左派强调说右派对1936年发动西班牙内战负有责任，但他们基本上忽视了自己在1934年针对共和国发动的失败起义在某种程度上同样挑战了民主体制。而且，就像有些人所提出的，以上的行为均无力阻止法西斯前进的步伐。

相比之下，后佛朗哥主义的研究揭示了佛朗哥政权为追求政治目标，对大规模屠戮害民负有多大的责任。反过来看，这一行径激起了民众的某种反应。与之相似，佛朗哥垮台后，代表不同地区利益、具有强烈分裂主义传统的民族主义者，尤其是加泰罗尼亚人，提出了足以支持他们民族独立的历史依据，而右翼则强调西班牙作为一个统一国家的悠久历史。两方的拉扯今天依然存在。

1975年佛朗哥死后，人们可以更加自由地讨论西班牙内战了。起先，为促进民族和解，大家将战争抛之脑后。西班牙人民决定超越佛朗哥留下的影响，这成了他们打造新型民主国家的一个方面。由此，《遗忘公约》诞生了。它存在于1976—1982年的中间派政府中，后来1982—1997年的左翼政府与1997—2004年的右翼政府也分别延续了这一政策。基于1977年大赦法（1977 Amnesty Law），西班牙国内无人受到起诉。此外，"胜利日"被更名为"武装部队日"，烈士谷中的陵墓也不用于官方庆典活动。佛朗哥的埃尔帕尔多王宫不再接待游客。这座具有历史意义的宫殿内有一个壮观的公园，佛朗哥曾在那里打猎。1997—2004年，何塞·玛丽亚·阿斯纳尔政府致力于呈现关于过去的统一视角。小说家与电影制片人也未能好好审视西班牙内战，尤其是在 20 世纪 70 年代。20 世纪 30 年代重要事件的纪念日留作私人闲谈，而非公众纪念。

但是，西班牙这座大厦已然出现了不少裂痕。例如，20 世纪 80 年代，西班牙大学中掀起了一场不太显眼的革命，这次革命使反佛朗哥知识分子达成了共识。此外，在同一时期，萨拉曼卡开办了西班牙内战档案馆。具有讽刺意味的是，档案馆中陈列的大部分资料最初来自共和党人。它们是在佛朗哥主义者的要求下被汇编的，用于审判共和党领袖。外国档案的解密或者说部分解密也颇具启发意义。冷战结束与苏联解体均意义重大，因为随着苏联的解体，许多斯大林的政策得以阐明。同时，非苏联的材料也开始向公众开放，包括意大利方面的资料。

自 20 世纪 90 年代起，要求直面战争真实的压力不断增加。而且，对于内战，西班牙全国上下忧心忡忡的态度，在 2001—2009 年瓦解了。在某种程度上，政治上的压力导致了瓦解，尤其是那些对原始民族主义孜孜以求的地区（如加泰罗尼亚）所施加的压力。由于加泰罗尼亚直到战争结束，一直在反对佛朗哥的运动中突出作用（许多非加泰罗尼亚人也深度参与其中），人们开始对统一口径后的西班牙历史描述进行广泛的抨击，引发了对西班牙内战的重新思考。

同时，在大众层面上，人们也对《遗忘公约》发起了攻击。这说明，在一个更加民主的社会里，政客们失去了对民众的某些控制。成立于 2000 年的历史记忆复苏协会（ARMH）意图恢复关于共和党人的历史记忆。2001—2009 年发表的多篇小说描述了佛朗哥政权接管期及掌权后对共和党人的大肆屠杀。后来，对现政权的反思发展成了一场受众广泛的文化运动。这类书籍变得流行起来，其中的许多是在地方上出版的。此外，网上出现了大量的对以上问题的讨论。

人们的讨论与外界的压力大多聚焦于西班牙全境数量众多的万人坑上。这些万人坑内埋葬着当时因持不同政见，不被佛朗哥政权所容而惨遭谋杀的人。共和党人的后代要求将他们祖先的遗体挖掘出来，验明身份并重新安葬。压力伴随着基因检测与司法鉴定技术的进步而剧增。由于这些技术的发展，身份识别的可能性变大了。此外，受害者子女的年龄也使问题变得紧迫起来，他们要求政府在自己去世前搞清楚他们父母的身份。受害者的孙辈成了主要的倡议者。第一次遗体挖掘工作始于 2000 年。到 2003 年时，政府已经在佛朗哥的集中营里挖掘遗体了。

人们对真相的追寻与对故人的纪念有关，如今出现了介绍受害人遇害方式的纪念匾。法国也出现了相似的事态。在法国，人们用纪念匾强调维希政府对法国犹太人的所作所为。与世界其他地区的类似运动一样，西班牙国内也有人要求政府将财产物归原主，并呼吁政府归还之前被抓走的孩子——西班牙内战后，这些孩子被送到了佛朗哥派的军官家中。这种情况在 20 世纪 70 年代也出现在了保守主义独裁军政府统治下的阿根廷。

政治发挥了其作用。阿斯纳尔政府觉得，这种要求政府采取行动的呼声来自左翼阵营，因此拒不屈服于这种压力，尤其不愿启用司法程序调查所有受害者的死因。2004 年阿斯纳尔政府垮台后，由何塞·路易斯·罗德里格斯·萨帕特罗（José Luis Rodríguez Zapatero）领导的工人社会党政府在 2004—2011 年执政。他们不仅急于撤销阿斯纳尔的政策，还试图借此赢得政治资本。人们想要查明国民军镇压反抗、巩固阵地时的大肆屠杀。历史记忆复苏协会获得了专项拨款、政治支持与法律援助。2007 年 10 月，政府通过了"历史记忆法"（Historical Memory Law）。它认可了西班牙内战双方的受害者，正式谴责了佛朗哥政权，下令将佛朗哥的标志从公共建筑物上移除，为受佛朗哥主义压迫的遇害者遗体挖掘工作提供国家援助，禁止在烈士谷举行政治活动，并授予国际纵队幸存者以西班牙国籍。西班牙人民党投票反对这项立法。他们认为，这项措施弱化了向民主过渡的政治共识，而加泰罗尼亚共和左翼也投了反对票，理由则是这些措施还远远不够。2009 年，烈士谷纪念碑景点被关闭了。2010 年，那里的天主教巴西利亚教堂也不再用于举行弥撒，直到 2011 年政府重组后那里又重新开放，可用作弥撒。

左翼阵营所施加的压力引发了右翼的强烈抵制。那些重申旧有的佛朗哥主义观点，并对重新审视 20 世纪 30 年代西班牙历史之诉求加以攻击的作家，有其忠实的拥趸。2006 年，在《世界报》（*El Mundo*）的一项民意调查中，30% 的受访者称 1936 年佛朗哥的崛起是正当的。因此，对西班牙历史的回顾反映出西班牙社会一直处于分裂之中，历史回顾本身也是这种分裂的载体。事实上，问题远不止于此。

此外，内战一直是西班牙政治专业词汇的一部分。2007 年，传媒帝国普利沙集团负责人赫苏斯·德波朗科（Jesús de Polanco）指控反对派想要"重回西班牙内战"，因为这些反对派对左翼媒体舆论有所批判。当人们遇到一些看似无法接受的事情时，引证历史总能给人提供便利。这也是西班牙处理自身历史时的普遍性倾向。但是，这种当下与过去的粗略对比往往受到了误导而不够公正，因为现今的西班牙已与 20 世纪 30 年代的情形大不相同了：2001—2009 年，西班牙已被纳入国际体系（最明显的就是欧盟）之中，这构成了今非昔比的一部分原因。

2010—2019 年，激烈的辩论仍在持续。左派批评了代表佛朗哥发声的修正主义。双方都以党派为阵营，叙述了对方在战时犯下的暴行。外国作家的那些让人情绪激动的书名无异于火上浇油，例如"西班牙大屠杀"。这个术语不仅极大地扭曲了西班牙历史，也错误地陈述了希特勒的政策，此术语的使用可以说大大减轻了大屠杀的严重程度。2012年，联合国人权事务高级专员敦促西班牙废除1977年大赦法，因为根据国际人权法，危害人类罪没有诉讼时效。西班牙政府不同意这一观点：自2011年起执政的西班牙人民党保守主义政府限制了政府提供的遗体挖掘援助。

与世界上其他地方普遍存在的情况一样，西班牙的争端很快成了探寻真相与寻求和解的过程的实证，同时也是当下政治局势的例证。由于后种族隔离时代的南非探求真相并走向和解所表现出的正面效应，人们已普遍将这一过程视为规范。但是，出于对政治资本的追求，政治在某种程度上成了寻求真相与和解进程的逆流，尽管追求政治资本也可被视为整个真理与和解观念的中心环节。

在西班牙，1998年，当一位法官安排逮捕奥古斯托·皮诺切特（Augusto Pinochet）将军——1973—1990年智利的独裁者时，政治显而易见地发挥了作用。这一举措当时遭到了阿斯纳尔政府的强烈反对，因为政府急于在西班牙国内实现和解，同时也迫切想要和智利保持友好关系。皮诺切特在左派眼中被视为佛朗哥的接班人。在西班牙国内，不可逮捕佛朗哥政府中的任何成员与反对皮诺切特这两种行为所产生的分歧，得到了公开讨论，这么做的意图是使阿斯纳尔政府难堪。

2014年，西班牙举行的1981年右翼军事政变未遂周年纪念活动使人们看到了纪念西班牙近代史的复杂历程。国民警卫队中校安东尼奥·特赫罗·迪兹未经授权，擅自在国民警卫队营房为其父以及其他密谋者安排了一顿午餐，因而受到免职处罚。他的父亲安东尼奥·特赫罗·莫利纳就是这次未遂政变的首领。在2017—2018年的加泰罗尼亚危机中，分裂主义者反复将西班牙政府的态度、政策与做法同佛朗哥政府相比较。

2015年年底，317条街道仍以佛朗哥的名字命名。一些城市已经改了街名，移走了雕像，但另一些城市则呈现出一番别样的景象。

第十二章

暗潮涌动的佛朗哥统治

佛朗哥之死来得非常慢。

他在去世时手中紧握宗教圣物。

佛朗哥独裁统治

直到 1973 年佛朗哥任命新首相之前，他作为国家元首，既是国家领导又是政府首脑。这个在西班牙内战时成立的民族主义军事化国家由右翼独裁政权掌政。国家的基础是"组织民主"（organic democracy）理论，据说它并非普选权那种"无组织的民主"，而是代表了社会的真正利益。有人认为，普选权具有内在的自私性，而且明显缺乏对真理的理解。西班牙议会建立于 1942 年，是一个由政府主导的咨询机构。然而，根据 1958 年国民运动组织原则法的规定，西班牙是一个传统的天主教君主制国家，同时也采取代议制。此处对君主制的强调反映了君主政体在西班牙，尤其是在军界的强势。但是，当时人们的共识是，在佛朗哥去世后，君主才会复位，而佛朗哥去世远在 1975 年，这说明人们在这一事件实际发生前很久就做好了恢复君主制的打算。后来，1967 年的《组织法》确认了佛朗哥个人的立法权。佛朗哥任命了部长会议（the Council of Minister）的成员，并亲自担任主席。部长会议是重要的国家机构，同时也是个充斥着党派斗争的场所。

相比之下，公众集会与媒体均受到了严密控制。地方分裂主义被视作威胁，这也成为强权政府存在的另一个理由。政府还借此采取措施，实现"权力的统一"。1934 年，刘易斯·孔帕尼斯宣布加泰罗尼亚独立，后来他逃往法国避难。1940 年，孔帕尼斯被占领法国的德军逮捕并移送给佛朗哥当局。在佛朗哥主义者手中，他受尽虐待，最终被枪决。

1939 年，西班牙内战之后，政府处决了大量疑似同情反对派的人士，更不用说那些从事反对活动的人了——三年间至少有 2 万人丧生——佛朗哥还亲自签署了许多人的死亡判决书。军队与准军事部队成了政权的重要捍卫者。共和党游击队继续反抗活动。例如，他们在阿萨尔基亚与阿勒普耶罗斯山区的抵抗运动直到 1942 年才结束。虽然随着时光流逝，国家的恐怖统治不像以前那么血腥残忍，自 1942 年起受到处决行刑的人数逐渐减少，但是持久的战争状态使平民仍然生活在水深火热之中，尤其是在 20 世纪 40 年代。例如，被判定为不忠的教师遭拘禁、流亡、处决、解雇，或者被迫接受再教育。人们对被告发的恐惧促进了审查制度的维系。黑市泛滥，普遍贫困，那个时期被称作"饥饿年代"（anos del hambre）。

第二次世界大战

1940 年，希特勒动了组建德国、意大利、西班牙、维希法国之联盟的念头，但是他对维护西班牙与法国利益的责任感十分有限。当时如果西班牙参战，如果德国在西班牙南部建立空军基地的话，本可能攻击直布罗陀海峡，进而摧毁英国在地中海西部开展军事行动的能力。此外，这一联盟还能使德国在西班牙的大西洋与地中海沿岸以及加那利群岛建立潜艇基地。1940 年 10 月 23 日，希特勒在法国昂代与佛朗哥会晤。

虽然佛朗哥在 1939 年与德国签署了友好条约，他本人也是希特勒事业的坚定拥护者，但西班牙仍置身于冲突之外。佛朗哥对希特勒的支持在战后被极大地弱化了。佛朗哥主义者后来自称，西班牙在战时的中立归功于佛朗哥勇敢且巧妙地抵抗住了来自希特勒的压力。事实上，佛朗哥坚决反对民主。他和希特勒一样，认为犹太教、共产主义与世界主义是串联在一起的威胁，而且犹太人要为反德国联盟的组建负责。佛朗哥不想让西班牙为犹太人提供庇护。1939 年 5 月 11 日颁布的一项法令禁止"那些明显具有犹太裔特征的人"进入西班牙。1941 年 10 月 23 日，另一项法令又禁止犹太人乘坐西班牙船只前往新大陆。极少有犹太人在西班牙得到庇护。

在佛朗哥看来，希特勒必胜。这种可能性显然给他提供了控制直布罗陀海峡、摩洛哥，甚至是英国的传统盟国葡萄牙的机会。西班牙国内存在着夺取这些地区的呼声，来自长枪党的呼声尤为响亮。1940年6月，佛朗哥已经占领了丹吉尔的国际区域。

佛朗哥对法属北非地区，尤其是摩洛哥的领土要求在希特勒看来有些过分了。而且，如此一来可能会削弱维希政府统治下的法国的力量。法兰西帝国及其战舰对德国来说，在政治与军事上都更加重要。而且，西班牙希望获得食物、原材料、制成品与武器的要求，也让人无法接受。对希特勒来说，由于西班牙经济明显较弱，其整体而言无足轻重，能给他提供的好处很少，因此也就不值得为之付出太大努力。事实上，同盟国的海上封锁使西班牙只能依靠同盟国获取燃料与食物。与墨索里尼结盟带来的许多问题使得希特勒无法承受佛朗哥提出的要求。而且，希特勒认为，佛朗哥所能做的只是分散苏联的作战目标而已。佛朗哥宣称，西班牙已筋疲力尽。无论是与英国交战，还是允许德军通行前去进攻直布罗陀海峡，均会使英国攻击西班牙的海外领地。西班牙自称"不交战"。

然而，佛朗哥却在积极地通敌合作。例如，他为德国侦察机与意大利人体鱼雷部队提供基地，协助德国从事间谍活动，发动宣传攻势，并为U型潜艇补给燃料。佛朗哥除了提供原材料外，还派出了志愿者队伍"蓝色师"前往东线对抗苏联。这被视为是反共产主义的运动。西班牙志愿师之所以称为"蓝色师"，是因为许多早期志愿军是身着蓝衬衫的长枪党民兵。这不是一支常规军，但是派出这支部队是对苏联介入西班牙内战的回应，尽管佛朗哥并未对苏联宣战。志愿军人数不足，因此截止至 1942 年年底，甚至连反法西斯主义者也被征召入伍。蓝色师十分骁勇善战。

佛朗哥政权内部四分五裂。政府、军队、长枪党与整个右派阵营内部也是剑拔弩张。1942 年，在毕尔巴鄂的贝戈尼亚圣殿事件中，长枪党与卡洛斯派起了冲突，有人投掷了手榴弹。其结果是，长枪党领袖随后受到了惩罚。佛朗哥的妹夫雷蒙·塞拉诺·苏尼尔（Ramón Serrano Suñer）是法西斯主义长枪党的领导人。1940 年，他担任西班牙外交部长时，坚决反对同盟国。1942 年，他被撤职了。

反过来，当战争局势开始不利于德国时，尤其是在 1943 年西西里岛陷落，墨索里尼垮台后，佛朗哥政权对同盟国变得更加友好了。1942 年 11 月，同盟国先是占领了维希政府控制下的摩洛哥与阿尔及利亚，随后又在突尼斯击败了轴心国势力。这都使得西班牙似乎更易受到攻击，尽管 1942 年 11 月德国占领了维希政府统治下的法国后有更多的德军驻扎在西班牙北部边境上。1943 年，葡萄牙也转而支持同盟国，允许它们在亚速尔群岛建立空军基地。鉴于战争形势看似越来越不利于轴心国，佛朗哥政权试图使自己看起来不那么具有法西斯主义倾向。例如，对犹太难民变得更具同情心了。

"蓝色师"人数减少，并于 1943 年撤退了。作为西班牙军团，1500人依然留在那里，但在 1944 年 2 月接到命令回国。在美国威胁切断石油供给的压力下，佛朗哥于 1944 年 5 月同意交出扣押的全部意大利船只，驱逐所有德国代理人，并大范围切断对德的钨供给。1944 年 10 月，西班牙承认法国的夏尔·戴高乐政府合法。然而，直到 1945 年 4 月，西班牙才与德国断绝外交关系，而对德的情报援助则持续到了战争结束。此外，德国与维希政府统治下法国的要人在战争结束时得到了西班牙的庇护，有些人还在西班牙的帮助下逃往了南美洲。

与泰国一样，西班牙战时的转变为其战后佯装中立铺平了道路。这种对事实的扭曲促成了冷战期间佛朗哥与美国的军事合作。自1975年起，西班牙对第二次世界大战的改写明显与政治倾向有关，属于冷战引发的争端。

冷战

如果共和党人当时赢得了西班牙内战，并因此获得了大西洋上的基地，尤其是战舰与空军基地的话，冷战对于西方国家而言就会变得困难得多。此前，如果在1936—1939年实现了这场胜利的话，再加上1939—1941年的苏德条约，西班牙在1939—1941年无论如何都会成为德国的盟友。

相较之下，法西斯主义西班牙独裁政权因为其1945年后明确而持续的反共立场，最终被纳入西方联盟之中。起先，西班牙的处境并不容易。1945年年初，英国、美国相继照会佛朗哥，西班牙在战时采取的政策与法西斯主义倾向，意味着它将遭到国际社会的孤立。因此，它未受邀参加1945年的联合国成立大会，并且直到1955年才获准加入联合国。事实上，许多人认为，同盟国会在1945年入侵西班牙。

作为对英、美两国的回应，1945年夏，佛朗哥试图提高西班牙的国际声誉。他宣布成立君主制国家，国内宪法的权力据说也得到了改善。同时，一名同情轴心国的官员被解除外交部长之职。但是，1946年3月，英国、法国与美国宣布，只要佛朗哥继续掌权，它们就无法与西班牙建立友好关系。联合国迫切呼吁西班牙采取更加坚决的行动。然而，当这场危机被化解后，西方国家与佛朗哥政权的共存关系得到了发展。这也使得觊觎西班牙王位的唐·胡安·德·波旁开始与佛朗哥和解。

作为另一个独裁主义右翼专制政权，葡萄牙自始至终就是北大西洋公约组织（NATO）的成员国。这主要是因为1943年美国在亚速尔群岛建立了空军基地，此举被视为美国全球战略的重要组成部分。空军基地的重要性既体现在它可为北约美军（尤其是驻扎在意大利与地中海东部的美军）提供补给，还体现在当苏联攻占大量领土时，它可为美国提供战略纵深。1953年，西班牙与美国签署和约，给予美军在西班牙建立空军基地的权利，但西班牙直到1983年才加入北约，彼时它已然是民主国家了。在1953年和约的规定下，佛朗哥得到了钱财与国际认同，最终得以与艾森豪威尔总统会晤。

然而，人们至今仍忽略了一个事件，那就是贯穿于西班牙内战、第二次世界大战以及冷战的，为反抗佛朗哥政权所做出的大量努力。反抗的鼎盛期在1944—1948年，当时有多达10000名游击队员在战斗。除去西班牙内战时期藏身于山间的共和军外，政府还面对着在比利牛斯山脉之中来自法国边境地区的游击队。1944年德国对法国的占领结束后，法国边境反对佛朗哥政权的活动就更加活跃了。1944年10月，2500人穿过阿兰山谷，发动侵略战。西班牙共和国国旗飘扬在被占领区上空，但佛朗哥主义者已做好充足的应对。入侵失败了。1944年9月，西班牙国内掀起了罢工狂潮，但是没有多少人支持这一动乱。当年，美国与英国迫切想要集中精力对付德国，于是它们敦促新组建的法国政府不要让西班牙局势失控。

20世纪40年代末与50年代初，西班牙政府打败了共和军残部。他们采取的措施包括无情追捕共和军，以及对当地支持共和军的任何行为施以严厉惩罚。政府的清剿活动也得到了以下多方面的支持：在反抗者内部，共产主义者与无政府主义者之间存在分歧；经历过西班牙内战的痛苦之后，人们对冲突普遍感到精疲力竭；政府通过食物定量配给制左右民众的支持；对佛朗哥主义的支持在靠近比利牛斯山的一些地区，尤其是纳瓦拉尤为强烈；法国对西班牙反抗势力从最初的同情转变为1946年年底的敌对，因为战后法国的联合政府中也有共产主义者与社会主义者。20世纪50年代，法国境内的西班牙共和党活动遭到禁止，活动人员也被逮捕。由于西班牙军队中应征入伍者的可靠性存疑，佛朗哥政府派出国民警卫队抗击敌对势力。国民警卫队在西班牙内战中掌握了适当的战术与军事理论，残忍而勇猛。受捕的反抗人士往往当场被枪杀，约有5000名游击队员遇害。西班牙政府宣布动乱于1951年正式结束，但此后反抗行为仍以较低的水平继续存在。

西班牙仍是极权国家，政府监视着批评者。许多事情还不甚清楚，尤其是秘密警察的档案尚待研究。然而，若要考虑那个时期发生的事，人们一定要了解国家监视与暴力的"暗流"实际上是当时社会显而易见的主流。地方分裂主义受阻。1938年，加泰罗尼亚自治被废除。加泰罗尼亚语成了方言，而加泰罗尼亚人名与民族舞均遭到禁止。

官方所认定的"西属撒哈拉的海外省"，简称西属撒哈拉，在那儿，西班牙仍以其帝国主义势力抵制着当地的独立运动，但最终，它同意当地保持长期的民族自立。此外，西班牙在1958年将边境省份塔尔法亚，1960年将飞地伊夫尼归还给了摩洛哥。自1960年以来，西班牙为使西属几内亚留在其体系之内，曾试行部分的殖民地自治化。1968年，西属几内亚获得独立，成为赤道几内亚。1970年，在如今人称"泽姆拉起义"的事件中，西班牙人镇压了西属撒哈拉的独立游行。但是，1973年，西班牙同意了在1975年年初举行公民投票。

与之同一时期的1967年直布罗陀公投，虽然显示绝大多数人反对西班牙的统治，但人们却遭到警察与海关人员的骚扰和阻挠，例如，1969

年西班牙以关闭边境大门、切断电话线与中断邮政通信的方式对直布罗陀进行封锁。这种骚扰恰恰加深了那里的人对西班牙的敌意。这次封锁对周边一些地区的经济造成了严重打击，封锁直到佛朗哥去世多年后的1985年才结束。

意识形态与政策

持续到1975年佛朗哥去世的独裁统治是法西斯主义的，但是它的核心是以军队为后盾，同时利用社会各阶层的广泛支持，由将军领导的保守主义独裁政府。这一点可见于西班牙内战及随后时期。佛朗哥主义的支持者主要是小自耕农，但也有许多（尽管绝对不是全部）中产阶级。在这种独裁主义中，家庭，尤其是父权家庭扮演了重要角色，但也提供了一种强大的母性理念，还包括对妇女以及女性独立地位的压迫。这有助于强化天主教会对佛朗哥的支持。长枪党中的女性不愿选择消极的虔诚，她们通过积极的宗教参与，来回应社会需求。1939年，长枪党中的女性成员据称有58万人。与大多"佛朗哥主义"的情况一样，这个团体也是保守主义的，而且领导人出自社会精英阶层。警察会对在车内接吻的情侣进行审问。政府还取缔了独立的工会，取而代之的是国家认可的那些工会。

社会上还有其他的趋势。纳粹德国与法西斯主义意大利影响了佛朗哥的国内政策。这些政策鼓励国家尝试实行现代化、人员流通的独裁统治。这种政策与长枪党内更加激进的人士关联紧密。但是，这一尝试受到了战争、压迫与意识形态所带来的后果的限制，包括人力资本的毁灭与诸多体制因素的限制。

上述政治带来了多种后果。随着混凝土的浇筑，教堂的建造成了新型西班牙构建过程中的重要一环，也体现了教会对佛朗哥的支持。1940年，在巴塞罗那，高迪当年未完工的圣家堂又开工了。而国家的建造者则想规划出一种新型政治经济体，创造出一个能为天主教复兴与政治稳定提供基础的有效、公平的社会。

但是，计划的实施要比构想困难得多，部分原因来自行政管理上的较量。1956年前建造的用于发电的水坝，工期比预计的要长。而且建成的堤坝不够高，泄洪道也比20世纪30年代的小。1939年马德里被占领后，政府提出了变革城市的计划。但在战后，这些计划因资金短缺而不了了之。

作为一条独立的线索，基督教民族主义是当时佛朗哥政权中的一个关键因素。政权遵循的纲领是国家支持的社会保守主义，事实上这是基督教非民主政体的一种。例如，在《普通教育法》（1970年）的规定下，政府将实现免费义务教育视为奋斗目标，但这项规定直到1980年还没落实。当时，社会文化创新的普遍方式是文化庸俗化。

西班牙超现实主义

路易斯·布努埃尔（1900—1938年）是20世纪20年代至70年代的一位制片人，也是西班牙超现实主义运动中的重要人物。他出生于阿拉贡地区特鲁埃尔省卡兰达市，家境优渥。后来，他将家乡描述为一个"第一次世界大战前一直处于中世纪"的地方。他在马德里大学接受的教育对他而言是一次颠覆。布努埃尔与洛尔卡及萨尔瓦多·达利（1904—1989年）成了至交。他在母亲的资助下，和达利一起拍摄了超现实主义的惊人之作《安德鲁之犬》（1929

年）。布努埃尔拒斥天主教教义，并于1931年加入了共产党。他拍摄的电影《拉斯乌尔德斯山谷：没有面包之地》（1933年）描述了埃斯特雷马杜拉地区的贫苦农民。这部电影起先批评了西班牙共和国对农村生活的漠视，后被用作反法西斯宣传，从而遭到佛朗哥的禁止。布努埃尔在西班牙内战中支持共和军，后来生活在美国与墨西哥，最后加入墨西哥国籍。

达利生于加泰罗尼亚，家境殷实。当他在马德里学习艺术时，他尝试了立体派。后来，达利成了一名在巴黎工作的超现实主义者。他拒不投身西班牙内战，并在纽约安然度过了20世纪中期的动乱岁月。1948年，达利返回祖国。他愿意在佛朗哥统治时期生活在西班牙，以及他对独裁者的赞美，都触怒了依然流亡在外的人们。达利日益浓重的天主教信仰是他身上的另一个变化。1982年，欣赏达利艺术的西班牙国王胡安·卡洛斯封他为普波尔侯爵。位于达利家乡菲格雷斯的达利戏剧博物馆是一个超现实主义的魔幻屋，这里曾是一家剧院。

佛朗哥主义建筑

参观现代西班牙的人可以看到许多佛朗哥统治时期流行的建筑物，马德里地区尤甚。这里既有本土的复古风格——表现形式是回溯黄金时代的西班牙，尤其是埃斯科里亚尔的建筑——还有基于意大利与德国模式的法西斯现代主义风格。二者的共同之处就是规模，正如西班牙空军部、美洲博物馆与博尔哈圣弗朗西斯科教堂所展现的那样。

变革的迹象

通常而言，佛朗哥主义分为压迫与过渡两个时期。以20世纪60年代与70年代初为主的过渡期，关联着自由化、经济增长及社会变革这些术语。关于这种解读，可说的地方有很多。例如，《1966年新闻法》的通过使审查制度自由化，但它依然存在缺陷。早期，西班牙曾尝试获得由国家主导的、社团主义的经济增长，尤其由于《1959年国家经济稳定计划》的出台，政府官员在管理中起到了关键作用。民主精神的缺乏对这一进程也起到推波助澜的作用。此外，20世纪60年代至70年代初，西班牙依然处于国家控制的大背景下。因此，20世纪60年代的工业腾飞在某种程度上有赖于可获得的顺从且廉价的劳动力，其中大部分人是农民工。这些劳力源于西班牙内战及战后影响。

与此同时，采取过于保守的发展方式是错误的。那个时期普遍存在的经济"长期繁荣"在为西班牙提供出口商品市场、投资资本与新技术方面至关重要。汽车文化传播开来。贸易额增加，如此一来，自给自足的经济就既不可取也不必要了。然而，由西班牙政治立场导致的外界对西班牙的孤立大大推迟了经济繁荣的到来。西班牙经济繁荣直到20世纪60年代才出现。

经济增长极大地激化了地方分歧。制造业集中的城市显然是最大赢家，尤其是加泰罗尼亚的制造业。那里的许多商业精英都支持佛朗哥。相比之下，农村内陆地区沿袭了一种长期存在的模式，不管是相对而言还是实际情况都很糟糕。安达卢西亚东部、加利西亚大部分地区与卡斯蒂利亚的梅塞塔高原大部分地区情况尤为严重。为了盈利，农业进行了现代化改革，改革的典型是大量使用拖拉机所带来的机械化。但是，这会导致农村失业人口以及来自内陆地区的大规模农民工的出现，进而使往日的集镇走向衰落。安达卢西亚与梅塞塔高原人口流失严重，人员主要流向了巴塞罗那、马德里与海外。这种趋势在欧洲十分普遍。

对乡村悲惨生活的逃离，逐渐与寻找经济机遇和社会地位的人员流动联系在一起。这种追寻的表现形式包括新住宅区的建立，马德里埃尔皮拉尔区便是例证。马德里人口从 1930 年的 95 万上升至 1970 年的 300 万。这种上升比例远远超过了西班牙人口的增长比例。在佛朗哥执政时期建造的居住区内，新教堂纷纷拔地而起。

这些变化大大冲击了业已确立的社会、经济模式，给天主教民族主义政权带来了考验。天主教民族主义的保守主义本质与反动立场在 20 世纪 60 年代显得越发多余了，其中一个重要的原因在于，之前电影院提出的问题，由电视进一步深化。政府对媒体采取控制，但也支持消费主义价值观。尽管罢工在西班牙是非法的，但是自 20 世纪 60 年代起，罢工愈演愈烈。警察镇压也未能使罢工停止下来。工人委员会组织了秘密工会，并为其他领域提供了激进主义的活动示例，如学生抗议活动。以上这些活动最终鼓励了人们反对佛朗哥，也理所当然地传播了一系列不同的价值观。在回应人们对公用事业的担忧上，居民协会发挥了作用。

佛朗哥主义虽然对团结统一有着狂热的追求，但不得不开始管理而非指挥西班牙。因为，社会上存在诸多迥然不同的倾向，政府已无法像 20 世纪 40 年代甚至 50 年代那样去强迫人们了。自 20 世纪 60 年代末起，学生、工人，以及其他倡议、抗议团体活动让政府在指挥西班牙社会时遭遇了重重困难。此外，许多神职人员也开始表露不满。西班牙全国范围内进步的教区牧师在布道中向教堂会众讲述了他们对体制的批评，而会众中的许多人都是保守主义者。由此引发的教会内部的紧张局势，在许多家庭之中也能见到。

西班牙社会多样性的一个体现就是成立于 1959 年的"巴斯克祖国和

自由"运动（Euskadi Ta Askatasuna，简称"埃塔"，ETA）。"埃塔"旨在为巴斯克文化摇旗呐喊，后来转变成了恐怖组织，并实施了 1968 年的谋杀行动。第一次暗杀发生于 1970 年，谋杀对象为圣塞瓦斯蒂安秘密警察组织中刑讯逼供部门的负责人。"埃塔"也曾尝试刺杀佛朗哥，但未成功，这是他们一系列不成功尝试中的一个。

佛朗哥主义历史

正如 1922 年墨索里尼在意大利的所作所为那样，赢得了西班牙内战胜利既而掌权的佛朗哥右翼民族主义独裁政权在纪念战争胜利的同时，又采纳了标志着回归过往伟大辉煌的历史参照点。同时，佛朗哥政权借鉴了中世纪西班牙的收复失地运动来驱除外来的反基督教，具体而言指的是驱逐民族主义的对手——左翼世俗主义共和党。佛朗哥主义对待西班牙历史的方式与后佛朗哥主义和安达卢西亚的交手毫无共同点可言。政府特别强调的是，在卡斯蒂利亚女王伊莎贝拉与阿拉贡国王费尔南多的统治下，西班牙最终打败摩尔人，驱逐了犹太人，维护了天主教的纯洁性并获得了新大陆。佛朗哥政权将腓力二世统治下的西班牙塑造成了在宗教上团结一致的国家。相比之下，受 18 世纪启蒙运动与 19 世纪自由主义影响的西班牙被忽视了，后者基本没有出现在学校教育之中。

例如，干沙路·梅嫩德斯·皮达尔（Gonzalo Menéndez Pidal）在 1941 年出版于马德里的《西班牙历史地图集》基本上没提到 19 世纪、20 世纪。这本书忽略了现代化与国内政治，赞扬了西班牙更为英勇、团结的过去。书中也有较多篇幅谈到收复失地运动，并用了一整页讨论哈布斯堡王朝统治时期的西班牙工业与商业，另一页涉及四位圣人旅行的地图，还有几页讲到近代早期的文化史。这本书对犹太人与摩里斯科人三缄其口：刻意忽略实乃种族主义的呈现。这本地图集在第二次世界大战之后依然非常重要。

与许多利用过去大做文章的案例一样，佛朗哥主义对昔日荣光的向往由来已久。之前，就有人将西班牙过去的辉煌与1898年美西战争进行对比，当时人们关注的焦点是西班牙在美国手中遭遇的那场令人难堪的失败。然而，与大多数古为今用的情况一样，人们谈及历史的口吻及对过去的利用存在重大差异。尤其是在这次佛朗哥对历史的利用中，政府的支持力度很大。虔诚的天主教信仰、领土扩张，以及费尔南多与伊莎贝拉的种族主义显然都是适合佛朗哥效仿的对象。基于鲜明意识形态立场的虚构历史是非常先进的。

正如法西斯主义意大利一样，佛朗哥统治下的西班牙排斥自由主义，也利用了一些流行趋势。其中一些趋势相较于其他而言，具有更加丰富的历史想象和更为宏大的主题。佛朗哥厌恶所有他认为导致了西班牙早期软弱并制造了西班牙当下问题的人。在国际关系方面，这种厌恶意味着对法国与英国的仇视，因为这两个国家都削弱了西班牙作为一个帝国主义强国的实力。而且，英、法两国均允许民主政体存在，这更是加深了佛朗哥的敌对情绪。在佛朗哥统治时期，现代史往往是轻描淡写，一笔带过的。西班牙过去作为一个伟大的帝国主义强国，远超法国与英国的那段历史得到了强调。在此期间，西班牙政府与非洲研究所合作出版了《西属非洲历史地理地图集》（1955年），彰显了自身的殖民立场。

与此同时，其他观点流行起来、为人所知。加泰罗尼亚历史学家若梅·维森斯·维维斯创作了《西班牙通史地图集》（1944年出版于巴塞罗那）。这本书比皮达尔的那本更加形象生动。迫于佛朗哥政权的威慑力，维森斯不得不小心谨慎地处理书中的政治题材。但是，他的地图集最终还是涉及了西班牙历史上重要的纷争——卡洛斯战争与西班牙内战——而且，他比皮达尔更愿意在欧洲框架下展现西班牙历史。他的地图集并没有收录圣人们旅行的地图。事实表明，维森斯尤为关注社会、经济方面的历史，以及与法国学者的联系。他创办了《现代历史研究》（1951年）杂志。其他历史学家也相继效仿。对历史唯物主义的兴趣与马克思主义的观点互为因果。

独裁统治的终结

西班牙独裁统治主要集中在佛朗哥身上，而且在他 1975 年去世后就开始瓦解。但是，佛朗哥之死来得非常慢。他在去世时手中紧握宗教圣物。西班牙的情况不同于葡萄牙，它要比葡萄牙好些。安东尼奥·萨拉查自 1932 年起在葡萄牙建立的专制政府在他 1970 年去世后依然存在，直至 1974 年政变爆发时才垮台。由这场政变所引发的社会动荡到 1976 年才结束。

佛朗哥坚决不愿看到在他死后西班牙有任何走向民主政体的转变，他坚决拥护延续性（continusimo）。但是，在"埃塔"组织的"恶魔行动"中，佛朗哥的热心拥护者兼首相、潜在的铁腕继承人——海军上将路易斯·卡雷罗·布兰科于 1973 年 12 月在马德里被炸死（一同丧命的还有两名保镖）：安装在路面下的炸弹威力巨大，轿车被弹飞到了空中。作为回应，政府采取了更加严厉的反恐措施，涉案者中有 10 人被定罪、处决。

佛朗哥坚决反对民主改革，他让上一位西班牙国王的孙子胡安·卡洛斯（1975—2014 年在位）发誓捍卫佛朗哥主义民族运动的价值观。佛朗哥宣称，他已确保"一切都受到了限制，好好地受到了限制"。但是，当时人们努力保住佛朗哥性命的做法暗示出西班牙在没有找到接班人时有多么手足无措。此外，政治与经济精英阶层中的要人认为，佛朗哥主义结构体系当时正走向衰退。但是，这种观点并未引起佛朗哥的重视。他也没有认真对待西班牙的城市化与中产阶级化所带来的影响。

旅游业

在佛朗哥统治时期，西班牙成了一个重要的旅游目的地。包装业、喷气式飞机，以及"长期繁荣"时期欧洲北部工人日益增多的可支配财富，共同创造了巨大的需求。宽松的规划管控与低廉的地价极大地促进了一系列旅游胜地的腾飞。有时，这些旅游胜地的前身就是简朴的渔村，一如位于西班牙白色海岸的贝尼多姆市。自20世纪60年代起，西班牙旅游业在气候、沙滩与喷气式飞机和包团旅游所取得的发展的助力下，增势迅猛。旅游人数从1959年的400万上升到1964年的1400万。人数仍在持续上涨。2015年，西班牙成了在欧盟旅游的外国人最倾心的旅行目的地；2.7亿人次在西班牙旅游住宿过夜，这个数字占到欧盟总数的21.3%。旅游业占西班牙国内生产总值的10%—11%。2016年，西班牙是全世界排名第三的旅游热门国家。2016年，去西班牙短期旅行的游客中规模最大的一类来自英国（1780万人）、法国（1140万人）与德国（1120万人）。此外，还有7560万名国际游客，而2015年的数据是6820万人。旅游业成了重新定义西班牙的方式，因为传统地名变得无关紧要了。1964年，按照海岸重新命名、重新设定西班牙大部分地区的进程开始了，尤其是布拉瓦海岸与阳光海岸。新城市开始变得闻名遐迩，例如，阳光海岸上首屈一指的名胜马尔韦利亚。在马略卡，帕尔马成了重要的度假胜地。加那利群岛也是一个主要的景点。由于 1992 年奥运会的举办，巴塞罗那作为旅游胜地一跃而起。在此之前，那里一年的访客量不足 100 万。但是，到 2016 年，整年的旅游人数已超过 800 万。

第十三章

重获新生：君主立宪的重建与世界参与者

"各位西班牙人民，佛朗哥去世了。"在佛朗哥去世当天，卡洛斯·阿里亚斯·纳瓦罗首相在国家电视频道"西班牙电视台"上发布的通告，标志着通向新西班牙的旅程拉开了帷幕。

"各位西班牙人民，佛朗哥去世了。"在佛朗哥去世当天，卡洛斯·阿里亚斯·纳瓦罗首相在国家电视频道"西班牙电视台"上发布的通告，标志着通向新西班牙的旅程拉开了帷幕。但是，这其中具体包含着什么，并不明朗。西班牙向民主的过渡绝非必然。而且，有许多力量本会扰乱全盘计划，尤其是来自军队与"埃塔"组织的势力。另外，在佛朗哥死后，一旦西班牙决定由民主政府继任，人们并不确定决定生效后佛朗哥主义旧党派成员是否会配合。人们担心会有另一场政变发生，一如佛朗哥夺权的 1936 年政变那样。如今看来，政变根本不可能发生。

当西班牙重新引入君主政体时，在一段时间内，权力仍掌握在佛朗哥主义者手中。新君主是胡安·卡洛斯，他的执政期从 1975 年加冕开始至 2014 年退位为止。西班牙向民主体制的过渡相对来说是秩序井然的，其中存在着大量的延续性。这种转变在很大程度上是由美国促成的。因为，美国不想让西班牙经历葡萄牙所遭受的那种社会动荡，从而给左翼的接管提供机会。胡安·卡洛斯在佛朗哥去世两天后加冕。事实证明，他对西班牙的转型至关重要。胡安·卡洛斯是阿方索十三世的孙子，唐·胡安·德·波旁（1913—1993 年）的儿子。1947 年，佛朗哥曾宣称西班牙是君主政体。但是，1969 年，佛朗哥略过了唐·胡安，因为（错误地）担心唐·胡安过于偏向自由主义，而选择支持在他（错误地）看来更愿意维护佛朗哥主义国家的胡安·卡洛斯。而且，佛朗哥也不喜欢唐·胡安的独立姿态。直到胡安·卡洛斯继位两年后，唐·胡安才宣布放弃对王位的继承权。

实际上，新国王是愿意支持西班牙民主化的。他积极促使仰仗他领导的佛朗哥主义者与军队接受新秩序。在佛朗哥的统治下，西班牙没有独立政党，也没有新闻自由。而且，在主宰国家的小团体之外，国家层面上的政治生活几近于无，根本无力开展有组织的变革。因此，在反对派发起运动与政治犯为实现改变而四处奔走的大背景下，在西班牙人称之为"过渡期"的阶段起到关键作用的正是新国王与一小群佛朗哥主义者。

佛朗哥的最后一位首相卡洛斯·阿里亚斯·纳瓦罗（Carlos Arias Navarro）在西班牙内战时，在马拉加地区为民族主义者效力，是一名定罪率很高的公诉人。这位首相的任期持续到1976年，直到被国王撤换掉才下台。这是因为偏执的阿里亚斯为了维护旧体制，拘捕了民主协作联盟——由被取缔的左翼政党新组建而成的一个党派——的首脑。虽然过渡期相对而言秩序井然，但在20世纪70年代，政治迫害十分猖獗。例如，1977年1月，在阿托查大屠杀中，极右翼刺客枪杀了5名共产主义劳工律师，还有4人受重伤。这些事件在胡安·安东尼奥·巴登（Juan Antonio Bardem）的电影《一月的七天》中有所展现。这位共产主义导演曾拍摄《骑车人之死》（1955年），该片大力抨击了社会的虚伪性。在马德里的安东·马丁广场上，立着一座纪念遇害律师的纪念碑。

胡安·卡洛斯指派阿道弗·苏亚雷斯·冈萨雷斯接替了阿里亚斯的相位。苏亚雷斯是佛朗哥体制中的一员，曾担任佛朗哥主义官方政党的秘书长。但是，他乐于促成改革。

事实上，苏亚雷斯曾告诉佛朗哥，民主化是不可避免的。苏亚雷斯成立了名为民主中间联盟的政党（简称UCD），而且，他提出的普选两院制议会的议案获得了全国公投的机会。1976年12月15日，这项议案获得高票通过。次年春，之前被苏亚雷斯率领的佛朗哥主义民族运动所解散的西班牙社会主义与共产主义政党、工会，经过他的努力，得以合法化，同时他还赋予了人民罢工权。阿托查大屠杀促成了这次变革。

足 球

看到西班牙境内那些似乎还不错的咖啡厅或小餐馆了吗？嗯，你可要注意了。坐在外面也许不错，但通常来讲，店内的电视机，几乎专为满足男人对足球的狂热而设。这种狂热爱好以忠于当地球队为主。最热情的当属皇家马德里的球迷。皇家马德里组建于1902年，当时叫马德里足球俱乐部。白色主场球衣为球队赢得了"白衣军团"的称号。自1947年起，球队主场就是圣地亚哥·伯纳乌球场了。它可容纳多达81000名观众。俱乐部的所有者与经营者加强了人们的身份认同感。1920年，阿方索十三世把"皇家"一词加于俱乐部名前。皇家马德里不仅赚得盆满钵满，在西班牙国内与欧洲的球场上也是屡创佳绩。1956—1960年，俱乐部蝉联欧洲杯冠军。

巴塞罗那足球俱乐部，简称巴萨，是皇家马德里的劲敌。双方之间的球赛称作"西班牙国家德比"。巴萨成立于1899年。人们认为它对加泰罗尼亚身份的构建至关重要。俱乐部的所有者与运营者也都主张认同加泰罗尼亚身份。与皇家马德里一样，巴萨也十分富有，在西班牙与欧洲屡屡得胜。

1925年，巴塞罗那球场内的观众对西班牙国歌《皇家进行曲》予以嘲讽。1936年，巴塞罗那足球俱乐部主席被长枪党人谋杀。而且，在西班牙内战后，人们把巴萨足球队与对佛朗哥的反抗等同了起来，还在皇家马德里与佛朗哥政权之间画上了等号。

自 1936 年开始举办的西班牙公选，1977 年时在 6 月举行。选举结果是，苏亚雷斯领导的温和党只取得了不到半数的席位。新组建的国会起草了宪法。在 1978 年 12 月的公投中，该宪法获得了 88% 的支持率，从而得以确立。该宪法在西班牙议会君主制的制度化进程中，添加了社会、文化改革的内容；死刑被废除，公投年龄降至 18 岁，西班牙也不再设立国教了。比例代表制与两院制被视为促进社会缓和的手段，而这正是前佛朗哥主义时期第二共和国所缺乏的。宪法认可地区自治，这是与佛朗哥政府集权化措施的重要分歧。而且，在《自治法》的规定下，这种自治真的在西班牙全境实现了，尽管中央政府仍保留了一些包括外交政策在内的重要权力。宪法也宣告"西班牙作为一个国家的不可分割性"，阻止了分离主义的发展，而且在 2017 年加泰罗尼亚政治讨论中，国家的不可分割成了一个重要议题。

在 1977 年选举中成绩不俗的工人社会党放弃了过于激进的主张，这点对于西班牙的成功过渡也意义重大。同样具有重要意义的因素还有西班牙的极右政党未成气候。1979 年，苏亚雷斯取得连任。但是，人们新获得的罢工权与地区自治权加剧了局势紧张，制造了不安。传统主义者并不欢迎《1979 年加泰罗尼亚自治法》。1979 年，科尔多瓦选举出了一个共产主义议会。失业率与通货膨胀率都很高。"埃塔"组织的行动在1978—1980 年制造了更多人员伤亡，助长了社会的动荡。以上种种致使1981 年 1 月苏亚雷斯被自己的政党排挤出局。胡安·卡洛斯遵循旧制，在苏亚雷斯辞去相位后授予他世袭公爵爵位，正如阿里亚斯获封世袭侯爵爵位一样。

右翼所怀有的妄想性焦虑，或者说，右翼对民主真真切切的仇恨与对旧有惯例的怀古之情，在佛朗哥主义秩序崩溃时做出了反应。结果就是，1981 年 2 月 23 日右翼发动政变。国民警卫队中校安东尼奥·特赫罗（Antonio Tejero）率领 200 名全副武装的警卫队队员占领了西班牙议会。与此同时，巴伦西亚军区负责人杰米·米兰斯·戴尔·博奇将军（General Jaime Milans del Bosch）宣布进入紧急状态，并强迫胡安·卡洛斯建立军政府。

这次政变对民主的西班牙而言已到了生死存亡之时。而且，许多人担心西班牙会回到佛朗哥主义时期，或者至少像 1923 年普里莫夺权时那样，社会动荡不安。但是，胡安·卡洛斯拒绝了密友阿方索·阿玛达将军（可能也参与了密谋）的提议，不同意由阿玛达带头组建"救国政府"。胡安·卡洛斯通过电视发表讲话，申明他对宪法与民主统治的支持。他的立场保证了西班牙大部分军队，尤其是在马德里的军队不会支持政变。政变随后便以失败告终。没有出现伤亡，公众展现出了对民主的支持。军队里的谋反者遭到监禁。

关于这次政变有许多阴谋论调，有人说反对者还筹备了更大的行动计划；有人谈到国王的角色，国王当时也许在坐观政治风向；还有人提及苏亚雷斯的垮台与这次政变之间的关系。但是，关键在于新体制保全了下来。

胡安·卡洛斯并不为自己谋求权力，这是另一个关键之处。除去1923 年之前的事情不谈，西班牙在近代并无立宪君主制的传统。事实表明，胡安·卡洛斯作为一位立宪君主是成功的。这提醒人们注意到 20 世纪末欧洲政体的多样性。与西班牙相比，当希腊的军事统治结束时，君主政体并未恢复。同样地，葡萄牙的君主制复辟无望。

1981 年西班牙政变失败有助于进一步打破过去的僵局。四分五裂的军队，尤其是陆军，如今愈加衰弱。而且，军队预算被削减了。军队日趋专业化而非政治化。西班牙作为北约成员国的身份意味着军官的眼界发生了很大变化。因此，与"内部敌人"的斗争已不再是西班牙军队的主要目标了。

这种发展变化是西班牙在更长时期内，与 20 世纪 30 年代的种种问题渐行渐远，并逐渐断绝与那个年代的联系的重要方面。在很大程度上，佛朗哥政权在最后几年已开始了这种背离。这种背离部分源于佛朗哥立场的强硬及其政策的成功。由于佛朗哥的压迫，工联主义与暴力的反教权主义都停止了。这对西班牙政治产生了影响。二者在 20 世纪 70 年代的西班牙都没有卷土重来，一部分原因在于大众普遍厌倦了对立性政治。

更重要的是，陆上人口的快速迁移及由此引发的社会变革导致社会、经济发生了翻天覆地的变化。此外，受第二次梵蒂冈大公会议影响，到 20 世纪 70 年代，天主教会对变革的态度更加开明了，而它刚获得的民主资质也使其不至于成为政治行动的攻击目标。

由于 1981 年政变未遂，西班牙可以推动更多社会变革，制定离婚法便是其中一项。另一个变化是，西班牙政治如今更趋近于其他西欧国家。右派逐渐放弃了重回佛朗哥主义的梦想，在民主政治体系内联合起来。他们支持由曼努埃尔·弗拉加（Manuel Fraga）在 1976 年组建并领导的人民联盟政党（简称 AP）。这种支持省去了民主中间联盟的一系列运作，但政变后，改革带来的不安依然让右派感到局势严峻。人民联盟在 1989 年再度成立时更名为人民党。

对游客而言，这一变化的遗赠便是维亚纳侯爵出售了他们的科尔多瓦宫殿。如今，宫殿已对外开放。人们可以在游览时看到里面悬挂的一幅佛朗哥肖像画。另一个遗赠便是铁路线的关闭，例如"橄榄油火车"铁路线。随着公路文化的兴起，人们兴建了许多优美宜人的徒步旅行路线。

经济问题引发了许多新的困难。20 世纪 70 年代初，严重的经济冲击让佛朗哥政权措手不及。而且，就像东欧政府或者 1974—1979 年英国工党政府对这种情况的处理方式，佛朗哥政权为赢得民心采取了一些控制局势的做法，结果反而火上浇油。货币管控强化了这种控制，却引发了高通货膨胀率、财政问题与失业率骤增。种种问题让人为西班牙的未来而担忧。1979 年再次出现的油价冲击加重了人们的疑虑。

社团主义的应对措施出现了，这便是 1977 年的《蒙克洛亚协定》及一直延续到 1984 年的后续协定。在这些文件中，政府把雇主与工会团结起来，双方一致同意采取措施遏制财政问题，改革经济。与此同时，当时大多数欧洲国家也有了新动向，其中就包括英国就社会契约理论所进行的实验。

高尔夫球运动与塞维耶罗（塞维）·巴列斯特罗斯

塞维·巴列斯特罗斯（1957—2011 年）出生于坎塔布里亚省。1976—1995 年，他是高尔夫球界一位举足轻重的人物。20 世纪 80 年代至 90 年代，他通过莱德杯欧洲队的胜利成为欧洲高尔夫球运动复兴的领军人物。他三次赢得英国公开赛冠军头衔，两度于奥古斯塔名人赛上封王。他也极大地推动了西班牙高尔夫球场作为一个产业的发展。事实上，高尔夫球之旅成了西班牙主题旅游的重要形式，这在南方地区尤甚。阳光海岸以高尔夫球场著名。而且，2017年西班牙有 349 个高尔夫球场。

尽管有《蒙克洛亚协定》，西班牙的紧张局势依然存在，因为经济问题仍然严峻。由于罢工四起，西班牙共产党也因协定未能缓解困境而表示不满，重重矛盾使社会、政治结构不堪重负。在 1981 年失败政变的推动下，西班牙在 1982 年 10 月经历了一次政治变革，而前一年的法国也发生了这种变革。工人社会党在议会中赢得了绝对多数席位，而西班牙共产党则被击败。右派也发生了变化。分裂的民主中间联盟在选举中被摧毁，而人民联盟只获得了刚过四分之一的选票，成了主要的反对党。

正如 1981 年弗朗索瓦·密特朗领导的法国社会党一样，在某种程度上，费利佩·冈萨雷斯率领的工人社会党是通过利用平民主义对社会变革的渴望以及人们对资本主义所产生不良后果的普遍担心才取得选举胜利的。而且，就像后来在法国那样，自 1982 年起，西班牙工人社会党的统治变得更加谨慎、实际了。冈萨雷斯继续采用相对通货紧缩的政策以确保财政平稳。他一直担任西班牙首相一职，直至 1996 年选举失败才卸任。20 世纪 80 年代，西班牙出现了大幅度经济增长，社会自由度也相当高，不太积极的一面则是政治在某种程度上以政党分肥制的形式运作着。

作为重要国际背景的一个方面，西班牙积极寻求在更广泛国际组织内的成员国身份，并于 1986 年加入了欧洲共同体（如今的欧盟）。1992年举办的巴塞罗那奥运会与塞维利亚世界博览会，使西班牙在国际社会上获得了认同。不同于葡萄牙与希腊这两个资深北约成员国，尽管佛朗哥统治时期采取了一些政策，例如 1975 年的举措，但是西班牙直到 1982年才加入北约。1986 年，全民公投中 57% 的赞成票进一步确认了这项决定。大多数前欧洲社会主义国家后来也走上了这条成为北约与欧共体成员国的道路。欧共体为其成员国提供了农业与工业方面更多的外国投资与经济增长机会。

西班牙国内政治的局势则有些不同。因为，与 20 世纪 90 年代发生东欧剧变的大部分国家相比，20 世纪 80 年代西班牙的左派拥有更强大的政治实力，也更受欢迎。事实上，1982 年，西班牙工人社会党竞选的主要政纲是退出北约，而且他们也有鲜明的马克思主义政纲。冈萨雷斯偏离了这一立场，这对西班牙左派的全面过渡至关重要，同时对于处在紧要关头的欧共体树立威望也意义重大。冈萨雷斯的这种做法之前德国社会民主党采取过，之后英国工党也效仿了这一做法。冈萨雷斯在1982年、1986年与1990年的选举中赢得了绝大多数选票。尽管他在1993年选举中失去了绝对的优势，因而自1994年起不得不仰仗巴斯克与加泰罗尼亚的民族主义者，但他仍给西班牙右派政党带来了一场危机。从某些方面来看，尽管西、英两国国情有异，执政期有别，但冈萨雷斯仍可算是西班牙版的托尼·布莱尔，而且冈萨雷斯并没有带领西班牙走向战争。但是，他遭遇了1993年经济下行的重击。当时，西班牙无力在货币兑换率机制框架下支撑本国货币。同时，他因西班牙工人社会党突遭一系列贪腐丑闻曝光而受到冲击。这些工人社会党成员利用手中的权力回馈选区内的某些支持者，这一情况在安达卢西亚与塞维利亚尤为严重。

1990—2009年，西班牙在变革处理与危机应对上，比意大利做得更好。20世纪90年代，西班牙经济发展迅速，但是人们没有感到不安。1996年，精疲力竭的西班牙工人社会党将权力和平移交到何塞·玛丽亚·阿斯纳尔领导的保守派人民党手中。两党均利用了西班牙社会中根深蒂固的恩庇体制，但也试图回应新的社会力量。从更广泛的层面上来看，天主教市民社会的影响下降了，但是并未带来明显的危机感。

西班牙将外交政策的重心放在了欧盟与拉丁美洲上。尽管它仍是北约成员国并继续调遣一些大型战舰，但不再充当主要军事角色。1993年，西班牙由于应征士兵服役无望且国内常规军不足，因此决定不向波斯尼亚的联合国部队贡献一个旅的军队。政治是决定性因素。2003年，西班牙在保守派阿斯纳尔政府的领导下加入了伊拉克战争。尽管西班牙的作用主要是政治上而非军事上的，但此举仍在当时引起了民众的普遍反对。

1996 年的选举结束了长达 13 年的西班牙工人社会党的统治。如今，保守派人民党（简称 PP）赢得了 37.6% 的选票，以及 350 个席位中的 156 个，占了大头；西班牙工人社会党只赢得了 14% 的选票。人民党由前佛朗哥主义部长曼努埃尔·费拉加成立于 1989 年。他们在 1991 年就已接管了马德里市议会。人民党领袖阿斯纳尔在 1995 年"埃塔"组织的暗杀中大难不死，此时与地区民族党派达成了共识，在议会中获得了 181 票支持他出任首相。阿斯纳尔政府决心达成成为欧盟成员国的目标，并通过减少开支、削减赤字使自己有别于西班牙工人社会党铺张浪费、腐化堕落的形象。这些措施引发了工会组织的抗议游行。阿斯纳尔政府采取的另一项政策是国有股份的私有化。

支持人民党的地区获得了许多慷慨赠予，尤其是巴伦西亚。政府在那里规划了雄心勃勃的建设方案。与西班牙工人社会党一样，伴随着慷慨赠予而来的便是腐败堕落，腐败主要来自用于政党的政治献金，但也不乏中饱私囊的情况。

在 2000 年的选举中，阿斯纳尔获得了 44.5% 的选票，赢得了 183 个席位，占据了绝对的优势。阿斯纳尔的管理理念，尤其是他使自己有别于过去意识形态残余的做法，为他赢得了广泛的群众基础。因此，与欧盟大多数国家相比，西班牙的经济发展得很好。积极乐观的情绪带动了建筑业的发展，人们开始大兴土木，并出现了一些大胆的项目。例如，2004 年，巴塞罗那举办世界文化论坛博览会，兴建了迪亚格纳玛区。此前，1992 年巴塞罗那奥运会也经历了相同的过程，当时建立了滨海开发区奥林匹克港。

然而，到了 2002 年，西班牙遭受了全球经济衰退的重创。当年，政府试图降低失业救助，由此引发了一场大罢工。伴随经济增长而来的，是宽松货币政策与高失业率导致的通货膨胀，尤其是房价的上涨。尽管失业率在 2015 年出现了明显好转，但仍然很高。2018 年 2 月，失业率是 16.1%，不过西班牙国内生产总值增长了 3%。

阿斯纳尔对 2003 年海湾战争的支持招致了大量批评。2004 年 3 月 11 日，西班牙大选前三天，在"马德里 3·11 列车爆炸案"中，10 枚炸弹夺去了 191 人的生命。尽管有越来越多的证据表明，此事与基地恐怖组织有关，政府最初仍将矛头指向了"埃塔"组织。这种指责引来了公众对政府的批评。在随后的选举中，反对派以 164 票比 148 票胜出。虽然这场胜利在很大程度上应归功于政府对爆炸案的反应造成了争议，但无论如何，反对派取胜了。

新任首相是工人社会党的何塞·路易斯·罗德里格斯·萨帕特罗（José Luis Rodriguez Zapatero）。后来他又赢得了 2008 年大选，任期直到 2011 年才结束。

2004 年，罗德里格斯·萨帕特罗让西班牙军队从伊拉克撤回。2005 年，他促成了同性恋婚姻合法化。他还不顾西班牙教会的震怒改革了堕胎法。其他政策还包括提高最低工资及特赦移民等。

拉菲尔·纳达尔：网球明星

1986 年，"红土之王"拉菲尔·纳达尔出生于巴利阿里群岛。他是一名伟大的红土球场选手，在 2017 年重归世界网球排行榜榜首。截至 2017 年，他在男单决赛中夺得了 16 个大满贯冠军，赢得了 9000 万美元奖金。他是一名攻击型运动员，擅长上旋落地击球。2008 年，纳达尔在温布尔登网球锦标赛中经过一场漫长的拉锯战，挫败了罗杰·费德勒。人们普遍认为，这是最惊心动魄的一场温网决赛。同年，纳达尔世界排名跃至第一。2010 年，他再次夺得温网冠军头衔，重回王者宝座，成为世界第一。截至本书写作时，在与费德勒的 38 场比赛中，纳达尔赢了 23 场，与安迪·穆雷的 24 场较量中赢下了 17 场。

由于西班牙政府机关支持反恐解放团（简称 GA）在 1983—1987 年的"肮脏的战争"中对"埃塔"组织的打击，巴斯克地区的问题在 20 世纪 80 年代变得更加复杂了。"埃塔"继续胡作非为，杀害更多的人，其中情节特别严重的是，1987 年他们炸毁了巴塞罗那的一个购物中心，导致21 人丧生。"埃塔"也残杀了新闻工作者。暴力与停火依然交替出现。直到 2011 年反恐解放团与"埃塔"组织达成永久性停火协议，这场争端才落下帷幕。在持续的争斗过程中，先后有超过 800 人遇难。法国支持西班牙关闭巴斯克安全区，而且，自 2001 年起在"反恐战争"期间，全球性打击恐怖主义的行动也使西班牙政府受益。德乌斯托大学 2017 年发起的一项民意调查显示，29% 的人对于目前巴斯克自治程度感到满意，38% 的人赞成巴斯克地区获得更多自主权，而 17% 的人支持巴斯克独立。在 2016 年的区域选举中，主张巴斯克自治区独立的巴斯克地区联合政党得票率为 21%。

由于全球财政危机与 2008 年宽松货币信贷泡沫破裂的双重影响，自 2007 年起，西班牙经济问题变得日趋严重。大多数资金之前都被用于投机性建筑工程。失业率上升至 27%，为欧盟最高。债务攀升。危机过后，房价平均下跌了三分之一，而未完工的建筑工程至今仍遍布于西班牙各地。

人们的危机感致使西班牙工人社会党在 2011 年失势，人民党夺走了执政权。自 2004 年起，马里亚诺·拉霍伊（Mariano Rajoy）就开始领导人民党了。在 2011 年 11 月的大选中，人民党大获全胜：占据了议会下议院 350 个席位中的 186 个。这是自民主制恢复后，西班牙党派获得席位中最多的一次。2011 年 12 月，人民党政府实行了财政紧缩计划，冻结了公务员工资，停止向年轻人提供房屋补助，冻结了最低工资并提高了所得税，还采取了一些其他措施。

但是，当人民党党派组织的秘密献金，以及党内政客的秘密献金被曝光时，该党地位立即受到了挑战。拉霍伊曾任人民党财务主管，这次更是沦为了丑闻主角。另一件事是，在马德里居所的官员仍在领取住宿最低生活保障。拉霍伊扛住了来自其他政党与民众要求他下台的压力，并将 2015 年大选一直推迟到 12 月 20 日——选举最迟举行日。人民党在一个严重分裂的议会中赢得了最多选票，但是失掉了该党此前 187 个席位中的 64 个。

西班牙迅速崛起的新政党"我们能"构成了另一个政治要素。这个成立于 2014 年 3 月的左翼民粹主义政党反对财政紧缩与贪污腐败。在 2015 年 12 月 20 日的选举中，"我们能"政党赢得了 20.65% 的选票，获得了 350 个席位中的 69 个。相比之下，人民党得票率为 28.7%，西班牙工人社会党为 22%。面对这一政治僵局，西班牙不得不在 2016 年 6 月 26 日举行另一场大选。在这次选举中，人民党获得了更多席位，但仍未能达到绝对的多数。当大多数西班牙工人社会党代表在 10 月 29 日投下弃权票时，危机才得以缓解，拉霍伊得以连任。

与此同时，移民正慢慢改变着西班牙的特征，尤其是在西班牙南部地区。在那里，大批非洲人想要入境。因此，人们越来越担心来自其他宗教的潜在挑战。2010 年，西班牙社会中出现了要求在科尔多瓦主教座堂开展清真礼拜活动，或者把教堂的路标改为教堂 - 清真寺图标的呼声，因为科尔多瓦主教座堂之前曾是一座大清真寺。这种呼声引发了争端，而争论的主题中飘荡着西班牙收复失地运动的回响。

2017 年，西班牙为应对移民问题，强化了位于休达与梅利利亚的两处非洲军事基地的边境围栏与边防站。这两处是非洲与欧盟间唯一的陆地边界。加那利群岛是一处更重要且历史悠久的入境站。想要成为移民的人乘坐拥挤的敞篷船从非洲西北部漂洋过海，寻求庇护，而人贩子则在极不人道的条件下通过贩运赚钱。例如，在2005年8月至2006年8月的1年间，20000名非洲难民抵达加那利群岛，据称有多达3000人在危险的横渡航程中丧命。西班牙海军试图阻截船只，阻拦移民。由于大西洋水域波涛汹涌，通过这条航线移民比从利比亚经地中海到达意大利更加危险。 西班牙还试图依靠摩洛哥来限制移民，因为摩洛哥与休达和梅利利亚接壤。

地方主义依然是个重要议题，直到现在仍是。佛朗哥去世后，地方政治团体，尤其是加泰罗尼亚地区的团体，在1978年宪法的规定下接受了自治，并未尝试独立，尽管1982年加泰罗尼亚曾抗议西班牙政府限制自治的意图。佐迪·普约尔（Jordi Pujol）创立了加泰罗尼亚民族主义联盟政党"统一与联合"。他在1980—2003年统治加泰罗尼亚。普约尔主张拥有更大的自主权，不是以西班牙国内加泰罗尼亚的身份，而是作为欧洲各地区中的一部分。

阿斯纳尔政府在分裂主义问题上并不乐意配合。但是，积极寻求解决方案的后继者——西班牙工人社会党，在2006年同意与加泰罗尼亚各党派签署《加泰罗尼亚自治法》，扩大加泰罗尼亚的政治权威。这项决议在2006年举行的加泰罗尼亚公投中获得通过。参与投票的选民占了全体选民的49%，投票者中73%的人投了赞成票。但是，人民党反对公投结果，并在西班牙宪法法院上挑战了这项法规。2010年，法院介入，并以6∶4的多数票改写并重新阐释了法规，使得法案的实际效力被削弱。这激起巴塞罗那大规模示威游行。逾百万人涌上街头，手中举着标语："我们是一个国家。我们决定。"人们觉得法院的介入是一种政治上的偏袒。

加泰罗尼亚的另一大贡献："牛头犬"餐厅

"牛头犬"是一家位于罗塞斯的餐厅，这里的主厨费兰·阿德里亚被认为是世界上最顶尖的厨师之一。阿德里亚出生于1962年。他将自己的料理称为依次进行的"解构主义"。他通过改革已有的烹饪方式及惯常做法，创造出意想不到的味道、温度与质地的对比。由他独创的非比寻常的菜肴包括液体橄榄、米酥什锦饭、白蒜与杏仁冰沙，他还在菜肴中普遍使用烹饪泡沫。餐厅在2011年被关闭，后来又作为创新中心开张。阿德里亚主张，烹饪与艺术是一致的。这是一种富有争议的观点。一直以来，人们都指责他在烹饪中使用添加剂的做法。

争议导致政府面临着人们要求独立的压力，而加泰罗尼亚政府在2012年也支持独立。加泰罗尼亚选举的结果是大多数人要求独立，而且这一结果促成了2013年《加泰罗尼亚独立宣言》的通过。宣言称，加泰罗尼亚人民有权决定自己的政治未来。西班牙宪法法庭阻挠了2014年的独立公投。但是，在2014年11月9日举行的无法律约束力的"磋商会议"上，35%的选民参与了投票，81%的投票者支持独立。1714年西班牙王位继承战作为一个未果的历史参照点，对其结束之日的纪念活动被加泰罗尼亚民族主义者发展成一次谴责"西班牙对抗加泰罗尼亚"的尝试。反过来，在2015年9月的另一次选举上，尽管未赢得大多数选票，支持独立的政党仍获得了大多数席位。而且，新组建的加泰罗尼亚议会也开始采取行动，走向独立。

2017年，加泰罗尼亚地区政府自称有民主授权，可举行独立公投。

但是，西班牙宪法法庭判决这项措施为非法，公诉人也下令不择手段展开调查，进行起诉，以证明该措施非法。禁止分裂的西班牙宪法得到了反对更强力的自治权的西班牙首相马里亚诺·拉霍伊的公然支持，得到了多少有些党派倾向的国王费利佩六世（2014年至今）的支持，还得到了西班牙工人社会党的支持。事实上，宪法早就被修订过了，既涵纳了之前针对地区自治的修宪，也考虑了加入欧盟后的变化。

这个问题反映了长期以来加泰罗尼亚人民对自己所拥有的独立身份的强烈感知，也更为具体地反映了他们最近的担忧，尤其是宪法中"地区团结"原则所造成的影响。加泰罗尼亚占西班牙总人口的16%，占西班牙国内生产总值的19%，总出口额的25.6%，国外投资总额的20.7%；尽管加泰罗尼亚债台高筑，但是不同于巴斯克地区，它当时负担着不成比例的高额赋税，而且从政府开支中得到的补助严重不足。两股民族主义的力量起了冲突。西班牙政府未能兑现阻止公投的诺言。2017年10月1日，尽管存在大规模的恐吓威胁，43%具有投票资格的人仍然投了票。在人们对政府竟粗暴地使用国民警卫队的谴责声中，国民警卫队被撤走了。实践表明，愿意迁至马德里的公司与企业给支持加泰罗尼亚独立的势力造成了确确实实的压力，限制了独立运动获得的支持。2017年10月至12月，逾3000家公司将总部迁出加泰罗尼亚，其中就包括加泰罗尼亚两家最大的银行以及最大的西班牙语出版公司。一些个体经营者也离开了。巴塞罗那酒店的预订数有所下降。

此外，由于人民党发言人反加泰罗尼亚的煽动性言论激起了人们对该地区的敌意，超过20%的西班牙人不再购买加泰罗尼亚产品。例如，人民党发言人宣称，说西班牙语的人会在加泰罗尼亚受到歧视。事实上，西班牙的民族主义是种让国家团结一致的集体协议，它形成于佛朗哥去世之后。西班牙是一个对彼此宪法互相尊重的合成体。

加泰罗尼亚的民族主义明显缺乏国际社会的支持，为此当地蒙受了损失。当地政府试图获得国际认可，也希望欧盟能调解这场西班牙政府的争端。但是，这两点希望都落空了。相反，欧盟明确抛弃了之前的观点，没有以欧洲的身份介入，而是选择支持现状。部分原因是欧盟担心加泰罗尼亚独立会成为欧盟解体的开端。虽然鲜有证据支持此观点，但最终结果是欧盟旗帜鲜明地支持维系现状。

这与法国在 17 世纪 40 年代支持加泰罗尼亚独立，与英国在 1700—1709 年赞成加泰罗尼亚自治形成了强烈的反差。这种对比突出了历史中的一些关键时刻与意外事件，可能对政治体制中看似不可避免的部分产生影响。在此，与加泰罗尼亚形成鲜明对比的是葡萄牙先后截然不同的命运：一面是西班牙屡次尝试接管葡萄牙未果；另一面是 1580—1640 年，西班牙终于如愿以偿将葡萄牙收入囊中。同时，长期以来，还存在着两种有着更深对立性的观点。一方认为，西班牙的诞生是一些王国、公国与领地联合的结果，之后才有了西班牙这个国家，因此，西班牙具有内在的多元性；另一方则强调西班牙是个单一民族国家。

对西班牙政府而言，他们面临着执政能力上的考验，同时也担心如果加泰罗尼亚民族主义取胜，将会鼓动其他地区争取独立，从而给他们造成相似的压力，尤其是在巴斯克地区与加利西亚，甚至还包括安达卢西亚。2007 年，安达卢西亚新自由宪章宣布，安达卢西亚有着"千年"历史，还有自己的"民族"。全民公投经常能反映联邦制的紧张局势。例如，1986 年西班牙公投决定是否继续留在北约，参与投票的人中，有56.85% 选择继续留在北约。但是，在巴斯克地区、加那利群岛、加泰罗尼亚与纳瓦拉，大多数人都投了反对票。其中，在巴斯克地区，67.55% 的投票者选择退出北约。但是，2017 年，巴斯克自治区政府没有支持加泰罗尼亚自治区政府。巴斯克自治区领导人、巴斯克民族主义党（简称

PNV）领袖伊尼戈·乌尔库留（Iñigo Urkullu）宣称，加泰罗尼亚公投既不合法也不具有约束力。乌尔库留成功提高了巴斯克地区的自治权，完善了地区金融体系：与加泰罗尼亚不同，巴斯克承担的税赋并不高于巴斯克地区的花费。巴斯克民族主义党是人民党的重要盟友，前者通过对人民党的支持换取更好的谈判条件。但是，他们既没能说服加泰罗尼亚放弃宣布独立，也没能阻止人民党对加泰罗尼亚政治家采取严厉措施。

2017 年 10 月，针对西班牙政府宣布要对加泰罗尼亚实行直接统治的表态，加泰罗尼亚议会投票支持独立。作为回应，西班牙政府采取了坚决且严厉的行动。加泰罗尼亚政府被解散，议会解体。这些都是在为当年 12 月即将举行的新选举做准备。拉霍伊宣布，他将结束这场"分裂主义的浩劫"。随后，西班牙政府以反叛与煽动造反罪逮捕了加泰罗尼亚政治家，他们甚至不能取保候审。这导致巴塞罗那爆发了大规模示威游行，毕尔巴鄂相对较小规模的游行也体现了相同的情绪。在 12 月 21 日省级选举前夕，国家政府明确表明，若再次出现任何独立投票，都将招致相同的结果。副首相索拉亚·萨恩斯·德圣玛丽亚（Soraya Sáenz de Santamaría）宣称："分裂主义者如今已经没有领导人了，因为他们已被斩首。"她的意思是这些人遭到了拘禁。她还补充道，人民党将"继续清算独立运动"。在国家政府与分离主义政党共同为加泰罗尼亚举行的省级选举中，加泰罗尼亚共和左翼政党与人民团结党组成的左翼选举联盟以微弱的优势取得了多数席位。希望加泰罗尼亚继续在西班牙保持半自治状态的公民党虽然只赢得了 25.3% 的选票，获得了 37 个席位，但它仍是规模最大的党。加泰罗尼亚的分歧依然显著如常。小城镇与乡村地区强烈支持独立，而巴塞罗那的大多数人则支持继续留在西班牙。总体而言，支持独立的政党赢得了 48% 的选票，而赞成统一的政党获得了 52% 的选票。人民党见证了迄今为止历史最差战绩，只赢得了 135 个席位中的 3 个。

来自过去的回声

2017 年 9 月，在阻止加泰罗尼亚独立公投上，西班牙所付出的努力使人们常常想到过去。抗议者一再谴责他们所看到的佛朗哥时代的复现。相反，政府将后佛朗哥时期的《1978 年宪法》作为论辩的依据。这部宪法在许多方面都意在赢得佛朗哥主义者的支持。

2017 年 9 月 20 日，加泰罗尼亚政府主席卡莱斯·普伊格德蒙特称西班牙为专制主义国家，并且声明加泰罗尼亚永远不会甘愿"重返至暗时刻"。全国性的反对党"我们能"的党总书记巴勃罗·伊格莱西亚斯宣称，回到有"政治犯"的时代是"可耻的"。许多人认为，实施拘捕任务的西班牙国家军队国民警卫队与佛朗哥时代有着千丝万缕的联系。

同样是在 2017 年 9 月 20 日，相对地，西班牙外交部长阿方索·达斯蒂斯指出，佛朗哥组织过两次公投，并宣称一些分裂主义者使用了纳粹式恐吓方式。一位人民党发言人提及刘易斯·孔帕尼斯的遭遇。后者在 1934 年宣布加泰罗尼亚独立，结果在 1940 年被国民警卫队的一支行刑队枪决。孔帕尼斯在加泰罗尼亚地区影响力十分巨大，那里的许多街道、广场，以及 1992 年巴塞罗那奥运会主赛场都是以他的名字命名的。而且，巴塞罗那还立着一座孔帕尼斯纪念碑（1998 年）。

更为久远的历史也引发了争议。一些加泰罗尼亚分裂主义者想要移除位于巴塞罗那的哥伦布纪念碑，因为他们觉得这座纪念碑有过于沉重的西班牙色彩。

事实上，当下许多围绕着身份与所谓威胁而涌现出的问题，正是 1609 年驱逐摩里斯科人后所导致的一系列问题的复现。同化的可能性及其特质，以及多元文化的前景开始崭露头角。

过去的形象

西班牙历史的呈现极大地受到了政治变革的影响。这并不仅仅是学者研究与出版物内容方面的问题。例如，与之前的作品相比，后佛朗哥时期的西班牙历史地图集在制图法上更具创新性，在设计上也更加大胆。胡安·罗伊格·奥比奥的《西班牙环球历史地图集》囊括了 1931 年、1933 年与 1936 年西班牙议会选举的信息，还有一页专讲 1977 年议会选举，里面包括了巴斯克地区与加泰罗尼亚地区议会选举的具体内容。与佛朗哥政权的观点形成对比的是，这本地图集并没有过度集中讲述西班牙历史。相同地，E. 马丁内斯·鲁伊斯、A. 古蒂埃雷斯与 E. 迪亚兹·洛翁的《现代历史地图集》（1986 年）丝毫没有掩饰 17 世纪西班牙权力危机的严重程度。

除去对过往历史的一般性处理，还有更具体的历史分期问题，这不仅仅是由西班牙内战造成的。例如，在讨论加泰罗尼亚民族主义时，历史依然是重要话题。当拉霍伊取消了国营电视台斗牛实况转播禁令时，他引用了历史身份的概念。艺术藏品的归属地也牵连到了政治，例如毕加索的名画《格尔尼卡》所面临的归属地问题。最终的决定是将画作放在马德里的索菲亚王后国家艺术中心博物馆，而不是距离格尔尼卡最近的大型博物馆——位于毕尔巴鄂的古根海姆美术馆。

后佛朗哥时期

　　佛朗哥去世后，西班牙经历了十分重要的过渡期。希腊与葡萄牙亦经历过相似的一段时期。西班牙过渡的剧烈程度看似无法与原东欧社会主义国家所经历的那些相提并论，但是，如果将 2018 年西班牙历史、社会情况与 40 年前进行比较，人们不难发现，事实并非如此。但是，无论如何，贯穿过渡期前后的，是要求自由化的共同声音，而且这一呼声不仅体现在政治方面。东欧亦然。经济自由化也是一大问题，因为欧盟自由贸易威胁着西班牙经济中不具竞争力的部分的存续，这会带来严重的社会影响。最重要的例子是对传统农业，尤其是对农民的挑战。

　　西班牙、葡萄牙与希腊也都经历了大规模的社会、文化自由化。这在政治上意义重大。因为，这些国家早期的保守主义独裁统治均强烈反对这种自由化，他们将自己的反对立场视为对道德价值的弘扬。随后的自由化可被视为重要的政府变革，但是也有人说这种分析夸大了政府行为的重要性。事实上，社会上当时正发生着重大转型，其中特别重要的一点是，当时的年轻人正在回应着欧洲其他地方的流行趋势。西班牙的情况尤为突出。佛朗哥政权统治的最后几年，思想已没有那么僵化了，尽管它仍有一个包括风化警察在内的、令人感到压抑的体制存在。

第十四章

结语：一个不断做选择的国家

西班牙人民与政府不断面临着选择。

本书的写作以西班牙的环境为基础背景，环境暗示着西班牙历史中的不可变因素，尤其是地理与气候。然而，实际上，西班牙人民与政府不断面临着选择，因此虚拟陈述（做出假设）就变得合理了。在 2004 年出版的《1870—2004 西班牙虚构史：如果存在，又会怎样？》(*Historia virtual de España, 1870-2004: Qué hubiera pasado si?*）一书中，投稿人各抒己见。他们讨论了许多假设：如果西班牙避免了与美国的 1898 年战争，结果会怎样？如果西班牙各共和党派在 1933 年选举中联合起来，结果会怎样？如果西班牙参加了第二次世界大战，结果会怎样？如果卡雷罗·布兰科 1973 年没有被"埃塔"组织谋杀，结果会怎样？如果西班牙没有参加 2003 年的伊拉克战争，结果会怎样？书中有一章专门讨论了如果西班牙工人社会党的因达列西奥·普列托在 1936 年 5 月接受了相位，西班牙内战是否可以避免的问题。结论是，西班牙内战极有可能因此被避免。这也引发人们对意外事件与领导能力的关注。

由于西班牙内战及佛朗哥对于西班牙人的想象力与西班牙近代史施加的影响如此之深，以至于上面这本书的大部分章节都直接或间接地与二者之一有关。反设事实给人们提供了一种解决这些问题、理解这种影响的方式。1976 年，佛朗哥去世后次年，两本书虚构了共和军取得西班牙内战胜利的情节，给人们提供了反设事实。它们是费尔南多·迪亚兹－普拉萨的《胜利大游行》(*El desfile de la Victoria*）与赫苏斯·托巴多的《今天》(*En el día de hoy*）。事实上，内战容易激发人们进行虚拟陈述。

向西班牙历史更深处回望，人们不禁会问：如果在 1085 年托莱多陷落后不久，西班牙收复失地运动大功告成了，结果会怎样？如果没有 16 世纪的宗教改革，结果又会如何？

要是荷兰既没造反，腓力二世的西班牙王朝与英格兰的联盟又保持了下去，而且他还在与玛丽一世的婚姻中有了一位继承人，或者玛丽一死，伊丽莎白一世便接受了腓力二世的求婚，二者有继承人的话，西班牙世界本可能更加强大。随后西班牙如果没有在 1640 年与葡萄牙发生分歧，而是保持住了王朝的团结统一的话，这本来也会产生重要的影响，尤其是在国际层面，国内领域也许亦然。腓力二世的长子唐·卡洛斯能给西班牙未来带来的不同可能性代表着另一种虚拟陈述。就 18 世纪而言，最重要的问题是 1700 年西班牙哈布斯堡王朝的存续问题，以及 1788 年卡洛斯三世拥有有才干的接班人，而不是由昏庸的卡洛斯四世继任这一问题。

随后，如何避免 1808 年拿破仑对西班牙的接管，或者说如何避免约瑟夫一世（约瑟夫·波拿巴）的胜利，也值得人们去反思。二者都聚焦于国际性的强权政治对西班牙发展的影响。虚拟陈述不仅涉及法国，还可存在于更广阔的国际背景下。例如，19 世纪的西班牙史是否最终取决于拿破仑 1812 年在莫斯科城外的失败？这是否在某种程度上解释了为什么一个法国王朝在 1700 年成功地确立了起来，另一个却在 1808 年失败了？费尔南多七世在 1810—1829 年对西属美洲自治的要求予以粗暴的对待，这点也值得思考，尤其是在考虑了西班牙与西属美洲所采取的不同政策、两者之间发生的许多事情，以及英国采取的不同立场之后。这种处置不当是王权对西班牙历史造成的诸多不利影响的一个例子。对有些人而言，这个问题可以大而化之为教会及宗教信仰的作用。

19 世纪西班牙政治史的后一部分同样被虚拟陈述所贯穿，尤其是第一次卡洛斯战争、1868—1874 年的政治危机，以及 1898 年美西战争的爆发。古巴与加泰罗尼亚的情形迥然不同，加泰罗尼亚不能找到有效的折中对策，也无意维持中央控制。从另一个虚拟陈述的角度来看，加泰罗尼亚依然是西班牙的一部分，而爱尔兰之于英国、匈牙利之于奥地利就不是这样了。

因此，过去90年间的虚拟陈述基于更加深远的传统，这一传统值得人们特别关注。这些虚拟陈述聚焦于西班牙内战，但也包括了"假使没有2004年'马德里3·11列车爆炸案'，当年的大选结果将会如何"的假设。诚然，人们没必要讨论过去、现在或未来的不可避免性。

2017年加泰罗尼亚危机见证了关于加泰罗尼亚过去的反设事实。与此同时，在批评者看来，那些陈述被狭隘种族主义、历史神秘主义与修辞艺术所歪曲。支持加泰罗尼亚独立的人认为，他们的民族主义利用了历史提供的可能性。在这一历史中，人们需要明白，其他情况本可能发生，它们只是被人为地强行阻挠了。后者显然适用于描述腓力五世在西班牙王位继承战争中取胜的情形，尽管这一获胜对于当下及将来意味着什么，一点儿也不明朗。这在很大程度上是西班牙鲜活历史的一部分，这部分比环境所带来的影响还要强大。

反设事实还激励人们对西班牙与他国的"差异"及失败之处——西班牙直到很晚才实现现代化——展开讨论。在某种程度上，这些讨论是错位的。因为，它们忽视了一个事实：统一的欧洲道路并不存在。因此，也就不存在西班牙在多大程度上偏离了欧洲路线的所谓讨论。反之，人们应该强调多条途径及其内在的差异性，而西班牙为这种差异性贡献了令人振奋的例子。一种普遍存在的趋势是将西班牙，尤其是西班牙内战，作为简单且统一的欧洲史以及世界史叙事的一部分。相似之处与历史背景反复出现。例如，西班牙收复失地运动与十字军东征，美国独立战争与拉丁美洲独立战争事件本身与历史背景的相似性。这是一种有效的方式，但在所有的例子中，不仅存在着反映西班牙所处情境的具体因素，还需要将这一情况置于一段更长的西班牙历史发展之中来看待。因此，西班牙收复失地运动可以回溯至西班牙8世纪时的历史，而十字军东征却不能。西班牙内战不仅关乎意识形态斗争与 20 世纪 30 年代反对民主的行动，而且还与西班牙政治中长期存在的军事干预模式有关。将来的事情也是如此：只有将其置于西班牙过去的模式中，人们才能理解西班牙的未来。